Manfred Dimde

Das Nostradamus-Handbuch

Manfred Dimde

Das Nostradamus-Handbuch

Die letzten Geheimnisse: Texte, Methoden, Deutungen

Langen Müller

Bildnachweis:
Alle Abbildungen Archiv Manfred Dimde

Besuchen Sie uns im Internet unter:
http://www.herbig.net

Gedruckt auf chlorfrei gebleichtem Papier

Schutzumschlaggestaltung: Wolfgang Heinzel
Herstellung und Satz: VerlagsService Dr. Helmut Neuberger
& Karl Schaumann GmbH, Heimstetten
Gesetzt aus der 11/14 Punkt Stempel-Garamond
Druck und Binden: Ueberreuter Buchproduktion, Korneuburg
Printed in Austria
ISBN 3-7844-2926-2

Inhalt

Teil I
Nostradamus

1 Der Experte von Salon

Meine erste Begegnung mit Monsieur Chapus verdanke ich der Stadt Salon en Provence im Jahre 1983. Ich hatte um den Kontakt zu einem Nostradamus-Experten gebeten, mit dem ich einige für mich wichtige Fragen besprechen konnte. Die Antwort aus der Stadtverwaltung kam umgehend, und ich freute mich auf den Julitag, an dem ich am frühen Nachmittag meinen Gesprächspartner Chapus treffen würde. Als Treffpunkt war das Hotel de Ville, also das Rathaus, vorgeschlagen worden.

Ich malte mir in meiner Phantasie aus, was für einem Gelehrten ich nun begegnen würde, um von ihm alles über Nostradamus zu erfahren. Aber im Leben kommt es irgendwie doch anders, als man denkt. Nun stand ich dem Monsieur Chapus gegenüber. Er in einem blauen Arbeitsoverall, ich im Touristenoutfit mit kurzer Hose und kurzärmeligem Sommerhemd und Sandalen. Wo war mein Professor, mit schneeweißem Haar und Gelehrtenbrille auf der Nase? Stattdessen lächelte mich ein alter Mann von etwa 70 Jahren an, streckte mir seine schwielige Hand entgegen, begrüßte kurz die Stadtangestellte, nahm mich dann bei der Hand und sagte: »Na, dann kommen Sie mal, ich konnte mich etwas freimachen, meine Frau hat nichts gemerkt, lassen Sie uns zum Nostradamus-Haus gehen.«

Meine Sprachlosigkeit dauerte wohl zu lange, denn Monsieur Chapus begann, mich aufzuklären: »Hier in Salon hat sich bis vor wenigen Jahren niemand um Nostradamus gekümmert. Sie haben die Stadtverwaltung mit Ihrem Brief ganz schön in Verlegenheit gebracht. Schließlich wurde ich vom Bureau de Tourisme gefragt, ob ich Ihnen weiterhelfen will. Sie müssen wissen, ich habe lange vor dem Zweiten Weltkrieg schon begonnen, das Nostradamus-Haus zu renovieren, so gut ich konnte, damit es nicht ganz verfällt. Ich hatte es seinerzeit gekauft, weil es niemand haben wollte. Inzwischen hat es die Stadt übernommen, so dass diese Last von mir genommen ist. Jetzt ist es nur noch meine Frau, die schimpft, wenn ich mich zu lange mit Besuchern wegen Nostradamus unterhalte.«

Privat im Hause des Michel de Notredame

Wir hatten das Nostradamus-Haus erreicht, und Monsieur Chapus öffnete mir die Tür. »Voilà«, sagte er und schwieg. Wohl hatte er die Erfahrung gemacht, dass die Nostradamus-Fans erst einmal stumm die Atmosphäre des Hauses auf sich einwirken lassen wollten.

Mir erging es nicht anders. Hier hatte also der Mann gelebt, mit dessen Leben ich mich jetzt schon so viele Monate beschäftigte. Irgendwo hier hatte er gegessen, geschlafen, vielleicht mit Freunden diskutiert oder Katharina von Medici und ihren Söhnen von den Abenteuern erzählt, die er in der Zukunft ersehen konnte. »Waren Sie schon in St. Rémy?«, fragte mich Monsieur Chapus. »Ja«, erwiderte ich, »schon einige Male. Ich bemühe mich, die Zusammenhänge zwischen der Kirche St. Martin, dem alten römischen Badeort Glanum und Nostradamus herzustellen. Da gibt es irgendwelche Zusammenhänge. Ich bin mir ganz sicher.« Monsieur Chapus schaute mich auf einmal prüfend an.

»Sie haben Recht, ich bin nur erstaunt, denn Sie sind der erste Deutsche, der mich darauf anspricht. Gibt es denn irgendjemanden, der bei Ihnen in Deutschland darüber geschrieben hat?«, fragte er. »Nein, nicht dass ich wüsste. Ich wundere mich ohnehin, dass sich niemand bei uns in Deutschland die Mühe gemacht hat, vor Ort die Daten zum Lebenslauf des Nostradamus nachzuprüfen. Als ich damit anfing, merkte ich schnell, wie wenig wir in Deutschland von Nostradamus wirklich wissen.« Ich wurde anscheinend wieder einsilbig, und Monsieur Chapus war offenbar erfahren genug, den deutschen Nostradamus-Besucher sich selbst zu überlassen. Er ging wortlos in den Nebenraum. Ich blieb im ersten Stock des Hauses für einen Moment alleine zurück, und mir ging durch den Kopf, was ich denn nun wusste von diesem Nostradamus, der hier rund sechzehn Jahre in diesem Haus gelebt hat und der in diesem Zimmer wohl gestorben ist.

Zwei Seelen, ach, in meiner Brust: das Haus

Wer heute nach Salon en Provence fährt, um das Nostradamus-Haus zu besuchen, bekommt nichts Weltbewegendes zu sehen. Trotzdem vermittelt der Besuch einen Hauch von Rückerinnerung und Alltag, wie er sich im 16. Jahrhundert hier abgespielt haben dürfte. Ursprünglich muss es ein typisches Geschäftshaus südländischen Typs gewesen sein. Ein Haus mit drei Ebenen, ein Eckhaus. Zur Straße hin ohne Fenster. In der Mitte des Gebäudes, im Erdgeschoss, befand sich ein großes Tor. (Es ist heute zugemauert und durch eine kleine Tür ersetzt.)

Im ersten Stock befand sich ein großer Raum, der zu Zeiten Nostradamus' durch ein schönes großes Bogenfenster zum Innenhof und Garten Licht erhielt. Ein gleich großer Raum befand sich im zweiten Stock. Aufgrund des dicken Mauerwerks und der Steinfußböden dürfte es sich um sehr angenehm klimatisierte Räume gehandelt haben.

Auf dem Dach des Gebäudes befand sich, dem Geschmack der damaligen Zeit entsprechend, ein Flachdach mit Balustrade, so wie man es heute auf Zeichnungen des alten Schlosses L'Empérie sehen kann.

Geld war im Hause Nostradamus vorhanden, der Kindersegen blieb, wie wir wissen, nicht aus. Ständig kamen vornehme Besucher ins Haus, so dass die zwingende Notwendigkeit bestand, mehr Platz zu schaffen, d. h. das Gebäude musste er-

Ein alter Stich vom Wohnhaus des Nostradamus in Salon, heute ein Museum.

weitert werden. Ein kompletter Anbau mit Küche und Wohnräumen für die Familie wurde gebaut. Das ursprüngliche Gebäude blieb offensichtlich dem Familienpatriarchen vorbehalten. Zwischen Alt- und Neubau wurde eine steinerne Rundtreppe vom Parterre bis zum Dach des Hauses errichtet. Diese Turmtreppe gehört heute zu den Merkwürdigkeiten des Restanwesens und diente offensichtlich als – für die damalige Zeit – vornehmes Treppenhaus. Gleichzeitig dürfte es auch als bauliche Basis für den astronomischen Ausguck, den Hochsitz des Astronomen, gedient haben.

Vermutlich hatte dieser zehn bis zwölf Meter hohe, steinerne Turmbau noch einen weiteren Zweck erfüllt. Sicher ist, dass er gründlich im Boden verankert werden musste. Auf diese Weise konnte Adame de Crapone, ein Tiefbauingenieur und sehr guter Freund von Nostradamus, unauffällig in die Tiefe bauen. Heute zählen wir vom Erdgeschoss bis zum Plateau 52 Stufen. Wir werden später noch sehen, dass Nostradamus eine Vorliebe für bestimmte Zahlen hatte. Die 100 wird uns bei seinen Hundertschaften (den »Centurien«) der Verse begegnen. Es ist durchaus denkbar, dass vom ehemaligen Niveau des Erdgeschosses 55 Stufen zum Observatorium hinaufführten, so dass zu vermuten wäre, dass weitere 45 Stufen, etwa 7,50 Meter, in die Tiefe führen müssten. Es gibt aber keine Stufen, die in den Keller führen!

Warum nicht? Einige Jahrzehnte nach Nostradamus zerstörte ein schweres Erdbeben Salon. Die Häuser wurden bis auf das massive Mauerwerk zerstört, die einsturzgefährdeten Keller von den späteren Bewohnern zugeschüttet.

Die Halle der Einweihung

Unabhängig davon, ob diese Spekulation später durch archäologische Grabungen bestätigt wird oder nicht, spricht einiges dafür: Zumindest deutet Nostradamus in seinen Begleitpapieren für die Centurien an, dass er eine geheime Einweihungshalle, die sich in Salon befunden haben muss, unterirdisch mittels eines Geheimgangs erreichen konnte.

Was spricht für die These, dass er dies von seinem Haus aus tun konnte?

1. Wir wissen, dass er sich ein Haus kaufte, das an das Grundstück eines »Ketzers« angrenzte. Als Ketzer wurden seinerzeit in erster Linie die Katharer bezeichnet.
2. Die Kirche Saint Michel, Luftlinie 100 Meter von seinem Haus entfernt, lässt sich auch heute noch eindeutig als eine Templerkirche identifizieren. Das Portal zeigt das Symbol für einen geheimen Einweihungsplatz der Templer! Die Templer waren im Besitz der Geheimnisse der Katharer.
3. Der Felsen, auf dem das Schloss L'Empérie steht, nicht weiter als 150 Meter vom Haus von Nostradamus entfernt, bietet ideale Voraussetzungen für eine geheime Einweihungshalle im Inneren des Felsens.
4. Nostradamus gibt in seinen Anweisungen zur Rekonstruktion seines Textes einen Hinweis auf einen geheimen philosophischen Zirkel. Sein Name *Nostr-a-damus* deutet darauf hin, dass er der Erste dieses Kreises war.
5. Nostradamus bemerkt in seinen Centurien, dass der Eingang zum Tempel Gottes von einer armseligen Hütte bewacht wird. War die Hütte gar sein Haus?
6. Denken Sie auch daran, dass die französischen Könige – der letzte, von dem dies überliefert wird, war Ludwig der XV. – alle nach Salon kamen, um dem Grab von Nostradamus einen Besuch abzustatten. Könnte es nicht so gewesen sein, dass sie gleichzeitig oder in erster Linie wegen dieser Einweihungshalle nach Salon kamen?

So bleibt noch die Frage zu klären, warum in Salon heute niemand mehr etwas davon weiß? Warum gibt es hierfür keine Überlieferungen?

1. Das Haus ist, wie schon erwähnt, bei einem schweren Erdbeben im 17. Jahrhundert bis auf die stabilen Mauern zerstört worden! Danach hörten die Pilgerfahrten der französischen Könige auf.
2. Die unterirdischen Zugänge, möglicherweise die Einweihungshalle selbst, wurden verschüttet, ebenso der Keller im Nostradamus-Haus.
3. Der geheime Einweihungsort war eben geheim und sollte es auch nach dem Erdbeben bleiben.

Die Kindheit des kleinen Michel

Michel von Unserer Lieben Frau wurde im Jahre des Herrn 1503 am 14. Dezember beim Geläut der Mittagsglocken der nahe gelegenen Kirche Sankt Martin in St. Rémy, etwa 25 Kilometer von Salon entfernt, geboren. Michel ist der Erstgeborene von 17 Kindern der sehr ehrenwerten und angesehenen Familie de Notredame. Die von vielen Nostradamus-Autoren geäußerte Ansicht, dass er in der Jugend sehr stark von seinem jüdischen Großvater väterlicherseits beeinflusst wurde, kann nicht richtig sein, denn dieser Großvater, der sich Pierre de Notredame nannte, war im Jahr 1503, als Michel geboren wurde, schon einige Jahre tot. Hingegen lebte noch der Großvater mütterlicherseits, Jaume de St. Rémy, der als Leibarzt des in St. Rémy residierenden »Königs von Jerusalem« wirkte. Diesem Großvater verdankte die junge Familie Wohlstand, Glück und Ansehen. Großvater Jaume, der sich zu diesem Zeitpunkt bereits als Arzt zur Ruhe gesetzt hatte, dürfte sehr früh auf die Talente des kleinen Michel aufmerksam geworden sein. Später wird berichtet, dass Michel eine außerordentliche Begabung hatte: seine Merkfähigkeit soll phänomenal gewesen sein. Er brauchte Texte nur einmal zu überfliegen und konnte sie sofort auswendig wiederholen.

Mit 15 Jahren wurde er von seinen Mitschülern bereits als der junge Astrologe bezeichnet, weil er ihnen ständig, statt den hübschen Mädchen des Ortes nachzuspüren, viel lieber die Geheimnisse und das Wesen von Kometen, Sternen und Sternbildern erklären wollte. Mit 16 Jahren war man in der damaligen Zeit schon erwachsen. Töchter aus gutem Hause waren meist schon verheiratet. Die Burschen lockte das Abenteuer. Es ist 1518, als der hochbetagte Jaume de St. Rémy stirbt. Der Tod des Großvaters wird für den 15-jährigen Michel zum ersten einschneidenden Ereignis seines Lebens. Er verliert seinen Lehrer, aber schlimmer ist: Die Eltern können in St. Rémy keinen Ersatzlehrer bekommen, der die Ausbildung des Großvaters fortsetzen kann. Nostradamus ist also etwa 16 Jahre alt, als er das Elternhaus in St. Rémy verlässt und 1519 in die Weltstadt Avignon zu seiner Tante Margarete zieht, die mit einem Kunstmaler verheiratet ist.

Michel als Student

Die Notredames waren reich. Sein Onkel in Avignon konnte Michel ohne Probleme sofort an der Fakultät der schönen Künste unterbringen. Er studierte dort das »Trivum«, d. h. Grammatik, Rhetorik und Logik. Danach lernte er, den Gepflogenheiten seiner Zeit gemäß, Arithmetik, Geometrie, Musik und Astronomie, also die klassischen Fächer der Antike. Sein »Abitur« hatte er schließlich mit 18 Jahren in der Tasche. Michel begann danach, Medizin zu studieren. Zu dieser Zeit waren die Landstraßen, Dörfer und Städte mit Toten gepflastert. Die Pest grassierte. Keine gute Zeit für ein lustiges Studentenleben. Trotz Geld von zu Hause wurde auch für Michel das Leben zum ständigen Risiko. So wütete 1520 wieder einmal eine Pest in Avignon. Die Fakultäten mussten ihre Vorlesungen einstellen, denn es gab keine Zuhörer mehr. Die Studenten waren in panischer Angst in alle Himmelsrichtungen geflohen.

Später bestätigte mir Monsieur Chapus, dass Nostradamus von Avignon aus in die Hochtäler der Pyrenäen flüchtete. Er hat sich im Audetal aufgehalten. Dieser erste Aufenthalt im Bereich der ehemaligen Katharer, die in einem Kreuzzug seinerzeit angeblich mit Stumpf und Stiel ausgerottet worden sein sollen, ist einer der Schlüssel zum Verständnis des Nostradamus und seines Doppellebens. Aber noch ist es nicht so weit.

Ab 1529 finden wir ihn als Student der Medizin in der damals bereits sehr bekannten Universitätsstadt Montpellier.

Michel in Montpellier

In Montpellier widmete er sich zuerst den Studien der theoretischen Medizin und der Philosophie, indem er die Schriften von Aristoteles durcharbeitete. Danach wendet er sich der Botanik und Pharmakologie zu und unternimmt mit Freunden tagelange Wanderungen in die Umgebung. Die Umgebung, so müssen wir wissen, waren Städte wie Béziere, Narbonne, Carcassonne, das Audetal und andere Täler der Pyrenäen. Nebenher widmet er sich, dem Zeitgeist der Renaissance entsprechend, den ins Lateinische übertragenen Schriften von Hippokrates und Galen. Auch standen ihm, wie allen anderen Studenten, die Schriften der arabischen Autoren zu Themen der Heilkunde zur Verfügung. Montpellier war in dieser Hinsicht, aufgrund seiner Nähe zu Spanien, besonders gut mit arabischer Literatur ausgestattet. Zwar war die Sorbonne in Paris zur damaligen Zeit die erste Adresse für einen Studenten, doch fanden sich die aufrührerischsten Geister, die von der Universität in Paris verbannt wurden, alle in Montpellier wieder. Als aufrührerisch galt damals bereits der Wunsch eines Studenten, Griechisch in Wort und Schrift zu erlernen.

Michel und die Jahre der Pest

Kurze Zeit später wütete schon wieder eine Pest. Nostradamus verlässt wie seine Kommilitonen Montpellier und geht nach Narbonne, später nach Toulouse und Bordeaux, um seine erste Feuerprobe als Heilgehilfe zu bestehen. An ein vernünftiges, zusammenhängendes Medizinstudium ist nicht mehr zu denken. Die Angst vor Krankheit und Tod beherrscht die Studentenszene. Andererseits waren aber die Einsätze an der Pestfront, an denen man als Student recht ordentlich verdienen konnte, die einzige Möglichkeit, Beobachtungen an Kranken und den Symptomen ihrer Krankheit und ihres Todes, sowie der Verläufe von Gesundungsprozessen zu machen. Das Öffnen von Leichen war auch im fortschrittlichen Montpellier nicht möglich, weil die Kirche solche Studien allenfalls an Ketzern zuließ, und zu dieser Zeit waren die Ketzer rar.

Franz I., der zu dieser Zeit regierte, ließ keine Inquisition zu. Erst sein Sohn Heinrich aktivierte die Verfolgung von Andersdenkenden, um an das Vermögen der Verurteilten heranzukommen. Das alles fand 30 Jahre später statt. Wir sollten uns davon freimachen zu glauben, dass die Studenten von 1525 fromme Klosterbrüder waren. Abenteuer, Duelle, Suff waren damals »in«. Und Geld brauchte man dafür auch damals. Das galt, allen Glorifizierungsversuchen zum Trotz, auch für den jungen Nostradamus. Schließlich konnte er wieder nach Montpellier zurückkehren, um sein Medizinstudium fortzusetzen.

Michel und der Franziskanermönch Rabelais

Etwa zu dieser Zeit ist auch ein gewisser Rabelais, der Michel de Notredame später stark beeinflussen wird, in Montpellier, um den Doktorgrad der Medizin zu erwerben.

Fest steht, dass François Rabelais und Michel de Notredame sich fast zur gleichen Zeit in Montpellier aufhielten und dass Michel de Notredame später die Idee der Herausgabe von Almanachen von Rabelais übernimmt.

Weitere Hinweise stützen diese Feststellung, da es zwischen den Romanen von Rabelais, »Pantagruel und Gargantua« und den Versen der Centurien von Nostradamus Parallelen gibt, die nur auf gemeinsamen Ideengut basieren können.

Man findet seine Spuren auch in Toulouse, wo er sich Geld mit der Herstellung von Kosmetika, Parfüm, potenzsteigernden Mittelchen und Verjüngungselixieren verdiente. Danach finden wir ihn gegen 1533 in Agen.

Michel und Julius César Scaliger

In Agen lebte ein Mann namens Julius Cesare de L'Escalle, besser bekannt unter dem lateinisierten Namen Scaliger – nicht zu verwechseln mit seinem Sohn, der als Mathematiker bekannt wurde. Wir sollten uns schon hier merken, dass Nostradamus später seinen ältesten Sohn aus zweiter Ehe César nennen wird! So stark war die Verbindung, so groß die Verehrung dieses Mannes.

Scaliger war Leibarzt eines Bischofs, Mathematiker und Astrologe. Er soll, genau wie Rabelais, mit Erasmus von Rotterdam in Kontakt gestanden haben.

Aus Padua stammend, geriet er in Italien in den Verdacht, ein Ketzer zu sein. Nur der Schutz des Bischofs rettete ihn vor dem Scheiterhaufen in Italien. Er durfte nach Agen in die Verbannung gehen.

Das Besondere an Scaliger war, dass er von den geheimen Regeln der lateinischen Sprache wusste, und wie sie sprachlich und gleichzeitig mathematisch eingesetzt werden konnten. Natürlich gilt auch die Umkehrung des eben Gesagten, die viel

Nostradamus, von Sohn César gemalt.

wichtiger war, nämlich wie man über mathematische Formeln sprachlich Inhalte ausdrücken konnte.

Was hier umschrieben ist, bedeutet, dass Monsieur Scaliger die Verschlüsselungstechnik der Urchristen kannte und beherrschte und lehrte. Im Geheimen, versteht sich!

Bei Professor César Scaliger in Agen vertiefte Nostradamus, das ist überliefert, seine lateinischen und griechischen Sprachkenntnisse. Wir wissen heute, dass er dort sehr viel mehr lernte: altüberlieferte und neu konzipierte Verschlüsselungstechniken! Er übernahm oder beschaffte sich hier die erforderlichen *Wörterbücher* und erlernte die Technik der raschen Umsetzung der Worte in mehrsinnige Ausdrücke.

Michel heiratet und verliert alles

Einem Freund von Nostradamus zufolge, der später eine Kurzbiographie des Sehers von Salon verfasste, heiratete Michel de Notredame in Agen ein sehr hübsches, liebenswertes Mädchen aus gutem Hause.
Die noch sehr junge Frau (14 Jahre) schenkte ihm im Verlauf der nächsten Jahre zwei Kinder, eine Tochter und einen Sohn. Das junge Glück dauerte leider nicht lange, denn Michel musste hilflos zusehen, wie seine eigene kleine Familie in ganz kurzer Zeit einer Infektionskrankheit zum Opfer fiel. Seine Frau und die beiden Kinder starben vermutlich an Diphtherie, so jedenfalls die Symptome ihres Todes.

Im Zusammenhang mit einem Erbschaftsprozess dürfte Michel dann auch noch Ärger mit der Kirche bekommen haben. Möglicherweise steckten die enttäuschten oder aufgebrachten Schwiegereltern hinter der Verleumdung bei Gericht, weil sie einen fälligen Teil der Mitgift nun, nach dem Tode ihrer Tochter, nicht mehr herausgeben wollten. Michel de Notredame verzichtet offenbar auf das Geld und verlässt Agen mit unbekanntem Ziel.

Nach dem Tode seiner Familie flippte, wie man heute sagen würde, der junge Witwer aus. Er begann ein Vagabundenleben zu führen und wanderte durch ganz Europa, hielt sich in Spanien und vermutlich sogar in Fes im heutigen Marokko auf, und muss bis nach Ägypten gekommen sein. Später wollte er ein Buch über Horus herausbringen. Dieses Vorhaben ist nie vollendet worden, obwohl ein eigenhändiger Entwurf des Titelblatts zu diesem Buch in den Archiven zu finden ist.

In seinen prophetischen Versen kommt Ägypten vor – indirekt beschrieben als das sandige Gesicht des Schwitzens. Hier sehe ich die Beschreibung der Sphinx; die Mauern des Schwitzens deuten wohl auf die Pyramiden hin.

Die Vierzigerjahre des 16. Jahrhunderts gingen langsam zu Ende, als Michel nach und nach wieder ein normales Leben zu führen begann. Aber was war in dieser Zeit schon normal?

Michel als Pestarzt

In Aix war die Pest ausgebrochen. Nostradamus ging nach Aix en Provence und betätigte sich dort als Pharmazeut. Er gab genaue Anweisungen, wie die Pest zu bekämpfen sei. Ferner produzierte er eine Art Puder, das aus blauem Ambra und Rosenöl bestand. In gleicher Zusammensetzung bereitete er Lutschpastillen zu. Das Puder mussten die Patienten ständig in die Kleider streuen, die Lutschpastillen sollten ständig gelutscht werden.

Aix wurde die Pest rasch los. Solche Erfolge sprachen sich schnell herum, und Michel de Notredame erhielt aus Salon, einem kleinen Ort etwa eine Tagesreise von Aix entfernt, ein Angebot. Auch hier wieder das bereits beschriebene Vorgehen, und Salon ist von der Pest frei. Inzwischen hat die Erkrankungswelle die große Stadt Lyon erreicht, und Michel de Notredame ritt dorthin, um seinen bewährten Puder und die Lutschpastillen zu verkaufen.

Zurück aus Lyon bekam Michel eine neue Chance. Er konnte auf ein künftiges Zuhause hoffen. 1547 beginnt sich Michel mehr und mehr an Salon de Crau zu binden. In Salon, damals durch die Pest auf 1500 Einwohner dezimiert, hatte sich einer seiner Brüder, Bertram de Notredame, mit seiner Frau Thominée niedergelassen. Bertram war Stadthauptmann, und es ist durchaus denkbar, dass er für alle zukünftigen Pestereignisse einen vorzüglichen, erfahrenen Medicus an seine Stadt binden wollte. Gleichzeitig könnte es seine Absicht gewesen sein, dem entwurzelten Nostradamus wieder eine neue Heimat zu geben. Jedenfalls – und das ist überliefert – fädeln er und seine Frau unter Nutzung ihrer Verbindungen für Nostradamus die Bekanntschaft mit einer jungen, kinderlosen Witwe aus guter Familie ein. Das war damals ein üblicher Vorgang. Die Zeiten waren kurzlebig, die Ehegatten rar, also geziemte es sich durchaus, dass man auch bei hohem Altersunterschied zusammenging.

Michel heiratet zum zweiten Mal

Anne Ponsard, Tochter von Pascale und Thomase Arnaud, wird fortan zum eigentlichen Schicksal für Michel de Notredame.

Am 11. November 1547 (julianischer Kalender) wird der Heiratsvertrag geschlossen:

Anne bringt 400 Florin und noch weiteres Vermögen ein; Michel wird 300 Ecus d'or von seinem Onkel Pierre de Notredame einbringen, die nach dessen Tode fällig sind.

Michel de Notredame muss zurzeit seiner Eheschließung unvermögend gewesen sein und das trotz seiner Erfolge als Pestarzt.

Michel und seine sechs Kinder

Die Hochzeit wurde am 26. November 1547 gefeiert. Aus der Ehe gingen insgesamt sechs Kinder hervor, drei Söhne und drei Töchter:

1551 Tochter Madeleine
1553 Sohn César
1556 Sohn Charles
1557 Sohn André
1558 Tochter Anne
1561 Tochter Diane

Von den Töchtern ist nichts bekannt. Sie waren durch die Mitgift eine besonders begehrenswerte Partie. César wird später ein sehr bekannter und angesehener Historiker. Er verwaltet den Nachlass des Vaters und lebt zeitlebens als wohlhabender Mann. Von André ist bekannt, dass er ein rauflustiger Bursche gewesen ist, der im Duell einen Gegner tötete. Aufgrund seines Reichtums wurde er nicht zum Tode verurteilt, sondern man arrangierte sich. Er übergab sein Erbe einem Kloster und lebte fortan als eher weltlicher Mönch bis zu seinem Tode.

Nach dem Tod von Nostradamus im Juli 1566 wurde dessen riesiges Vermögen gemäß seinem Testament ausgezahlt bzw. verwaltet. Seine Frau Anne überlebte ihn um rund 17 Jahre. Die Spuren der Familie de Notredame verlieren sich im 17. Jahrhundert.

2 Das literarische Werk des Nostradamus

Ab 1550 beginnt Nostradamus in regelmäßigen Abständen kleine Schriften zu veröffentlichen. Ratschläge, wie man gesund bleiben kann, wie man Potenzmittel herstellt, Marmelade einkocht und dergleichen mehr. Er gibt Almanache heraus, die in dieser Zeit sehr beliebt waren. Sie enthielten meist Prognosen für das nächste Jahr, für Wetter, Ernte, Krieg und Frieden, Pest und Kometenerscheinungen als Unglückskünder.

Seine Schriften entpuppten sich als Bestseller im heutigen Sinne des Wortes. Die berufliche Verquickung von Arzt und Astrologe, Heiler und Lebensberater, Arzt und Psychiater war für die besseren Kreise im Mittelalter durchaus üblich gewesen, denn in der Renaissance versuchten die Ärzte stets, die Krankheiten unter Berücksichtigung des Einflusses der Sterne und deren Konstellationen zu heilen.

»Das, was Sie aufgezählt haben, sehe ich auch so«, bemerkte Monsieur Chapus. »Von einer Besonderheit des Dr. Nostradamus weiß ich noch. Er schlief nur wenig. Meist nur vier Stunden am Tag. Des Nachts saß er auf dem Dach seines Hauses und beobachtete die Sterne und tagsüber beriet er die Kranken. War das nicht eine Superwerbung für ihn, wenn die ganze Stadt Salon ihn Nacht für Nacht auf seinem Astroturm sehen konnte? Wir werden da gleich hinaufgehen. Den Unterbau haben Sie ja schon gesehen.«

»Ich habe recherchiert«, sagte ich, »dass Michel von 1550 an bis zu seinem Tode Jahr für Jahr Almanache, also von ihm vorausberechnete Vorhersagebücher, so wie wir sie von Rabelais und Scaliger schon kennen, herausgegeben hat. Und mit diesen Almanachen wurde auch sein Künstlername Nostradamus bekannt.

»Hier der Titel eines solchen Almanachs.« Monsieur Chapus deutete auf eine Vitrine, in der eine Fotokopie, die er auf Pappe aufgezogen hatte, ausgestellt war.

»Almanach vom Jahre 1550,
mit den Vorhersagen, Berechnungen und Erklärungen
von Michel *Nostradamus*,
Arzt und Astrologe in Salon de Crau en Provence«,

las ich. Unter diesem Titel befand sich dann in etwas kleinerem Format jeweils ein Vierzeiler, der eine Prophezeiung für das kommende Jahr enthielt.

»Wenn Sie ohnehin nach Aix fahren, dann finden Sie ein solches Exemplar eines Almanachs in der Bibliothek Arbaud in Aix en Provence. Es ist für das Jahr 1563 bestimmt und wurde von Pierre Roux in Avignon gedruckt.«

Monsieur Chapus fuhr fort: »Ab 1554 fing Nostradamus an, parallel zu den Almanachen, eine Serie von Broschüren herauszugeben, die nur Vorhersagen enthielten. Der Titel lautete:

›Die großen Vorhersagen
geschaffen durch Michel de Nostradamus
Arzt in Salon de Crau en Provence.‹

Auch ein solches Exemplar ist der Nachwelt erhalten geblieben und befindet sich in der bereits erwähnten Bibliothek Arbaud. Die Titelseite ist mit einem astrologischen Symbol und den Tierkreiszeichen bebildert. Erschienen ist diese Ausgabe 1557 in Paris bei Jacques Kerver.«

»Der 1. März 1555 ist wohl das interessanteste Datum in der ganzen Nostradamus-Story«, löste ich meinen Gesprächspartner ab. »Auf diesen Tag datiert Nostradamus die Vorrede an seinen Sohn César für die erste Auflage der 1555 bei Mace Bonhomme erschienenen Prophezeiungen. Es ist eine Teilveröffentlichung. Sie enthält die ersten drei Centurien und die vierte Centurie bis zum 53. Vers. Innerhalb kurzer Zeit gab es drei Auflagen dieses Werkes, bis am 3. November 1557 die vierte, erweiterte Auflage, nun mit insgesamt sieben Centurien, erschien. Diesmal bis zum 42. Vers der VII. Centurie.«

Inzwischen waren wir bei unserer Wanderung durch das Haus des Nostradamus unter das Flachdach, das heute das Gebäude deckt, gekrochen. Im Gebälk hatte ein Magier merkwürdige Zeichen mit schwarzer Farbe gepinselt.

»Da hat wieder einmal einer versucht, den Geist des Nostradamus zu beschwören und sich dienstbar zu machen«, sagte Chapus. »Viele, die hierher kommen, versuchen hinter die Technik der Prophetie zu kommen, wie sie von Nostradamus ausgeübt wurde. Die meisten Menschen übersehen, dass er hier mit seiner Familie, seinen sechs Kindern, seinen Dienstboten und seinem Hausstand, zu dem ja auch Pferde und andere Tiere gehörten, gelebt hat. Es ist unmöglich, dass dieses Haus eine ruhige, friedliche Idylle war. Zwar musste sich Nostradamus nicht um das Tagesgeschäft des Hauses kümmern, das dürfte seine Frau Anne schon gut besorgt haben. Trotzdem bleibt die Frage: Konnte Nostradamus hier so inmitten von Tageslärm seine Arbeit als Prophet tun?«

»Ich habe noch keine Vorstellungen von dem, was sich um Nostradamus herum abgespielt haben könnte«, sagte ich.

»Erfolg verhilft zu Aufsehen!«, fuhr Monsieur Chapus fort. »Und so blieb es nicht aus, dass der französische Hof auf Nostradamus aufmerksam wurde, zumal der Prophet, ähnlich wie in unserer heutigen Klatschpresse, die Herrschenden und Regierenden in seinen Prophezeiungen erwähnt. Und da er dies in doppelsinnigen Versen für die Leser vermeintlich positiv tat, blieb es nicht aus, dass das französische Königspaar auf ihn aufmerksam wurde.«

Heinrich II. war zu dieser Zeit König in Frankreich und Katharina von Medici seine Frau. Die Ehe war eine Absprache zwischen Papst Leo X., einem Onkel der Katharina und Franz I., der auf Veranlassung von Leo X. durch Leonardo da Vinci ausgebildet worden war.

Die Italienerin Katharina scheint eine der ersten Ausgaben der Prophezeiungen des Nostradamus gelesen zu haben und schrieb an den königlichen Statthalter in der Provence, Graf Claude de Tande, dass »der König diese Person zu sehen wünscht!«

De Tande, der Nostradamus sehr schätzte, überbrachte die Einladung des Königs, so dass Nostradamus sich am 14. Juli 1555 auf den Weg machte und über Lyon nach Paris reiste, wo er am 15. August, zu Mariä Himmelfahrt, eintrifft. Unmittelbar nach seiner Ankunft schickt der König persönlich den Hofmarschall Anne de Montmorency in die Herberge, damit er den Astrologen für seine Auftritte bei Hofe vorbereitet. Dieser Vorgang lässt eins erkennen: Nostradamus genoss bereits ein besonders großes Wohlwollen in der königlichen Familie, denn sie war offensichtlich bemüht, dem Doktor aus der Provinz peinliches Fehlverhalten und Verstöße gegen die Etikette am Hofe zu ersparen. Man wollte ausschließen, dass sich Dr. Nostradamus lächerlich machte.

Die erste Audienz bei Hofe fällt für Nostradamus sehr positiv aus. König und Königin sind tief beeindruckt und honorieren Nostradamus mit jeweils 100 Ecus d'or. Ein damals traumhaftes Honorar!

In Paris erkrankte Nostradamus im August 1555 sehr schwer. Unklar ist, ob er vor oder nach seiner Erkrankung Wohnsitz bei einem Kardinal nehmen durfte. Bekannt ist nur, dass Nostradamus infolge »einer Magenverstimmung« – andere Autoren, auch sein Sohn César meinen, dass es ein Gichtanfall war – für zehn bis elf Tage ans Bett gefesselt war und sein Zimmer nicht verlassen konnte.

Berücksichtigt man den Neid, die Missgunst und die politischen Interessen der Höflinge, denkt man auch einmal daran, dass es ja Leibärzte des Königs, Astrologen des Königs und dergleichen schon genug am Hofe gab, so dass dieser Kerl aus der Provinz den bereits bei Hofe etablierten Fachkollegen allenfalls die Schau stehlen konnte, dann liegt der Verdacht nahe, dass auf Nostradamus ein Giftanschlag verübt wurde.

Giftanschläge, sei es auf Könige oder andere Personen, konnten in der damaligen Zeit von den Ärzten nicht eindeutig und mit Sicherheit nachgewiesen werden. Selbst wenn der Verdacht nahe lag, so war es für die Wissenden jedoch lebensgefährlich, darüber zu sprechen. So hat man Giftanschläge im Interesse der weiterlebenden Mehrzahl aller Beteiligten nie als solche bezeichnet. Allgemein üblich war jedoch, in solchen Fällen von Typhus, Magenbeschwerden oder Agonie zu sprechen, und es gibt eine Reihe Prominenter in der Vergangenheit, die mit solchen Diagnosen ihren Thron oder was sie sonst zu hinterlassen hatten, an interessierte Nachkommen oder Konkurrenten abtraten.

Auch wenn Sohn César von einem Gichtanfall spricht, so kann man nicht ganz ausschließen, dass er es aus Höflichkeit getan hat. Es wäre dem französischen Königshof gegenüber sehr unhöflich gewesen, wenn der Sohn behauptet hätte, sein Vater sei als Gast des Königs beinahe einem Giftmord zum Opfer gefallen! Nach den überlieferten Berichten muss Nostradamus während dieser elf Tage furchtbar gelitten haben. Ein Gichtanfall ist sicher eine sehr, sehr schmerzhafte Angelegenheit, aber kein so furchtbares Leiden.

Das Überleben dieses vermutlichen Giftanschlages muss für Nostradamus der eigentliche Durchbruch gewesen sein, denn ein Arzt und Lebensberater, der eine Gegenmedizin gegen Giftanschläge besitzt, muss ein Könner seines Faches sein. Solch ein Experte wird sofort, überall und von jedermann anerkannt.

Der Ruhm wächst – das Vermögen auch

Astrologe des Königs! Welche Karriere! Die Gunst des Königs vergoldeten die Höflinge auf ihre Weise. Um die Königin und den König in ihren Residenzen und Palästen begrüßen zu können, veranstalteten sie große Feste zu Ehren des Propheten. Andere Adelige bestellten für sich und ihre Familien Horoskope. Verständlich, dass man den Propheten des Königs besonders zuvorkommend behandelte und dementsprechend großzügig bezahlte. Als Nostradamus schließlich die Heimreise nach Salon antritt, führt er ein großes Vermögen an Goldstücken und Juwelen mit sich. Wie musste diesem Manne zumute gewesen sein? Musste er, nachdem er die allerhöchste Gunst des Königs genoss, die Inquisition überhaupt fürchten?

Als er von seiner ersten Paris-Reise zurückkehrte, war er über Nacht zum Multimillionär geworden. Sein sensationeller Auftritt in Paris hatte ihn schlagartig auch an anderen europäischen Plätzen, vor allem in Italien und Spanien, berühmt gemacht.

Seinen Ruhm begründete Nostradamus nicht mit Prophezeiungen über die Weltgeschichte, sondern mit individuellen Voraussagen zu künftigen Schicksalsereignissen der Klienten, die ihn um Rat fragten, also zu dem, was man »kleines Schicksal« nennt.

Manchmal haben wir Menschen des 20. Jahrhunderts vielleicht das Gefühl, dass wir diesen Menschen von 1555 haushoch überlegen seien. Mit solchen Annahmen sollten wir jedoch vorsichtig sein. Es ist kaum vorstellbar, dass ein Scharlatan den gesamten französischen Hochadel an der Nase herumführen konnte. Intrigen und Machtkämpfe hatten den französischen Hochadel zu nicht nur auf den eigenen Vorteil bedachten Menschen, sondern auch zu durchaus kritischen Geistern gemacht.

Nostradamus' Klienten von damals haben die für sie bestimmten individuellen Prophezeiungen, ob sie nun eintrafen oder nicht, mit ins Grab genommen: Es gab kein öffentliches Interesse an ihren persönlichen Belangen. Die Jahrhunderte überstanden hat nur sein Werk »Les Prophéties« mit 942 Versen, welche die politische Weltgeschichte betreffen.

Die Visitenkarte des Nostradamus, wie wir sie heute drucken würden, sähe so aus:

Nostradamus
Arzt und Lebensberater
Berater der französischen Könige, Leibarzt der französischen Könige, Berater der französischen Regierung,
Berater des Hauses Savoyen
Präsident eines geheimen Philosophischen Zirkels
Autor, Herausgeber eines Almanachs
Alleiniger Sponsor eines Kanalprojektes

»Monsieur Chapus, wie sehen Sie die Dinge«, fragte ich, »musste sich Nostradamus vor der Inquisition fürchten?«

»Nein«, sagte Chapus. »Nie und zu keiner Zeit! Weder 1555 noch 1559. Er genoss schon früh die Gunst des Hofes und verlor sie bis zu seinem Tode nicht.«

1559 stirbt Heinrich II. Sein Sohn Franz II. regiert für ein knappes Jahr Frankreich. Nostradamus hatte inzwischen zahlreiche Auflagen seiner Prophezeiungen verkauft und die Verse auf fast sieben Hundertschaften erweitert. Halten wir folgende Fakten fest: Sein Buch der »wahren Prophezeiungen«, das zum Bestseller seiner Zeit wurde, konnte nur von reichen Adeligen gekauft werden. Den Inhalt konnte niemand verstehen, aber weil sein Ruf so gut und seine individuellen Prognosen so zutreffend waren, akzeptierte man die Verse mit ihrem verborgenen Sinn. Das Buch eines Narren hätte man kaum weiter beachtet.

Es gab auch einen konkreten Grund, warum der französische Adel die Bücher des Nostradamus kaufte. Sie hofften, aus seinen Texten herauslesen zu können, wann der König sterben würde. Dieses Datum war für jeden französischen Adeligen ein schmerzliches Ereignis, denn dann wurden 10 Prozent seines Vermögens als Abgabe fällig. Erst mit der Zahlung dieser Steuer erhielt der Adelige seine Rechte und Besitzungen vom neuen König bestätigt. Fünfzig Jahre hatte es keinen Thronwechsel gegeben, und nun regierten die Söhne Heinrichs jeweils nur eine kurze Zeit. Die Unruhe des Adels hatte deshalb einen Höhepunkt erreicht. Ich fragte spontan: »War Nostradamus hellsichtig?«

»Es gibt viele Geschichten, die von seiner Gabe erzählen«, antwortete Chapus freundlich. »Zum Beispiel aus dem Jahr 1561: Die Auseinandersetzungen zwischen Protestanten und Katholiken erreichen ihren Höhepunkt. In Salon rückt Graf von Crussol, Kommandant Karls IX., ein, um an der Spitze eines Heeres die Katholiken in der Provence zu unterstützen. Natürlich konsultiert er den Seher, der ihn weissagt:

»Wenn die Bäume mit neuen Früchten beladen sein werden, werde seine Aufgabe beendet sein.« Ganz klar, was der Graf für sich interpretierte: Im Herbst bin ich Sieger!

Es kam, wie bei Orakeln üblich, anders: Als der Graf nach Aix einrücken wollte, wurde er von protestantischen Einwohnern, die sich auf Bäumen versteckt hatten, angegriffen und vernichtend geschlagen.«

»Nostradamus war hellsichtig, da gibt es für mich keinen Zweifel«, meinte Monsieur Chapus. »Er hat aber seine Hellsichtigkeit mit Techniken, die er im Orient erlernte, vielleicht als Vorsteher eines geheimen Katharerordens kennen lernte, gekoppelt, so dass er bestimmen konnte, in welcher Zeit er sein wollte.«

»Wenn Sie von der wahren Bedeutung des Nostradamus etwas erahnen wollen, dann beachten Sie bitte die Tatsache, dass nicht Nostradamus die Könige und Fürsten besucht, sondern die Könige Nostradamus besuchten.«

»So wie es auch bei den römischen Päpsten üblich ist. Kaiser und Könige besuchten sie in Rom«, ergänzte ich.

»Es gibt einen Bericht über den Besuch Karls IX. Hier auf diesem Steinboden des Sternenausgucks, auf dem wir gerade sitzen, hat vermutlich der junge König nachts gestanden und den Himmel mit den Augen unseres Nostradamus gesehen. Der Bericht über diesen Besuch, Monsieur Dimde, schildert plastisch, was los war, wenn Nostradamus königlichen Besuch bekam. Und der kam oft.«

»Hier, lesen Sie«, sagte Monsieur Chapus und hielt mir ein Stück Papier hin: »Der König hielt sich drei Wochen in Salon auf. Am 16. Oktober 1564 speiste er im Château Renard in St. Rémy und schlief dort. Am nächsten Tag begab er sich auf den Weg nach Salon. Ihre Majestät kam dort am selben Tag des 17. Oktober, um drei Uhr nachmittags an und wurde krank. In Begleitung des Königs befanden sich 500 Personen. Die kleine Stadt war viel zu eng für so viele anspruchsvolle Gäste, so dass die Unterbringung des Einzelnen eine einzige Katastrophe war.«

»Nostradamus hatte zwei Stockwerke in diesem Haus für sich ganz allein. Die Familie wohnte im Seitentrakt. Hier im oberen Stock dürfte er mit den Majestäten abends zusammengesessen haben. Hier, wo wir uns gerade befinden, sind wohl aus seiner Feder die Berichte über die Zukunft bis in das Jahr 3797 hinein geflossen und die hohen Herrschaften haben sich prächtig unterhalten und konnten nicht genug hören. Denkbar, dass Nostradamus die Majestäten in sein Geheimnis eingeweiht hatte und sie bei mancher seiner Zukunftsreisen persönlich anwesend waren.«

Das Leben eines sechzigjährigen Mannes konnte nicht ewig währen. Die meisten Menschen starben in dieser Zeit recht früh. Als Sechzigjähriger war man bereits ein Methusalem. Nostradamus wurde zunehmend kränklicher.

1566 – der Tod ist nahe

Wir gingen in den ersten Stock. Hier befand sich das Schlafzimmer, hier war Nostradamus im Juli 1566 gestorben.

»Sein Tod war für seine Umgebung keine Überraschung«, sagte Monsieur Chapus, »nach den Aufzeichnungen seines Sohns litt der Vater unter Rheuma, Gicht und Arteriosklerose und wurde immer vergesslicher und seniler. Die Symptome waren nicht mehr mit den damals zur Verfügung stehenden Arzneien in den Griff zu bekommen, die Wassersucht schritt immer weiter fort, so dass Nostradamus wohl seinen Tod nahen fühlte.«

»Interessant ist für uns seine Vorbereitung auf den Tod. Es kann für den Arzt Nostradamus kein überraschendes Ereignis gewesen sein. Im Gegenteil: Nach eigenen schriftlichen Anmerkungen in den Prophezeiungsversen unternimmt er eine letzte Reise ins 35 Kilometer entfernte Arles, wo der König von Jerusalem residiert. Ihm, so schreibt er selbst, gibt er etwas zurück, was er nicht näher bezeichnet, und kehrt nach Salon heim.«

»Ich frage Sie, lieber Herr Dimde, was kann für Nostradamus so wertvoll gewesen sein, dass er in diesem Zustand noch eine so anstrengende Reise unternimmt. Hat das etwas mit seinem Amt als Katharerfürst zu tun gehabt?«

Ich nickte, obschon ich keine Antwort wusste.

Am 17. Juni 1566 bestellt Nostradamus den Notar M. J. Roche zu sich. Nach einer Vorbesprechung wird das Testament ausgefertigt. Seine engsten Freunde werden zu Testamentsvollstreckern erklärt, denn die Kinder sind zu diesem Zeitpunkt erst 16, 13, 11, 10, 9 und 5 Jahre alt.

Das Vermögen, das Nostradamus aufteilen kann, ist beträchtlich. Nach heutigen Wertmaßstäben ist er ein Multimillionär. Drei Tage nachdem er sein Testament gemacht hatte, versammelte Nostradamus alle Menschen, die er noch einmal sehen wollte, um sich. César, sein Lieblingssohn, erhielt von ihm persönlich sein astronomisches Besteck und seine Jahrestafeln aus Gold. Auch alle anderen Anwesenden bekamen kleine Erinnerungsgaben.

Nachdem er bei Pater Vidal, Abt der Barmherzigen Brüder in Salon, gebeichtet hatte, erhielt er von diesem die heiligen Sterbesakramente der römischen Kirche. In der Nacht vom 1. auf den 2. Juli 1566 stirbt Nostradamus. Sein Sohn César findet ihn bei Sonnenaufgang in seinem Arbeitszimmer, auf der Fensterbank sitzend, tot auf.

Noch am gleichen Tage wird Nostradamus in einer feierlichen Prozession ins Kloster der Barmherzigen Brüder gebracht und dort in der alten, ehrwürdigen Klosterkirche, wo er sich schon zu Lebzeiten ein Grab gekauft hatte, stehend (!) beigesetzt.

Seine Witwe ließ eine Grabplatte nach italienischem Vorbild anbringen:

D.O.M.

Clarissimi ossa michaelis nostradami unius omnium
mortalium iudicio digni civis pene divino calamo totius
orbis ex astrorum influxu futuri eventus conscriberentur.
Vixit annos LXII menses VI dies XVII. obiit salone
anno MDLXVI quietem posteri ne invidete.
Anna Pontia Gemella salonia coniugi optat v. felicit.

Beim Bericht von den letzten Stunden unseres Michel de Notredame fällt auf, dass er stehend beigesetzt wurde.

Monsieur Chapus murmelte etwas wie: »Das hängt alles mit dem Amt des Katharerpapstes zusammen. Auch die Kupferplatte, die man später fand.« Ich gab mich damit zufrieden, denn mein Gesprächspartner wollte oder konnte mir nicht mehr erzählen.

Die Kritiker

Anfänglich waren es Geistliche, die sich kritisch mit seinem Werk auseinander setzten. Spottverse wurden verbreitet, Nostradamus als Dummkopf hingestellt, welcher der lateinischen Sprache nicht mächtig gewesen sei, und andere Bosheiten wurden geschickt lanciert. All diese Versuche, ihn unmöglich zu machen, konnten die weitere Ausbreitung seines Prophezeiungstextes nicht verhindern.

Die Anhänger

Später versuchten Nostradamus-Anhänger, sich Klarheit zu verschaffen, wie die rätselhaften und oft unverständlichen Verse geordnet lesbar oder verstehbar gemacht werden könnten. Fast alle Versuche verschlechterten das Image von Nostradamus, denn sie waren weit von der tatsächlichen und widerspruchsfrei nachvollziehbaren Lösung seiner genial verschlüsselten Visionen entfernt. Vor allem in Südamerika, Italien und Spanien hat sich das Interesse an Nostradamus-Interpretationen stark entfaltet.

3 Schätze zwischen Sägemehl und Kaltleim: der Bewahrer

Monsieur Chapus entpuppte sich für mich als einer der hilfsbereitesten Menschen, die ich kennen gelernt habe. Ich musste nur fragen, er antwortete prompt. So kam es, dass ich ihn unentwegt fragte und er mir unentwegt antworten musste. Nach der Besichtigung des Hauses von Nostradamus lud Herr Chapus mich in seine Tischlerwerkstatt ein, wo er mir noch einiges zeigen wollte.

Auf dem Weg zu seinem Haus drehte sich das Gespräch um die Frage nach den authentischen Texten des Nostradamus. Diese Frage ist für jeden Nostradamus-Forscher von grundsätzlicher Bedeutung, also fragte ich ihn nach seiner Meinung.

»Bei uns in Deutschland ist das mit dem Verstext so eine Sache, die meisten deutschen Nostradamus-Autoren beziehen sich auf die Textveröffentlichung von 1656, Amsterdam. So verweisen einige darauf, dass sie im Besitz von geheimnisvollen Fotokopien sind, andere sprechen von einem Buch, das inzwischen verschollen sei … Was meinen Sie?«, fragte ich meinen Gesprächspartner. Monsieur Chapus zögerte etwas, sah mich an und fragte mich: »Kennen Sie Reynaud-Plense?«

Ich schüttelte den Kopf.

»Für künftige Generationen von Nostradamus-Freunden hat der Stadtarchivar von Salon, ein Herr Reynaud-Plense, in den Jahren 1925 bis 1933 die im Stadtarchiv vorhandenen Texte der Prophezeiungen durchgesehen und 1939 veröffentlicht. Gott sei Dank muss man heute sagen, denn die Dokumente sind nach dem Krieg alle verschwunden. Um aber auf Ihre Frage zurückzukommen, Monsieur Dimde, es gibt keinen von Nostradamus autorisierten vollständigen authentischen Text.«

Ich zeigte wohl meine Enttäuschung, und Monsieur Chapus meinte so im Lebensstil des Südfranzosen:

»Ist es für Sie denn so wichtig?«

»O ja«, erwiderte ich, »ich arbeite mit Computeranalysen, und da kommt es auf jeden Buchstaben an.«

Monsieur Chapus reagierte nicht auf meine Antwort, wahrscheinlich, weil er mich nicht verstehen konnte. Heute weiß ich, dass nicht die gedruckten Texte als »authentisch« anzusehen sind, sondern die auf Pergament niedergelegten handschriftlichen Verse.

Lange vor seinem Tod hat Nostradamus diese Pergamentblätter sorgfältig gebündelt und demjenigen seiner Kinder vermacht, der sich dafür interessieren würde.

Die geschnürten Bündel sind später vom Sohn César zur Veröffentlichung weitergegeben worden, im Original aber verschollen.

Lassen Sie mich bitte an dieser Stelle erklären, wie man die Texte, die diesen verschollenen Handschriften vermutlich entsprechen, nachträglich identifizieren kann. Drei Merkmale bieten sich dem Experten an:

1. Alle Texte, die das Zeichen »&« statt »et« (und) enthalten, können verworfen werden. Die Buchdrucker haben sich eigenmächtig die Arbeit erleichtert und dieses Kürzel verwendet. Der Hintergrund: Das Wort »et« ist das Schlüsselwort für die lateinische Fassung des Geheimbuchs der Katharer: den »Offenbarungen des Johannes«. Da von Nostradamus gewollte Parallelen bestehen, ist jede weitere Diskussion überflüssig.
2. Texte, die die Buchstaben »u« und »v« als gleiches Schriftzeichen verwenden, sowie die Buchstaben »s, d, z, f wie eine gewellte Diagonale »ñ« wiedergeben.
3. Der Text war so gesetzt, dass jeweils 5 Verse auf einer Seite stehen.

Monsieur Chapus schloss die Tür zu seiner Werkstatt auf. Inmitten alter Hobelbänke, Maschinen, Sägemehlstaub und Holzabfällen bot er mir einen Stuhl an und sagte lächelnd:

»Ich habe Schwierigkeiten mit meiner Frau. Die vielen Besucher ärgern sie. Also habe ich mich mit ihr geeinigt, dass ich niemanden mehr mit ins Haus bringe. Hier können wir uns ungestört unterhalten.«

Während ich mich setzte, öffnete er eine Glasvitrine, die außen mit Spinnweben und Sägemehlstaub bedeckt war, die ihr ein mittelalterliches Flair gaben. Er entnahm ihr eine Reihe vergilbter, mit Wasserflecken übersäter Bücher, Briefe und Manuskripte.

»Seit Jahrzehnten bin ich hier eine Art Anlaufstelle gewesen. Wer Salon wegen Nostradamus besuchte, fand schließlich zu mir. Auffallend viele Menschen aus Südamerika haben mich besucht. Aus Deutschland niemand, doch, irgendeiner war mal da, ich glaube, der kam aus Berlin.«

»Es hat sich eingebürgert, dass diejenigen, die Nostradamus-Bücher veröffentlichen, mir ein Exemplar geschickt haben. Andere, die eine neue Technik der Entschlüsselung entdeckten, schickten mir ihre Methode. Können Sie Portugiesisch?«

»Nein«, sagte ich.

Monsieur Chapus zeigte mir ein Manuskript. »Hier ist eine interessante Theorie, wonach immer der siebte Vers der Beginn einer neuen Sequenz ist. Die Gruppe, die daran arbeitet, hat mir geschrieben, dass es Auffälligkeiten gibt, wenn man dieses Siebenersystem für alle Verse durchsieht.«

»Hier hab ich es«, sagte er plötzlich, »dies ist eine Veröffentlichung von Reynaud-Plense, den ich noch persönlich kannte, aus dem Jahre 1933. Er hat in dieser kleinen Broschüre die wichtigsten Lebensdaten von Nostradamus veröffentlicht. Besonders wichtig sind die Fotos vom Grab des Nostradamus. Sehen Sie hier.« Er zeigte mir die Schwarzweißabbildungen.

»Hier haben Sie Aufnahmen von 1943, und hier haben Sie Aufnahmen von 1946, fällt Ihnen etwas auf?« Er sah mich erwartungsvoll an, doch ich musste passen.

»Die Rillen der Marmorplatten der Grabwand des Nostradamus sind zerstört. Sehen Sie hier 1933, dann hier 1943. Ganz klar, das Grab ist geöffnet worden. Aber jetzt sehen Sie hier, die Aufnahme von 1946, das Grab ist erneut geöffnet worden.«

»Was hat das zu bedeuten?«, fragte ich ihn.

»Ganz einfach, sowohl die Deutschen als auch die Amerikaner haben sein Grab heimlich geöffnet.«

»Was hätte man denn finden können«, antwortete ich. »Als die Jakobiner während der Revolution das Kloster der Barmherzigen Brüder, unter anderem auch auf der Suche nach versteckten Schätzen, dem Erdboden völlig gleichmachten, zerstörten sie ja auch das Grab, das sich Nostradamus zu seinen Lebzeiten gekauft hatte. Sie verstreuten aus Wut, nichts gefunden zu haben, seine Überreste und die Bücher, die als Grabbeigabe dienten. Die Überreste wurden doch hier beigesetzt, die Bücher ins Stadtarchiv genommen. Es gab doch nichts zu finden.«

»Das wissen aber nur Experten«, meinte Monsieur Chapus.

4 Die Geschichte der Prophezeiungstexte

Nostradamus hat irgendwann zwischen 1548 und 1551 mit dem Federkiel die Niederschrift seiner Visionen auf Pergamentblätter begonnen. Nach allem, was ich heute weiß, hatte er während seiner Zeitausflüge einen Assistenten, der ständig mitschreiben musste, wenn Nostradamus beschrieb, was er sah. Diese Aufzeichnungen muss Nostradamus anschließend mit weiteren Angaben ergänzt haben.

Aus diesen Aufzeichnungen erstellte Nostradamus in einer Matrix, bestehend aus 4 x 40 Feldern, etwas, was wir heute »Schlagzeilen« nennen würden, die den Inhalt seiner Visionen möglichst treffend wiedergaben.

Diese 160 Felder hatten Koordinaten. Mittels eines speziellen Wörterlexikons suchte Nostradamus nun Worte heraus, die stimmig in die Koordinaten passten. Falls dies nicht der Fall war, konnte er durch das Weglassen von Selbstlauten (wie es schon Julius César ausführte) die Situation für sich passend machen. Notfalls verdoppelte er einen anderen Buchstaben.

Nun veränderte er den zum Vers gebundenen Text, indem er die Interpunktion setzte, eventuell bildete er noch aus den Buchstaben andere Worte durch falsch gesetzte Zwischenräume.

So machte er aus einem *Hund* ein H und das Wort *und*, um Ihnen ein Beispiel in deutscher Sprache zu geben. Das *h* wurde einfach dem vorangegangenen Wort angefügt.

1555 veröffentlichte er die ersten drei Centurien und wurde damit in Frankreich berühmt. 1558 folgte die zweite Partie mit dem Vorwort an seinen Sohn, inzwischen waren es rund 640 vierzeilige Verse. Die Centurien VIII bis X wurden erst nach seinem Tod (1566), im Jahr 1568 veröffentlicht. Es ist durchaus legitim, an dieser Stelle die Frage zu stellen, ob hinter der Veröffentlichung der Prophezeiungen nur Michel de Notredame stand oder ob noch andere Interessenten die Veröffentlichung der vollständigen Texte wünschten.

Die Bücher des Nostradamus verkauften sich gut. Etwa 50 Jahre nach seinem Tod wurden zwei Gesamtausgaben veröffentlicht. Diese beiden Ausgaben von 1605 und 1606 sind für mich in erster Linie zur Grundlage meiner ersten Arbeiten und Analysen geworden.

Die Stadt Salon besaß die Originalausgaben

Zu Nostradamus' Zeiten war es üblich, dass man den Schriftstellern die von ihnen verfassten Bücher mit ins Grab gab, damit sie am Tage des Jüngsten Gerichts ihre Schriften, für die sie Verantwortung trugen, dem »Tribunal« zur Prüfung vorlegen konnten. So wurde es auch bei Nostradamus gemacht. Wichtig: Es sind nur die Texte, die vor seinem Tod veröffentlicht waren, also besagte rund 640 Verse ins Grab gelegt worden. Als während der Französischen Revolution Jakobiner aus Marseille das Grab von Nostradamus plünderten, verstreuten sie achtlos die Grabbeigaben, u. a. seine Schriften, auf der Straße vor dem Kloster. Der Bürgermeister von Salon sammelte alles, was vom Grabinhalt übrig blieb, ein. Von da an befanden sich die Schriften des Nostradamus im Archiv der Stadt Salon bis etwa 1946.

Für künftige Generationen von Nostradamus-Freunden hatte der bereits erwähnte Stadtarchivar von Salon, ein Herr Reynaud-Plense, in den Jahren 1925 bis 1933 die im Stadtarchiv vorhandenen Texte der Prophezeiungen durchgesehen und 1939 veröffentlicht. Auf diese Dokumentation stützt sich der in Frankreich anerkannte Nostradamus-Forscher Serge Hutin. Es gibt, wie schon einmal gesagt, keinen von Nostradamus autorisierten vollständigen authentischen Text.

Nach dem Krieg tauchten in unserer Region US-Offiziere auf, die gegen harte Dollars alles aufkauften, was sie von und über Nostradamus finden konnten. In dieser Zeit verschwanden die Unterlagen, die Reynaud-Plense noch zur Verfügung standen. Der Stadtarchivar versuchte damals ein möglichst authentisches Gesamtwerk der Nostradamus-Verse zusammenzustellen. Er ging sogar einen Schritt weiter und ergänzte fehlende Passagen in den Texten, korrigierte sehr sorgfältig Druckfehler und passte die Orthographie unserer Zeit an.

Ich schaute mir verschiedene Unterlagen durch, gab Monsieur Chapus meine bisherigen Ergebnisse für sein Archiv und lud ihn noch zu einem kleinen Glas Wein ein. Das Tagewerk war für Monsieur Chapus vollbracht. Er schloss seine Werkstatt ab und ging mit mir zu seinem Stammcafé. Vorher machten wir noch bei einem Antiquitätenhändler halt, der eine Nostradamus-Ausgabe von 1555 besitzen soll. Ich hätte sie gerne gesehen, aber der Geschäftsmann wollte für die Besichtigung umgerechnet 500 Mark. Das war ganz schön happig und mir die Sache nicht wert. »Der Mann ist verrückt«, bemerkte Monsieur Chapus, »der war immer schon verrückt, solange ich mich erinnern kann. Wissen Sie, der sucht wie viele andere nach dem Schatz des Nostradamus.«

Als wir später bei einem Fläschchen Wein saßen, sprach ich Monsieur Chapus noch einmal auf den Schatz an.

»Hat denn Nostradamus wirklich einen Schatz besessen?«, fragte ich ihn.

»Hier in unserer Region gibt es sehr viele Leute, die das nicht nur glauben, sondern eine aktive Suche betreiben. Ich habe Ihnen von der Verbindung Nostradamus-Katharer-Templer erzählt. Wo Sie sich hier auch immer bewegen, sie stoßen auf ehemaligen Templerbesitz. Sehr hartnäckig hält sich das Gerücht, dass Nostradamus in Lyon direkten Kontakt zum höchsten Templermeister seiner Zeit hatte. Dieser Mann ist von der Inquisition nach 1547 hingerichtet worden. Es gibt Menschen, die nun einen Zusammenhang zwischen dieser Hinrichtung und dem plötzlichen Reichtum des Nostradamus sehen. Seiner Familie hat Nostradamus das Geheimnis nicht hinterlassen. Sie ist für den Rest ihres Lebens von ihm gut versorgt worden, aber auch nicht mehr. Es wird vermutet, und ich meine das auch, dass Nostradamus in seinen verschlüsselten Versen die Beschreibung des Schatzversteckes für den Fall hinterlassen hat, dass das Wissen um den Ort verloren geht und in einer späteren Zeit ein Berechtigter durch Anwendung der authentischen Entschlüsselungsmethode das Versteck findet, und somit Zutritt zu diesem Vermögen bekommt.«

Drei Plätze gibt es, die von den Schatzsuchern bevorzugt werden. Glanum, das antike Heilbad der Römer, drei Kilometer vom Geburtsort St. Rémy des Nostradamus entfernt. Dann die ehemalige Katharerfestung Beaux. Schließlich ein Ort in der Nähe eines Aquädukts. Bei welchem, wollte Monsieur Chapus nicht sagen. Aber ich wusste, wo ich mich als Nächstes aufhalten würde.

5 Auf den Spuren des Nostradamus

Es war Nachmittag in Salon, die Stadt erwachte aus ihrem Mittagsschlaf, die Straßen füllten sich, die Geschäfte öffneten. In den Cafés trafen sich die Jugendlichen. Ich hatte die letzte halbe Stunde im Schatten der Kirche Saint Michel gesessen und über die erste Etappe der Streckenführung eines Geheimgangs nachgedacht, der vom Wohnhaus des Nostradamus zu dieser nahe gelegenen Kirche geführt haben musste. Von dieser Kirche aus dürfte Nostradamus in einer zweiten Etappe durch einen unterirdischen Gang eine Halle erreicht haben, die sich in dem Felsen befand, auf dem das Schloss L'Empérie steht. Aber das alles lag über vierhundert Jahre zurück. Viel war seither geschehen, alles in Vergessenheit geraten. Salon hatte zur Zeit des Nostradamus, für wenige Jahre, eine besondere Bedeutung gehabt. Salon war zu einem Mittelpunkt der Welt geworden, es ahnte nur niemand in Salon von damals bis heute, was sich nachts Ungewöhnliches innerhalb der Stadtmauern tat.

Nostradamus lebte ab 1548 ständig hier und empfing in seinem Haus in Salon nach 1555 Könige, Fürsten und bedeutende Geistesgrößen seiner Zeit. Katharina von Medici kam nicht wegen irgendwelcher okkulter Abenteuer nach Salon und besuchte den »bürgerlichen Doktor«. Sie alle kamen, um sich von dem Arzt und dem Prior des bedeutendsten Geheimbundes seiner Zeit von der Zukunft der Menschheit erzählen zu lassen.

Und ... sie waren da, um Zeuge zu sein, wenn Nostradamus seine Zeitreisen unternahm. Dies muss so faszinierend gewesen sein, dass manche monatelang in Salon blieben. Katharina von Medici und ihre königlichen Söhne waren sowohl offiziell als auch heimlich fast ständig Gast im Hause de Notredame.

Eins und eins ist zwei

Zurück zur Gegenwart. Für mich war es keine Frage: Nostradamus hatte sich mit Bedacht seinen Wohnsitz innerhalb der Stadtmauern von Salon ausgesucht. Nicht ohne Grund grenzte sein Haus und Grundstück fast an die Kirche Saint Michel. Was gerne übersehen wird, ist, dass seine Entscheidung, wo er sich niederlassen sollte, noch vor der Veröffentlichung des ersten Teils seiner Centurien und seinem ersten Auftritt am französischen Königshof in Paris und Blois erfolgte. Zu einer Zeit, als er noch nicht so unsagbar reich war, dass er der Region einen Bewässerungskanal stiften konnte.

Ich sann darüber nach, wie ich es wohl angestellt hätte, innerhalb von Salon meinen Wohnsitz zu nehmen und mir unauffällig einen Verbindungsgang zu der Einweihungshalle der Templer bauen zu lassen.

1. Ein Grundstück kaufen, das möglichst nahe am Zielobjekt liegt.
2. Nach einen Vorwand suchen, um die gewünschte Baumaßnahme öffentlich zu rechtfertigen.

Noch heute ist es in Südfrankreich üblich, wenn man an einem bestimmten Platz einen geheimen Schatz vermutet, dass man das alte Objekt aufkauft, um es zu restaurieren. Bei dieser Gelegenheit wird unauffällig das Schloss, die Kirche, der bebaute Ort auseinander genommen und wieder zusammengebaut. Ist man fündig geworden, nun, dann schweigt man. Ist man nicht fündig geworden, dann sagt man wohl auch nichts.

Für Nostradamus ergab sich folgende Ausgangslage: Das Nostradamus-Haus steht unweit der Kirche Saint Michel. Von dort aus führte ja schon ein alter Gang in die Halle. Nostradamus hatte vor, dieser Gedanke liegt auf der Hand, sich auch von seinem Haus aus einen geheimen Zugang bauen zu lassen. Dies tat er, indem er gleichzeitig der Stadt Salon eine Kanalisation stiftete. Bei dieser Gelegenheit konnte die öffentliche Baumaßnahme das private Interesse kaschieren, und der gewünschte Geheimtunnel konnte unauffällig von der heutigen Rue Nostradamus bis zur Kirche Saint Michel vorgetrieben werden.

Von der Kirche aus war dann der Einstieg in den uralten Gang möglich. Dieser alte Gang dürfte als Fluchtweg für die Burgbewohner angelegt worden sein. Später wurde der unterirdische Weg Geheimzugang für die Templer. Die Templer haben dies in einem Geheimzeichen über dem Portal der Kirche markiert. Unterhalb des Schlosses befand sich die geheime Höhle, hier war eine Relaisstation für Botschaften, die vom Morgenland auf dem Weg nach Europa über den Hafen St. Gilles eingeschleust wurden. Später, als die zurückkehrenden Kreuzritter von Rom verfolgt wurden, weil sie Unruhe in die Herde der blind Gläubigen brachten, versteckte der Orden manchen Ritter, gegen reichlich Honorar versteht sich, bis ein Weg gefunden wurde, ihn mit sicherer Tarnung in seine Heimat weiterzuleiten.

Aber diese Zeiten waren längst vorbei. Templer gab es nicht mehr, ihre Schätze gelten bis heute als verschollen. Rasch schob ich meine Gedanken um den Templerschatz beiseite, der von einigen alteingesessenen Bürgern der Stadt Salon noch heute gepflegt wird. Es gibt nicht wenige in Salon, die überzeugt sind, dass der wahre Reichtum des Nostradamus durch seinen Zugriff auf den Templerschatz entstand. Die fürstlichen Honorare für seine Beratertätigkeit als Hofastrologe und Arzt in Paris seien nur vorgeschoben worden, um den tatsächlichen Ursprung seiner Geldmittel zu verschleiern.

Monsieur H. S.

Ich strebte meiner Verabredung mit Monsieur H. S. zu. H. S. war ein merkwürdiger Typ, aber gerade solche Menschen lagen mir. Sein hageres Gesicht ließ in mir immer wieder den Ver-

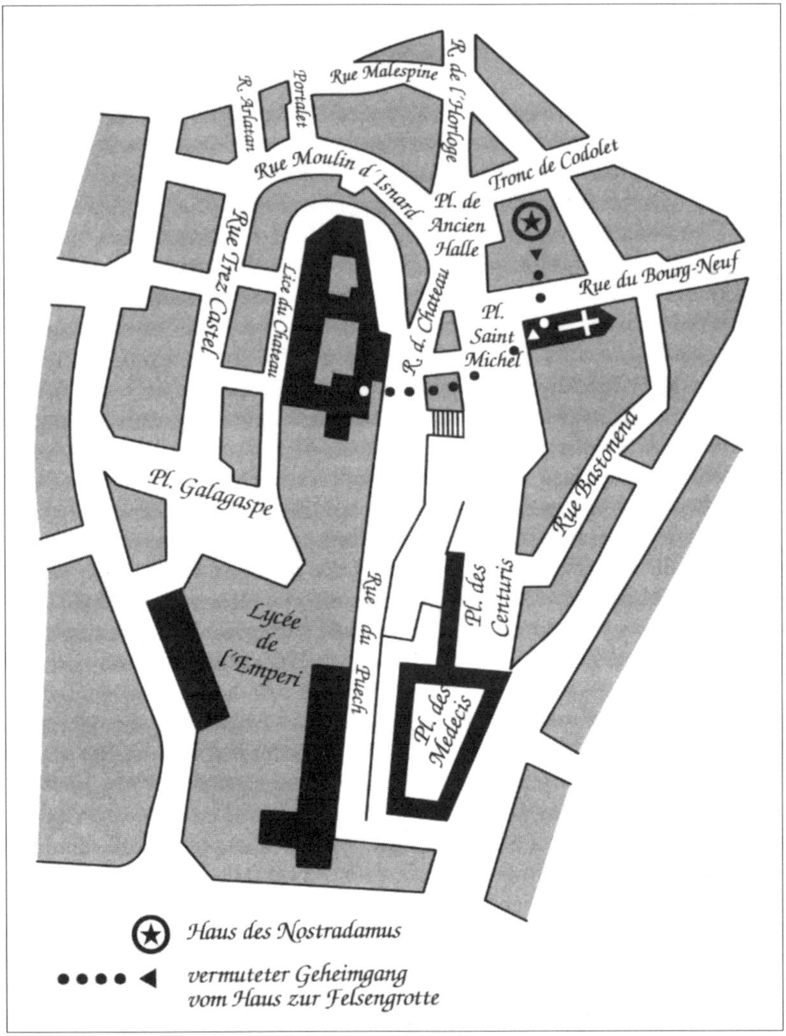

Ein Übersichtsplan von Salon.

dacht aufflackern, einem Katharer gegenüberzustehen. Sein Alter war kaum zu schätzen, 60 Jahre würde ich sagen, aber falls er wirklich Katharer war, dann hätte er genauso gut 85 Jahre alt sein können. Er müsste Katharer sein, schoss es mir wieder durch den Kopf. Warum dieser merkwürdige Zufall unserer Bekanntschaft? Marseille, eine der Katharerhochburgen der Neuzeit, lag nicht weit. Ein Gesprächspartner der »Freunde des Nostradamus« hatte mich in ein Bücherantiquariat geschickt. Dort fand ich meinen heutigen Gesprächspartner inmitten von Schundheftchen, wie wir früher die Groschenromane bezeichneten. Zerlesene französische Schmonzetten, die zum x-ten Male für ein paar Francs erneut ausgeliehen oder getauscht wurden.

»Haben Sie etwas von Nostradamus da?«, hatte ich ihn damals gefragt. Er legte mir zwei Paperbackausgaben von Herrn Fontbrune vor und sah mich, würde ich nachträglich sagen, prüfend an.

»Besten Dank«, sagte ich, »aber ich suche Texte, die möglichst dem Original nahe kommen.«

»Nein, zurzeit habe ich nichts da«, antwortete er mir in diesem südfranzösischen Dialekt, auf den die Pariser so geringschätzig herabsehen.

»Schade«, sagte ich, »Sie merken, ich bin aus Deutschland. Ich hatte gehofft, an authentische Verstexte des Nostradamus heranzukommen.«

»Das wird sehr, sehr schwierig sein«, meinte er, denn nach dem Zweiten Weltkrieg hätten US-Offiziere systematisch alle in Privatbesitz, aber auch im Besitz von Museen und Kommunen befindlichen Dokumente von und über Nostradamus gegen harte Dollar aufgekauft. Man weiß, dass auf diese Art und Weise rund fünftausend Bücher, Pergamente und sonstiges von Nostradamus über den Atlantik geschafft wurden. Viertausend Dokumente sind heute in New York, eintausend in Caracas.

»Vom und über den Gral hätte er etwas da«, sagte mein Gesprächspartner.

»Nein, besten Dank«, ich schüttelte den Kopf, »so etwas möchte ich nicht. Merci, Monsieur.« Ich stand wohl etwas enttäuscht in diesem kleinen Buchladen herum und stöberte lustlos in den Beständen. Nach einer Weile kam er erneut zu mir und sagte:

»Nostradamus-Texte habe ich keine da, aber wenn ich Ihnen damit helfen kann, dann könnte ich Ihnen eine sehr seltene Sammlung, eine Art Katalog von allen Nostradamus-Daten anbieten. Ein Notar, der Zugang zu allen Archiven hatte, soll in mühevoller Kleinarbeit sich jedes noch existierende Dokument von Nostradamus und seiner Familie zur Einsicht beschafft haben. Er hat die Papiere persönlich auf ihre Echtheit geprüft und anschließend katalogisiert.« Dieser als Paperback gedruckte Katalog sei nur für echte Nostradamus-Forscher bestimmt und wurde unter dem Ladentisch gehalten und nur selten zum Kauf angeboten, weil die Zahl der Exemplare gering sei und ein Nachdruck wohl nicht erfolgen würde.

Ich war überglücklich und erzählte ihm von meiner Arbeit und dem Einsatz meiner Computer und meinen bisherigen Ergebnissen. Er schwieg. Wenn ich heute, etwa zehn Jahre nach diesen Begebenheiten, darüber nachdenke, dann hätte mich sein Schweigen stutzig machen müssen, denn für mich steht inzwischen fest, er ist doch ein Katharer gewesen.

Ein Jahr später, ich war wieder in den Sommermonaten nach Salon en Provence gefahren, traf ich ihn wieder. Wir verabredeten uns diesmal für den Nachmittag im Hof des Nostradamus-Hauses auf dem kleinen Holzbänkchen. Ich wollte mit ihm über meine Entdeckung der textlichen Erwähnung einer Einweihungshalle in Salon sprechen und mit ihm über den Geheimgang diskutieren. Was er wohl davon wusste? Ich näherte mich dem Nostradamus-Haus. Die kleine Tür im großen Holztor stand den Besuchern offen, und ich konnte ihn schon erkennen. Er saß da und wartete auf mich.

»Bonjour, Monsieur H. S.«, sagte ich.

»Bonjour, Monsieur de Cologne, wie geht es Ihnen heute?« Für ihn war ich der Mann aus Köln. Es war sinnlos, ihm zu erklären, dass ich 120 Kilometer nordöstlich von Köln wohnte.

Nach Köln kam in seiner Welt nur noch Berlin und dann schon Skandinavien. Vor die Wahl gestellt, aus Köln oder Berlin zu kommen, hatte ich mich entschieden, Köln zu akzeptieren, weil es meinem Wohnort räumlich näher liegt.

Gespräche auf der Holzbank

»Ist ja nicht viel übrig geblieben von der Pracht des Hauses und der einstigen Größe des Gartens«, meinte ich so.

»Ja«, sagte er, »schon wenige Jahrzehnte, nachdem die Familie Nostradamus nicht mehr in Salon wohnte, zerstörte ein schweres Erdbeben die ganze Stadt, und zwar so gründlich, dass von den meisten Häusern der Stadt nichts übrig blieb. Das Nostradamus-Haus war zwar sehr solide gebaut, trotzdem sollen nur die festen Außenmauern, und selbst die nur zum Teil, stehen geblieben sein. Sehen Sie hier, von außen sieht man die im ersten und zweiten Stock des ursprünglichen Baus zugemauerten großen Bogenfenster. Symbol und Beweis des Reichtums des Erbauers. Große Fenster, einst mit bunten Gläsern kunstvoll verziert, konnten sich nur wenige Leute leisten. Die Nachbewohner des Hauses waren nicht mehr so wohlhabend. Nach dem Erdbeben zogen wohl sehr arme Leute, vielleicht Überlebende, ein. Die Fenster mussten von ihnen zugemauert werden. Dafür wurden schmale kleine Fensterchen in das Mauerwerk gebrochen. Anstelle von zwei Stockwerken mit hohen Decken wurden drei Ebenen eingezogen. Von der ehemaligen Pracht des Gebäudes blieb nicht mehr viel übrig.

Ähnlich verhielt es sich mit dem Grundstück. Im Laufe der Jahrhunderte, es sind ja schon über vierhundert Jahre seit Nostradamus vergangen, rückten die späteren Besitzer der Nachbargrundstücke mehr und mehr an das einstmals prächtige Areal der Familie Notredame heran, so dass wir heute vor einem Restgrundstück stehen, erbärmlich und ärgerlich zugleich. Die

Schuld trifft voll die Gemeinde Salon, die sich bis vor wenigen Jahren kaum darum gekümmert hat, was aus dem Besitz des größten Sohns der Stadt wird. Noch in jüngster Zeit hat sich ein Nachbar die Wohnfläche seines Besitzes um eine Toilette erweitern lassen, die im Erdgeschoss erneut zwei Meter des Nostradamus-Hauses kostete. Heute beginnt wieder ein Nostradamus-Boom, und hier am Ort heißt nun jede Katze Nostradamus. Prompt ist auch die Gemeinde da, und die Touristenshow wird vorbereitet.«

Kellergeheimgang oder nicht?

»Was ich Sie fragen wollte, Monsieur H. S., ich sehe keine Kellerräume? Hat es nie welche gegeben?«

»Diese Frage kann man zurzeit nur spekulativ beantworten«, meinte er. »Dem südfranzösischen Baustil der damaligen Zeit entsprechend muss es Kellerräume zur Zeit des Nostradamus gegeben haben. Das vorhin erwähnte Erdbeben muss so schlimm in Salon gewütet haben, dass praktisch alles einstürzte oder verschüttet wurde. Im Fall des Nostradamus-Hauses hat man den Eindruck, dass nach dem Beben absichtlich die Keller verfüllt wurden. Sehen Sie sich den Nostradamus-Turm an. Auf seiner Spitze befand sich der astronomische Ausguck des Meisters. Die Wendeltreppe führt in die Räume des Mannes, während die Frau mit den Kindern im Seitentrakt wohnte. Wendeltreppe und Turm sind so angelegt, dass man erahnen kann, wie sich die Treppe in den Keller schwingt. Aber es ist kein Keller da.«

H. S. schwieg einen Augenblick.

»Sehen Sie«, sagte er zu mir, »da war eine Treppe, die wohl in einen Privatkeller des Nostradamus führte, ich meine einen Kellerraum, den nur der Hausherr betreten konnte und betreten hatte. Neben dieser Kellertür gab es eine zweite Tür, von der die Fama berichtet, dass dahinter ein zweiter Keller gelegen hatte.«

»Könnte diese zweite Tür nicht die Tür zu dem von mir vermuteten Geheimgang zur Kirche Saint Michel gewesen sein?«, fragte ich.

»Das ist durchaus denkbar«, nickte H. S. »Die Wegstrecke zur Kirche wäre relativ kurz, dürfte vielleicht sechzig Meter gewesen sein, ein Tiefbauprojekt, das man durchaus unauffällig hätte installieren können.«

Warum so viel Heimlichtuerei?

Ich sagte zu H. S., dass ich eine Textstelle gefunden hatte, die von einem heimlichen Gang sprach, wodurch man beim Verlassen des Hauses nicht gesehen werden konnte.

»Das kann durchaus so gewesen sein«, erwiderte H. S. »Monsieur H. S., was mich viel mehr beschäftigt, ist die Frage: Warum verließ Nostradamus heimlich, vielleicht sogar nachts, sein Haus? Warum ließ er sich diesen geheimen Ausgang bauen? Das kann doch nicht ein Einfall von Nostradamus gewesen sein?«

»Man weiß doch von Leonardo da Vinci, der in seinen letzten Lebensjahren in Cloux wohnte und vom jungen König Franz I. heimlich durch einen Geheimtunnel, der vom königlichen Schloss zum Hause des alten Meisters führte, ständig besucht wurde. Es gibt zwar eine Verbindung zu Leonardo da Vinci, der der Vorvorgänger von Nostradamus im Amt des Priors der Etruskischen Bruderschaft war. Aber …

Da kommt mir übrigens ein Gedanke: Nostradamus konnte sowohl ungesehen das Haus verlassen als auch über diesen Weg genauso gut ungesehen Besuch empfangen. Und dann frage ich Sie, wen hätte er dann empfangen? Warum wurde er heimlich besucht?«

Das Ei des Nostradamus

»Wissen Sie denn noch nichts von dem Ei des Nostradamus?«, fragte H. S. und erlebte wohl meine Irritation.

»Nein«, sagte ich, »was verstehen Sie darunter?«

»Nun«, begann H. S. mit meiner Aufklärung, »die Entwicklung der Nostradamus-Kundigen verläuft, so kann es immer wieder beobachtet werden, in mehreren Phasen. Zuerst ist man von eingetroffenen Enthüllungen der Zukunft fasziniert. Dann glaubt man Nostradamus in einem überirdischen Licht zu sehen. Dann will man die eigenen Fehler bei der Interpretation der Prophezeiungen ausmerzen. Man sucht also nach authentischen Texten, so wie Sie. Schließlich fragt man: Warum hat Nostradamus das gemacht? Und alles mündet, glauben Sie mir, Sie sind nicht der Erste und werden nicht der Letzte sein, in der Frage: Wie hat Nostradamus das gemacht?«

Ich schmunzelte, er hatte bei mir den Kern meiner Neugier getroffen. »Ja«, sagte ich, »das sind genau die Fragen, mit denen ich mich ständig beschäftige.«

»Also, wie hat er das gesehen, wie hat er das gemacht?«, fragte ich. H. S. zögerte und ich fügte hinzu: »Sie müssen mir nicht antworten, wenn Sie nicht wollen. Sie hätten ja die Sache mit dem Ei nicht zu erwähnen brauchen, aber sie steht wohl in einem engen Zusammenhang mit diesem Treppenturm, dem geheimen Ein- oder Ausgang, wie Sie es auch immer sehen wollen, und vielleicht sogar mit Leonardo da Vinci. Ich kann mit einem ›Ei‹ eigentlich nichts anfangen«, sagte ich.

»Ein paar Mal taucht das altfranzösische Wort für Ei im Verstext auf, aber ich könnte so auf Anhieb keinen Zusammenhang herstellen.«

»Sie erzählten mir doch, dass Nostradamus Textpassagen in eigener Sache hinterlassen hat«, meinte Monsieur H. S.

»Ja«, sagte ich, »da gibt es einiges, was von einem Igel handelt, von einer großen Tafel, von einer Art Walze, von einem leicht beweglichen Täfelchen, einer Menge von Zahlen und von vielen philosophischen Anmerkungen und Ausführungen.«

»Können Sie sich vorstellen, dass schon andere vor Ihnen auf diese nostradamischen Anmerkungen gestoßen sind und womöglich sogar ein Stück weitergekommen waren als Sie?« War Spott in seinen Augen, fragte ich mich.

Meine Betroffenheit muss H. S. berührt haben.

»Nun, nehmen Sie das nicht so persönlich, Sie können es nicht wissen, ich war bisher sehr überrascht, wie Sie trotz eines Fehlers im System Ihrer Überlegungen doch der Wahrheit schon sehr nahe gekommen sind«, tröstete er mich.

»Ich wundere mich dann nur, dass niemand bisher darüber geschrieben hat«, warf ich ein.

»Oh, das hat schon seine Gründe. Sie werden sehen, wenn Sie eines Tages selbst vor dieser Entscheidung stehen, werden Sie sich sehr genau überlegen müssen, was Sie tun werden. Um sich eine Vorstellung zu machen, wie Nostradamus gearbeitet hat, will sagen, wie er seine Zeitreisen unternommen hat, müssen Sie eines wissen. Es gibt Hellsehen. Es gibt Hellfühlen. Es gibt Hellriechen. Es gibt Hellspüren. Es gibt Hellhören. Nostradamus konnte alles.«

Ich muss recht überrascht geschaut haben, diesmal war mein Gesprächspartner irritiert und fragte mich:

»Können Sie das akzeptieren?«

»Ja, ja«, reagierte ich ganz verwirrt, »es gibt in den Prophezeiungstexten genügend Hinweise, dass Nostradamus mit »allen seinen Sinnen« vor Ort in der Zukunft war.

Mir fielen Beispiele in seinen Versen dafür ein:

1914: »Schlachtgetümmel in der Luft« – also hören.
1916: »Übel meine Nase, bevor sie dem Tode ausgesetzt« – riechen.
1944: »Die Abtei brennt« – sehen.
2060: »Ich weine, Nizza« – fühlen.

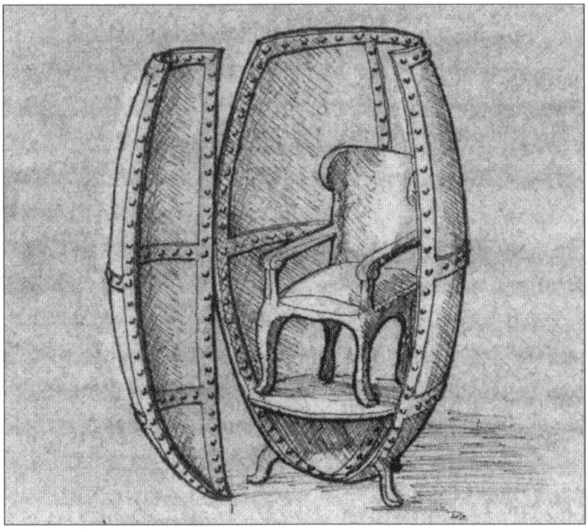

Das Ei des Nostradamus.

Auffallend, dass Nostradamus keine Tasterlebnisse beschrieben hat. Für mich bedeutet dies bis zum Beweis des Gegenteils, dass er »nicht körperlich« seine Reisen in die Zukunft unternommen hat.

»Richtig«, sagte Monsieur H. S., »darauf will ich ja hinaus. Nostradamus setzte sich in ein eiförmiges Gebilde. Das Ei des Nostradamus«, fuhr er weiter fort, »hatte eine Höhe von etwa zwei Meter nach heutigem Maß. Es stand auf dem Boden. Dort war das Ei flach, so dass im Inneren der Konstruktion ein Stuhl mit Rücken und Armlehnen bequem Platz hatte. Das, was wir als Spitze des Eis ansehen würden, war offen, das heißt, das Gebilde war nach oben offen. Übrigens, Sie sollten dieses Gebilde nicht unbedingt als Ei sehen, sondern als eine in Ellipsenform verzogene Kugel. Sie hatte die Funktion, wie eine Art Faraday'scher Käfig den Seher abzuschirmen und gleichzeitig im Inneren seine Kräfte zu verstärken. Nostradamus öffnete, wenn er arbeiten wollte, eine türähnliche Klappe, setzte sich auf den Stuhl und konzentrierte sich. Dann begann er zu sprechen, und sein Freund Chavigny schrieb seine Worte auf. Nach der Sitzung ergänzte Nostradamus die Notizen, später setzte er die Worte der Klarschrift in kodierte Texte um. Was sehr wichtig ist: Nostradamus soll eher gestärkt und ausgeglichen das ›Ei‹ verlassen haben. Er hat keine Kraft ›verloren‹, ist nicht in Trance gefallen oder hat sich mit Drogen ›in Fahrt‹ gebracht. Der Waffenschmied übrigens, der für Noststradamus nach dessen Anweisungen diesen Apparat für Reisen in die Zukunft gebaut hat, musste sehr genau seine Befehle befolgen. Die Hülle bestand aus drei Schichten: Kupfer, Messing oder Bronze und von außen wurde mit Silberdraht gelötet. Die Kunst bestand darin, das Material so zu verarbeiten, dass die Oberfläche absolut präzise und hundertprozentig plan gearbeitet war. Es durften keine Dellen oder Unebenheiten vorhanden sein. Nach oben hin war das ›Ei‹ offen. Es muss wie ein geköpftes Frühstücksei ausgesehen haben.«

»Sie können sich vorstellen, lieber Monsieur H. S., dass ich immer neugieriger werde, gleichzeitig aber auch skeptisch. Wozu diente denn diese metallene Eihülle?«

»Gehen Sie davon aus, dass Nostradamus dieses Ding nicht selbst erfunden hat. Es war schon vor Nostradamus einigen wenigen bekannt. Und es wurde gebaut und benutzt. Weitergegeben wurden immer nur die Pläne. Gehen Sie ferner davon aus, dass dieses ›Ei‹ nie als Ei bezeichnet worden ist.

Es war das Pferd, mit dem man fliegen konnte, es war das Trojanische Ross, mit dem man in eine ›falsche Zeit‹ gelangen konnte. Als der damalige Katharerpapst Leonardo da Vinci eine große Menge Bronze von der geheimen Bruderschaft zum Bau eines Pferdes nach Mailand schaffen ließ, der Mailänder Herzog Sforza die Bronze aber für Kanonen verwendete, wurde Sforza vom ›Toskanischen Titan‹ (Leonardo da Vinci) nach Frankreich verbannt. Dort starb er, zwar ehrenvoll untergebracht, aber als Gefangener. Für die Etikette holte man ihn ans Tageslicht und verbreitete die Mär, er wäre vor Freude über seine Begnadigung gestorben, als er das Licht der Sonne wieder sah. Inspiriert durch das Gedankengut der damaligen Zeit begann man mit dem Bau eines symbolischen Supereies für den Tag des Jüngsten Gerichts. Schauen Sie sich gelegentlich den Plan des Vatikans an.«

Wir schwiegen beide, denn ich dachte, Monsieur H. S. würde noch mehr von seinem Wissen preisgeben. Aber er blieb stumm. Also fragte ich nach einer Weile: »Unterstellen wir einmal, dass diese künstliche Kammer dazu diente, irgendwelche Frequenzen zu konzentrieren, denn mir ist eine Passage bekannt, wo Nostradamus von einem Transaktionston spricht. Ich konnte diesen Hinweis nie richtig einordnen, aber jetzt ahne ich etwas. Dann muss doch noch von außen irgendetwas passiert sein?«

»Es ist denkbar, dass man diese – sagen wir diesmal statt Ei Glocke – also diese Glocke zum Tönen gebracht hat, dann wissen wir immer noch nichts über die Tonhöhe und die Lautstärke. Es ist besser, wir hören auf, hier weiter zu spekulieren; diejenigen, die das Geheimnis hüten, werden schon irgendwann an die Öffentlichkeit treten. Aber wenn Sie wollen, machen Sie doch ein Experiment: Blasen Sie ein Ei aus. Trennen Sie fein säuberlich die Eispitze mit einer kleinen Laubsäge ab. Halten Sie ein Pendel in unterschiedlichen Positionen in dieses Ei hinein. Es wird unterschiedlich stark ausschlagen. Trigonometrisch haben wir es ja nicht mit einem Ei, sondern mit einer Ellipse zu tun, mit einer Kugel mit zwei Mittelpunkten. Aus der Philosophie des Pythagoras gesehen stehen wir vor diesem Ei als einer dreidimensionalen Antenne. Ich sage Ihnen etwas, und dann soll es genug sein: Nostradamus benutzte diesen Apparat lediglich, um seine körpereigenen Kräfte, Fähigkeiten, Schwingungen zu verstärken.«

»Was ich bisher herausbekommen habe, ist, dass Nostradamus den sprechenden Kopf, dieses geheimnisvolle Ding der Templer, besaß«, setzte ich das Gespräch fort.

»Sie dürften Recht haben«, sagte H. S. lächelnd und fuhr fort: »Nostradamus nahm noch ein dreißig mal dreißig Zentimeter großen Gegenstand, den »sprechenden Kopf« der Templer, mit in seinen Aufschwinggenerator. Erst die Kombination Glockenkammer, Ei oder wie wir auch sagen wollen, plus Kopf erbrachte die Zukunftsschauergebnisse, und dies machte natürlich Nostradamus für Jahrhunderte zu dem unübertroffenen Zukunftsberichterstatter.«

Wir unterhielten uns noch eine Weile, und ich erfuhr noch, dass dieser Schutzapparat wohl auch dazu diente, Nostradamus vor Störungen, gleich welcher Art, abzuschirmen. Monsieur H. S. erzählte auch, dass es zwei Orte gegeben haben muss, in denen Nostradamus gearbeitet hat. Einmal in der Halle, zu welcher der Geheimgang führte und zum anderen etwa zehn Meter über dem Boden.

»Sie schauen so ungläubig drein, Monsieur Dimde«, lachte H. S., »aber erwarten Sie von mir keine weitere Hilfe. Jetzt wissen Sie eigentlich alles.«

»Peut-être, peut-être, Monsieur H. S.«, lachte ich zurück. Wir begaben uns in das Haus, um über die große Tafel des Nostradamus und über ihren genauen Standort zu diskutieren. Ich hatte mit der Umsetzung der neuen Informationen reichlich zu tun.

Die zweite Begegnung mit dem Ei

Inzwischen sind fast zehn Jahre ins Land gegangen. Ich habe Monsieur H. S. nicht wieder gesehen. Das lag an mir. Meine Recherchen vor Ort waren abgeschlossen, und ich hatte keine Zeit mehr, nach Salon zu fahren. Die Pyrenäen und eine andere geheimnisvolle Höhle, die der von Salon ähnlich gewesen sein musste, interessierten mich seither mehr.

Ein auffälliger Turm, ein so genannter Donjon, steht in Arques, dem Sitz des Katharerpapstes. Dieser Turm weist eine Merkwürdigkeit auf. Jeweils in der Mitte der steinernen Zwischendecken ist eine ca. ein Meter große runde Öffnung, und dies vom Keller bis zum obersten Dachboden. Unschwer der Zweck zu erkennen: Unten im Untergeschoss stand das ›Ei‹, den Rest kennen Sie von Nostradamus, der damit 350 Jahre später operierte. Dieser Donjon war also ein Ort, wo die Templer mit dem ›Ei‹ durch die Zeit reisten.

Wenige Kilometer von hier befindet sich übrigens die Stammburg eines der Gründer des Templerordens. Zufall, nichts als Zufall! Vor wenigen Wochen jedoch war das Ei des Nostradamus plötzlich wieder da! Ein Leser schickte mir einen Stich von 1503, hergestellt zu einer Zeit, als der kleine Michel de Notredame noch in der Wiege lag. Auf dem Stich sieht man einen Engel mit zwei Köpfen.

In der linken Hand – stellen Sie sich, liebe Leser, meine Überraschung vor – hält dieses Geschöpf ein Ei, in der rechten Hand eine Scheibe. Mein erster Gedanke war: Nostradamus hatte etwas mit einem Ei zu tun. Mein zweiter Gedanke war: Der Igel des Nostradamus, der zu einer Scheibe umformatiert werden kann. Die Scheibe könnte für Omega, also das Ende, das Ei für den Anfang aller Dinge stehen. Beides zusammen ergibt bei Nostradamus eine Sequenz.

»A und O ist Sequenz«, lesen wir in dem geheimnisvollen Buchstabenviereck, das er uns hinterlassen hat. Dazwischen liegt alles, was jemals geschehen ist, und vom Punkt der Gegenwart aus gesehen auch alles, was künftig noch geschehen wird. Jubel, würde Nostradamus in seinem Text vermerken, wenn wir auf diese Weise ein Stückchen eines Geheimnisses hätten lüften können, das nachweislich vor der Zeit des Nostradamus liegt.

Was könnte dieses Geschöpf mit den zwei Köpfen darstellen, was wollte man darstellen? Eine Phantasieform nach der Geburt von siamesischen Zwillingen? Auch daran sollte man denken. Siamesische Zwillinge hat es zu allen Zeiten gegeben. Sie sind meist kurz nach der Geburt gestorben. Nach der allgemein im Mittelalter gültigen Ansicht waren getaufte Säuglinge unschul-

Der Engel mit den zwei Köpfen.

dig und wurden demnach gleich zu Engeln. Sicher hat man sich Gedanken darüber gemacht, wie die Sache wohl weitergegangen wäre, wenn dieser Säugling mit zwei Köpfen lange gelebt hätte. Das Phänomen in der Vorstellung der damaligen Zeit war ein Engel mit zwei Köpfen.

Was konnte er? Was konnte man vermuten, dürfte er können? Symbolisierte er einen Menschen mit dem zweiten Gesicht? Gab es Engel mit dem zweiten Gesicht?

Von diesen Überlegungen ist uns nichts überliefert worden. Ich habe sie spekulativ hier eingefügt, um Ihnen ein Gespür für dieses Phänomen des doppelköpfigen Himmelsboten zu geben. Sah man in diesem Wesen einen Alchemisten? Alles, was man nicht erklären konnte, wurde in der Renaissance der Abteilung Magie und Alchemie zugeschlagen. So auch, und das ist überliefert, dieser Hermes-Aphrodite, weil man der Meinung war, dass in ihm ähnlich wie in der Chemie Dinge miteinander vereinigt sind. Dies ist übrigens die offizielle Ausdeutung dieses Bildes. Wer sich mit der Lehre der Rosenkreuzer beschäftigt hat, weiß von der »Chymischen Hochzeit«, die man mit einer geistigen Verschmelzung, mit etwas Himmlischem gleichsetzte. Die reine Seele verbindet sich mit reinem Geist.

Körperlich, physisch erklärte man dies mit dem männlichen und weiblichen Prinzip des Menschen. Hier das weibliche und dort das männliche Prinzip, die in einem Körper miteinander verbunden, vereinigt, verschmolzen waren. Im täglichen Leben – und das wusste man als Geheimnis zu hüten –, gab es Menschen, die mit männlichen und weiblichen Geschlechtsmerkmalen geboren waren. Die Kirche wusste davon, hielt aber das Geheimnis zurück. Es gibt einige Indizien dafür, dass Leonardo da Vinci ein solcher Fall gewesen sein soll. An anderer Stelle

Der Engel mit den zwei Köpfen.

habe ich darüber geschrieben und die Mona Lisa als das weibliche Gegenstück zu Leonardo beschrieben.

Einmal neugierig geworden, ließ ich meine Verbindungen spielen, um mehr über dieses zweiköpfige Himmelswesen zu erfahren. Recht schnell lag auf der Hand, dass die bisherigen Erklärungen, die über den Sinn bzw. die Aussage dieses Motivs gegeben wurden, nicht richtig sein konnten. Man hatte ganz offensichtlich die Geschichte dieses Doppelkopfes gefälscht.

Die arabische Legende

Was man im Arabischen über unseren zweigesichtigen Engel zu hören bekommt, bestätigt die Vermutung, dass es hierbei wohl doch um die Schau zurück in die Vergangenheit und vorwärts in die Zukunft geht. An den Lagerfeuern der Araber erzählte man sich folgende Geschichte:

Es war einmal ein Zauberer, der lebte am Hof eines arabischen Fürsten. In seiner Umgebung raunte man, dass er in die Zukunft sehen konnte. Daher begleitete er seinen Fürsten auf dessen Feldzügen. Der schlaue Herrscher hatte bemerkt, dass die Fähigkeit dieses Mannes darin bestand, ihm durch irgendwelche Zauberei sagen zu können, mit welchem »technischen Hilfsmittel« er den Feldzug für sich entscheiden, eine Stadt einnehmen oder ein feindliches Heer besiegen konnte. Es begab sich, dass der auf diese Weise sieggewohnte Fürst sich wieder einmal auf einen Kriegszug begab. Diesmal wollte sich das Kriegsglück jedoch einfach nicht einstellen. In der Manier eines Despoten befahl er den Ratgeber zu sich und setzte ihn unter Druck. Der verzweifelte Mann musste binnen kurzer Zeit sagen, wie die gerade belagerte Festung eingenommen werden könnte. Der Zauberer ging in sein Zelt und schaute – und dies füge ich jetzt hinzu: zu weit – in die Zukunft. Er sah, wie Pfeile, an deren Spitzen Feuer gebunden war, die Stadt zerstörten.

Als der Magier am nächsten Morgen seinem Fürsten den Rat gab, die Stadt mit feuertragenden Pfeilen zu zerstören, wurde dieser böse, denn eine solche Waffe besaß er nicht. Er befahl dem armen Zauberer, dass er ihm bis zum nächsten Tag sagen sollte, wie er diese Waffe herstellen konnte, sonst würde ihm der Kopf abgeschlagen. Der Magier sah sein Ende nahen und überlegte, wie er sich retten konnte.

Schließlich entschloss er sich für sich, einen zweiten Kopf zu zaubern, damit er überleben konnte, wenn ihm ein Kopf abgeschlagen würde.

So geschah es. Das Schicksal wollte es, dass sein erster Kopf, der die Fähigkeit hatte, in die Zukunft zu schauen, abgeschlagen wurde. So lebte er zwar weiter, hatte aber seine Fähigkeit verloren.

Allzeit gab es doppelköpfige Wesen – auch bei den Sumerern vor viertausend Jahren. Das lässt sich auf einem Rollensiegel des Schreibers Adda aus dem 24. Jahrhundert vor der christlichen Zeitrechnung nachweisen. Dort lautet die Erklärung, dass der janusköpfige Noah-Utnapischtim, der in zwei Welten lebte, der Welt *vor* der Sintflut und *nach* der Sintflut … dieses und jenes tut …

Demnach können die Spekulationen und Märchen, von denen wir bisher gelesen haben, nicht stimmen. Zwei Fakten liegen vor uns: das Symbol Ei und das Symbol Scheibe.

Eine Erklärung für das Ei liegt auf der Hand. Es ist der Anfang der Dinge: Und die Scheibe: Ist sie das Symbol für Omega, das Ende aller Dinge? Dazwischen liegen alle Geschehnisse der Schöpfung, die sich ereignet haben und die sich ereignen werden. Aber Monsieur H. S. hatte von dem ›Ei‹ des Nostradamus gesprochen und von dem ›sprechenden Kopf‹, der durch die Zeiten geistert, die Geschichten der Märchenerzähler im Orient würzt und vielen Templern im Mittelalter das Leben gekostet hat, als die Inquisition mit Gewalt und Folter hinter das Geheimnis des ›sprechenden Kopfes‹ kommen wollte.

Teil II
Die Lösung der Siegel

1 Die Zeit- und Textentschlüsselung

Seit Anfang der 80er-Jahre baute sich mehr und mehr ein Bild auf, nach welchem System Nostradamus seine geheimnisvollen Texte vor Zensur und Verfolgung geschützt hat. War es anfangs nur das Wissen um den einen Zeit- und grundlegende Textschlüssel, so kamen von Jahr zu Jahr mehr und mehr Details hinzu, die mich erstaunen ließen.

Das Buch des Nostradamus war von ihm mit Geheimnissen aus der Vergangenheit der Menschheit und mit Enthüllungen über die Zukunft seiner Nachfahren voll gepackt, inhaltlich komprimiert und in den Verstexten dann »gefaltet« und schließlich veröffentlicht worden. An dieser Arbeit war Nostradamus nicht allein beteiligt, aber bis zu dieser Erkenntnis war es für mich noch ein weiter Weg.

Am Anfang meiner Arbeit stand die Kenntnis von den Möglichkeiten, sich Zugang zu seinem Buch zu verschaffen. Gespräche, die ich vor Ort geführt hatte, waren sehr hilfreich. Ein Glücksfall half mir, einen der richtigen Zugänge zu den lateinischen Floskeln im Vorwort zu finden. Die Übersetzung war dann nicht mehr schwer, und so lagen zum Jahre 1983 jene merkwürdigen Ausdrücke vor mir, die ich erstmals 1986 als vollständigen Text unter dem Namen das »Buch der Anweisungen« veröffentlicht habe.

Das Buch der Anweisungen

Bearbeitet man die lateinischen Textfloskeln als eigenständigen Text und verfährt man nach den hier hinlänglich beschriebenen Systemen, dann findet man Anweisungen und Hinweise, wie man in das Geheimnis der Centurien eindringen kann. Hier einige Beispiele:

So sagt Nostradamus, dass er
- die Zeit entfernt habe und man den Text mit der Zeit wieder verbinden soll,
- mit eigener Hand die Zeit angehalten habe, und man sie am Vormittag wieder in Bewegung setzen soll. (Wir wissen, dass das Buch der Centurien praktisch in der Mitte mit der Centurie V, 55 beginnt, also auf einer Uhr, die um $^1/_2$ 6 beginnt),
- die Verse wie Beete in einem Garten angeordnet habe und die Interpunktion und die Leerzeichen wie Unkraut zu betrachten seien,
- drei Zugänge zu seinem Text geschaffen habe.

Diese drei Einstiege sind der sprachliche Zugang, der mathematische Zugang und der intuitive Zugang.

Den Weg, den ich zuerst gegangen bin, war der sprachliche Zugang, gelegentlich unter Mithilfe der Intuition. In diesem Kapitel will ich versuchen, denjenigen unter meinen Lesern, die das Geheimnis der Geheimnisse des Nostradamus selbst entdecken wollen, weitere Hinweise zu geben. Hierbei denke ich nicht nur an die Leser, die am Ende unseres 20. Jahrhunderts dieses Buch gekauft haben und es lesen. Vielleicht sind inzwischen Jahrzehnte vergangen und gerade diesem von Ihnen gekauften Exemplar ist bestimmt, einem vom Schicksal ausersehenen Erben des Nostradamus den nächsten großen Schritt zur Enthüllung der »Großen Verheißung« zu ermöglichen.

Der Zeitschlüssel

1986 war es so weit. Ich konnte die Prophezeiungen des Nostradamus wortwörtlich verfolgen, weil mir die zeitliche Zuordnung der Texte gelungen war.

Will man wissen, was Nostradamus für das Jahr 1995 gesehen hat, so schlägt man die IX. Centurie auf und sucht den Vers 95, für das Jahr 95. Das ist alles. Will man die Prophezeiung für 1860 lesen, so sucht man in der VIII. Centurie den Vers 60! Damit ist mit wenigen Worten die Zeittechnik für den Universalalmanach beschrieben. Wir haben es mit 10 Centurien zu tun, die im Regelfall jeweils 100 Vierzeiler enthalten (Ausnahme die VII. Centurie). Die Prophezeiungen gelten laut Nostradamus von 1555 bis 3797, also müssen (und können auch) Vierzeiler mehr als nur einmal verwendet werden. Darin lag ja auch das Genie des Visionärs aus Salon, dass er in den Versen Textschichten komprimieren konnte, die für zwei oder drei Zeitpunkte wichtige Aussagen enthielten. Der Text fängt mit dem Vierzeiler für 1555 an, das ist etwa in der Mitte seines Werks. Hier eine Übersicht:

1555–1599:	V.	Centurie, Verse 55–99
1600–1699:	VI.	Centurie
1700–1799:	VII.	Centurie, Verse 43–100 fehlen 1743–1799
1800–1899:	VIII	Centurie
1900–1999:	IX.	Centurie
2000–2099:	X.	Centurie
2100–2199:	I.	Centurie
2200–2299:	II.	Centurie
2300–2399:	III.	Centurie
2400–2499:	IV.	Centurie
2500–2599:	V.	Centurie
2600–2699:	VI.	Centurie
2700–2799:	VII.	Centurie, Verse 43–100 fehlen 2743–2799
2800–2899:	VIII.	Centurie

und so fort.

Beachten Sie bitte, dass der jeweils 100. Vers einer Centurie nicht für das darauf folgende Jahr steht, sondern für das erste Jahr des betreffenden Jahrhunderts. Der Vers 100 der IX. Centurie steht also für 1900, nicht etwa für 2000! Für das Jahr 2000 steht vielmehr der 100. Vers der X. Centurie.

Eine Bemerkung am Rande: Die 1. Zeile des 100. Verses einer jeden Centurie gibt über die Jahresinformation hinaus auch eine Art Generalüberblick für das betreffende Jahrhundert.

Für die Zuordnung der VII. Centurie, die ja nur über 42 Verse verfügt, gilt, dass die fehlenden Verse von 43 bis 100 von Nostradamus selbst entfernt wurden. Warum? Wir müssen vermuten, dass dies wegen der »unglaublichen« und »hochverratsverdächtigen« Prophezeiungen geschah und damit einerseits dem Selbstschutz des Nostradamus diente, andererseits aber auch dem Erhalt des Gesamtwerkes, das sonst wohl verfolgt und verbrannt worden wäre. Die Spanne von 1743 bis 1799 umfasst nämlich genau jene revolutionären Zeiten, die mit dem Sturz der Monarchie und dem Tod des Königs und seiner Frau endeten.

Für die Zeit von 2743 bis 2799 stehen unseren Nachkommen ähnlich dramatische (und wohl leider auch blutige) Ereignisse bevor wie zur Zeit der Französischen Revolution. Und in die Zeit von 3743 bis 3797 (so lange nur gelten nach Nostradamus' eigenen Worten seine Prognosen zur Weltgeschichte) fällt womöglich – wenn wir die vorhergehenden Texte richtig deuten – das Ende der menschlichen Besiedlung dieses Planeten Erde, nicht aber das Ende des menschlichen Lebens!

Der Wortschlüssel

Die zweite Erkenntnis aus meinen Computeranalysen war die Technik der Veränderungen, die »Verschlüsselungen« am Text selbst. Nostradamus hat mit ganz einfachen Mitteln den Originalsinn der französischen Worte nachträglich verändert. Hierbei nutzte er ein Problem der Drucktechnik der damaligen Zeit.

Die Buchstaben b und p, d, t und auch andere wurden aus Kostengründen von den Druckern mit den gleichen Lettern, jedoch auf dem Kopf stehend, gesetzt. Und schon wird aus einem Wort wie »bord« = Grenze, Ufer ein »port« = ein Hafen, oder aus einem »dent« ein »tent«, aus einem Zahn also ein Zelt usw.

Lange Zeit konnte ich nicht glauben, dass die Verschlüsselung der Enthüllungstexte so einfach war. Die Verschlüsselung der beigefügten Gebrauchsanweisungen war hingegen recht kompliziert. Was müssen Sie noch wissen, um rasch zum Nostradamus-Experten zu werden?

Der Textcode des Nostradamus

Nostradamus schrieb seinen Text ursprünglich in fortlaufenden Zeilen, ohne Leerräume zwischen den Worten und ohne Interpunktion. Leerräume und Interpunktion benutzte er nachträglich, um den Sinn zu verstellen. Er spricht von Blumenbeeten, in die er Unkraut gesät hat. Als ein solches Beispiel hier der Text

Der Sonnenschlüssel.

für 1973, für den Yom-Kippur-Krieg, mit einigen – beileibe nicht allen! – Wortbildemöglichkeiten:

1973 = Vers 73 der IX. Centurie

Dans Foix entrez Roy cerulee Turban
DansFoixentrezRoyceruleeTurban

d	von den
ans	Jahren
Foi	Glaubens
x	10
en	in dem
trez	dreißigsten
tres	sehr
entre	zwischen/eintritt
res	
es	ist
roy	König
oi	
ice	
ce	
cer	des Irrtums (Krieg)
eru	
rule	rollt
ule	
le	das
dur	harte
ban	Banner

So würde ich den Text abfassen:

»Im Jahr des Glaubens im Oktober um den 30. (kann 30. September oder 30. Oktober sein). Tritt der König des Kriegs ein, wenn das harte Banner rollt.«

Der sprachliche Einstieg: Der Weg über die Buchstaben

Zeilen müssen vom »Unkraut« befreit werden, d. h., jede Verszeile ist von Interpunktion und Leerräumen zu reinigen. Aus der sich ergebenden Buchstabenkette sind neue Worte zu bilden. Dies ist besonders sorgfältig für die Zeit von 1994 bis 2015 geschehen. Siehe weiter unten.

Begriffe zum sprachlichen Zugang

Im »Buch der Anweisungen«, wie ich es genannt habe, findet man Begriffe wie:

- das zwölfteilige Täfelchen
- der Igel
- Sequenz ohne Zeit
- der Nabel der Zahl
- die 1000 streichelt der Esel
- die Erben teilen die Haut wohl der Länge nach
- das Werk hat 8 Seiten

Solche und viele andere Ausdrücke warten darauf, durch die praktische Arbeit der Entschlüsselung erklärt und/oder bestätigt zu werden.

Eigennamen als Charakterbeschreibung

Durch die Nostradamus-Literatur geistert die Behauptung, wonach der Seher die Namen der Helden oder Bösewichter wörtlich niedergeschrieben habe, die in der Zukunft leben oder die Zukunft drangsalieren werden. Um bei einigen Größen unserer neueren Geschichte zu bleiben: das stimmt nicht. Es hat nie gestimmt, und es wird nicht stimmen. Nostradamus hat die Persönlichkeiten der Geschichte mit einer typischen Eigenart ihres Auftretens oder des Charakters beschrieben. Hier einige Beispiele aus den Originaltexten:

Napoleon nannte er den Hahn, wohl deshalb, weil seine Uniform Brust und Bauch betonten, so dass die für einen Hahn klassische Pose zu beobachten war.

Präsident Lincoln beschrieb er als denjenigen, der aus dem Volk emporgestiegen ist und aus dessen kurzer Robe eine lange Robe wird.

Wilhelm II. titulierte Nostradamus als den Kronprinzen, also als einen Mann, dessen Fähigkeiten nicht für einen König oder Kaiser ausreichten.

Mussolini wurde von ihm als der Schwarze oder als der Gewalttätige beschrieben.

Hitler nannte Nostradamus den Magier und Goebbels den Cäsar des Selbstgeschreies.

Stalin wurde der Lügenmund genannt.

Kennedy bekam von Nostradamus den Titel Dummkopf, wohl weil er ihn für den späteren Vietnamkrieg der Amerikaner verantwortlich macht. (»Der Dummkopf schickt das Kreuzzugsheer vor die Küste.«)

Armstrong, der erste Mensch, der den Mond betreten hat, wurde als der Prinz auf fremder Erde bezeichnet.

Khomeini war für Nostradamus der weiße Turban mit dem byzantinischen Herzen, weil »byzantinisch« bei Nostradamus für die erzkonservativen Ansichten steht.

Gorbatschow wurde von Nostradamus als Einhorn bezeichnet, das an der Lüge festhält, wohl, weil das Blutmal auf seiner Stirn typisch für ihn ist und er sich nicht konsequent vom Kommunismus lösen konnte.

Clinton beschreibt Nostradamus als »das Lächeln des Ungewissen«, und man denkt heute unwillkürlich daran, dass sich während seiner Amtszeit der Weltterrorismus heimlich entwickeln konnte.

George W. Bush wurde von Nostradamus als »das Schaf« bezeichnet, und man darf vermuten, dass er damit eher das »Leitschaf« einer Herde als das »Opferschaf« gemeint haben könnte.

Weitere Namen, die wir aber zum heutigen Tage noch keinem Lebenden zuordnen können, sind in der Reihenfolge ihrer Nennung innerhalb der nächsten 20 Jahre:

Der rote Zion		– … ?
Der gewalttätige Herkules		– … ?
Der König der Rattenfänger		– … ?
Speichellecker vor dem Thron		– … ?
2000:	Die durchtriebene Frau	– eine neue Präsidentin?
2001:	Der alte Führer und sein Sohn	– … ?
2011:	Der Stiernackige	– … ?
2013:	Der Sohn der Blutwoge	– ein blutrünstiger Papst?

Erinnern Sie sich bitte ruhig an diese Textstelle, wenn es eines Tages möglich sein wird, diese Beschreibungen den entsprechenden Politikern zuzuordnen.

Namen für Ereignisse und Gegenstände

Nostradamus versuchte das Wesen der Sache zu beschreiben. Nicht nur mit Persönlichkeiten verfuhr Nostradamus so. Er benutzt bestimmte Begriffe wiederholt auch, wenn es um eine Sache geht. Da Technologien oder Energieformen nur in gewissen Zeitperioden von Bedeutung sind, tauchen diese Begriffe manchmal nur in einem Jahrhundert gehäuft auf. Sie beschreiben ein bestimmtes Ereignis der Wissenschaft oder eine Großtat in der Forschung. Es fällt auf, dass Nostradamus niemals die zum Zeitpunkt des Ereignisses gebräuchlichen Namen verwendet hat. Nostradamus versuchte stets das Wesentliche der Sache, den inneren Kern, zu beschreiben.

Hier eine erste Aufstellung:

Die Lichter	Künstliche Sonnen im Erdorbit
Der Kopf	Im Weltraum kreisender Großcomputer
Der Spieß	Ein besonderer Typ Weltraumschiff
Das Tier	Ein von den Menschen mutiertes Lebewesen
Der Engel	Fliegende Menschen
Der Prinz	Ein aus einer Gruppe auserwählter Mensch
Die Barbaren	Soldaten, die ein fremdes Land überfallen
Die Galeere	Raumkapsel, die man nicht verlassen kann
Das Schiff	Raumschiff (später) mit Zubringerdiensten
Das Alte	Geschichte der Menschheit
Verheißung	Enthüllung der Zukunft der Menschheit
Neue Himmel	Veränderte Planetenbahnen unseres Systems
Der Stein	Apparat, der etwas kann, z. B. ein Fernseher
Der Wind	Energie
Der Ton	Die Frequenztechnik
Das Meer	Der Weltraum
Die Sorgfalt	Technik, Ingenieurwesen
Der Fluss	Kraftstrom im Universum
Der himmlische Bote	Ein außerirdisches Wesen
Die Finsternis	Raumabschnitt ohne Sonnen
Die Grube der Wissenschaften	Zyklotron

Für geographische Namen benutzte Nostradamus die Bezeichnungen des römischen Weltreichs für die verschiedenen Länder und Regionen.

Strahlender Becher und zwölfteiliges Täfelchen

Stellen Sie sich bitte ein Schachbrett vor, das aus 5 x 5 schwarz-weißen Feldern besteht.

Ausgangs-muster		Strahlender Becher		12-teiliges Täfelchen
0 1 0 1 0		0 0 0		1 1
1 0 1 0 1		0 0		1 1 1
0 1 0 1 0	wird	0 0 0	und	1 1
1 0 1 0 1		0 0		1 1 1
0 1 0 1 0		0 0 0		1 1

Wir erhalten zum einen den »Strahlenden Becher« des Nostradamus, die Schablone für die göttlichen Verheißungen und das zwölfteilige Täfelchen, die Schablone für die weltlichen Prophezeiungen.
Übrigens haben die Ritter des Malteserordens sich dieses Kreuz des zwölfteiligen Täfelchens zum Symbol genommen, denn ihre Aufgabe war es, die Pilger und Kreuzfahrer mit dem Schwert zu schützen.

Aus dem Buch der Anweisungen

Hier sind die wichtigsten, das zwölfteilige Täfelchen betreffende Auszüge aus dem Buch der Anweisungen zusammengestellt:

Nun wohl, beginne mit dem Weissagen.
Im Übrigen wird die Inspiration selbst,
durch das leicht bewegliche Gesetzestäfelchen,
dir den verschlossenen Sinn eingeben.

Wenn im Durcheinander der nächste Schritt auf gleiche Weise zu gehen schwierig oder nicht möglich ist, dann gehe in die viereckigen Täfelchen mit der Losung, in dem das Wesen der Sache, ohne Jahresangabe, auf beiden Seiten beschnitten ist.

Das Arbeitswerk ist mit Mühe verdeckt, denn es ist angestrebt, dass es sich weit verbreitet. Zahl und Zeit werden durch das 12-teilige Täfelchen neugeboren.

Härte die Prophezeiung. Wiederhole du am Täfelchen unten, wo zwei Zeiten und Worte gekittet sind.
Das Täfelchen wird die unbekannten Jahre zum Vorschein bringen.

Wenn du das Täfelchen, die Marke oberhalb reparierst des Nachmittags, ergänze das Täfelchen um die beschnittene Zeit.
Jubel!

Lasse fließen die entflammte Weissagung. Kräftige und stärke sie. Stoße an die laufende Zahl. Lege sie kundig in das 12-teilige Täfelchen, dem sie entstammen.

Der Tempel Gottes wird durch eine Hütte bewacht. Mit dem alles enthaltenden zwölfteiligen Brettchen kannst du den Tempel durch fromme Gesinnung und dankbare Liebe und Pflichtgefühl erringen.

Alle zwölfteiligen Brettchen müssen erschienen sein.

Soweit die Auszüge aus dem Buch der Anweisungen, die Nostradamus für den Entschlüssler hinterlassen hat.

Das leicht bewegliche Täfelchen

Im Buch der Anweisungen erwähnt Nostradamus das » leicht bewegliche Täfelchen«. Ich muss zugeben, dass ich sehr spät den Hintersinn und die Zuordnung dieses nostradamischen Begriffs vornehmen konnte. Mitte der 80er-Jahre erhielt ich eine Broschüre aus Salon, von den Freunden des Nostradamus, in der mehrfach ein Buchstabenrad als Signet abgebildet war (siehe Abbildung). Man erkennt eine Folge von Buchstaben, ein Speichenkreuz mit je einem Buchstaben. Alles erinnert etwas an die Urmutter der Roulettespiele. Schneidet man den Innenteil aus

und verdreht ihn von Buchstaben zu Buchstaben, so kommt eine Möglichkeit zum Vorschein, Buchstaben nach anderen Gesetzmäßigkeiten auszutauschen. Meine Stichproben ergaben, dass für den politischen Prophezeiungsteil, der uns mehr als alles andere interessiert, diese Art von Buchstabenbehandlung nicht nötig war. Sie spielt für den geheimnisvollen Text der zweiten und insbesondere für den Text der dritten Lesart, also in Kombination mit dem »Strahlenden Becher« und anderen Schablonen eine Rolle.

Just in diesem Frühjahr schickte mir ein Leser einen Hinweis, auf genau so ein Rädchen (siehe Abbildung Seite 74), wie es offenbar zur Zeit des Nostradamus auch in Deutschland üblich war. Wie gesagt, für unseren Prophezeiungstext mit dem »widerlichen Geruch« ist der Gebrauch des »leicht beweglichen Täfelchens« nicht erforderlich.

Die 16 Buchstaben der Renaissance

In der Hoch-Zeit der geheimnisvollen Zirkel und Bünde spielte eine Buchstabenableitung eine große Rolle. Es war der Zusammenhang zwischen Buchstaben und Zahlen. Man ging davon aus, dass die Buchstaben einer mathematischen Ordnung entsprachen. Demnach gab es am Anfang nur das Wort und das Gesetz, das diesem Wort die Spielregeln seines Verhaltens vorgab.

In der Reihe der Zahlen 1 2 4 8 16 hatte man die Entwicklung der weltlichen Dimensionen gesehen. In der Zahlenreihe 1 3 6 12 24 sah man die gesetzmäßige Entwicklung der geistigen, nichtkörperlichen Dimensionen. So gab es das zwölfteilige Täfelchen, ein Alphabet für eine geistige Schrift und entsprechend das 16-teilige Täfelchen für die weltliche Schrift, die von den Geheimbünden bevorzugt benutzt wurde.

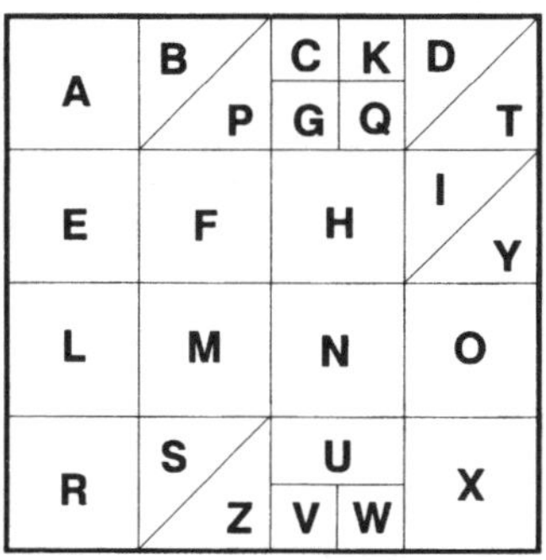

Wir müssen diese Tafel kennen, um Texte des Nostradamus zweifelsfrei lesen zu können. Neben der Regel des Buchstabentauschs enthält dieses 16-teilige Täfelchen die Zuordnung der Buchstaben aus unserem Alphabet zu den Urbuchstaben, aus denen sie nach dieser Philosophie hervorgegangen sind.

Falls Sie selbst übersetzen wollen, benötigen Sie
- den Text des Nostradamus
- das Täfelchen mit den 16 Buchstaben (siehe Abbildung)
- ein Wörterbuch für Altfranzösisch und
- ein Wörterbuch für Französisch.

Geheimkonstruktionen aus Zahlen und Buchstaben: Wie man die große Texttafel rekonstruiert

Um zu der großen Texttafel des Nostradamus zu kommen, schreiben Sie bitte die erste Zeile der ersten Centurie ab. Daneben schreiben Sie die erste Zeile der zweiten Centurie, der dritten, vierten, fünften, sechsten, siebten, achten, neunten und schließlich der zehnten Centurie. Auf diese Weise haben Sie eine Zeile mit knapp 360 Buchstaben geschrieben.

So fahren Sie bitte mit der zweiten Zeile fort, bis Sie endlich die 400. Zeile bis zur zehnten Centurie abgeschrieben haben. Gratuliere – die große Texttafel des Nostradamus liegt vor Ihnen.

Diese nach Art einer jüdischen Thorarolle aufgebaute Tafel hatte Nostradamus mit 144 000 Buchstaben und 16 000 Leerstellen und Interpunktionszeichen beschriftet. Die Tafel war in

Rechts: Das Gesamtwerk, also Vorwort, Centurien, Epistel an Heinrich II., wurde in drei Teilen veröffentlicht. Die Abbildung zeigt schematisch den Aufbau der Texttafel. In der Mitte der Tafel befindet sich der Vers für das Jahr 1555.

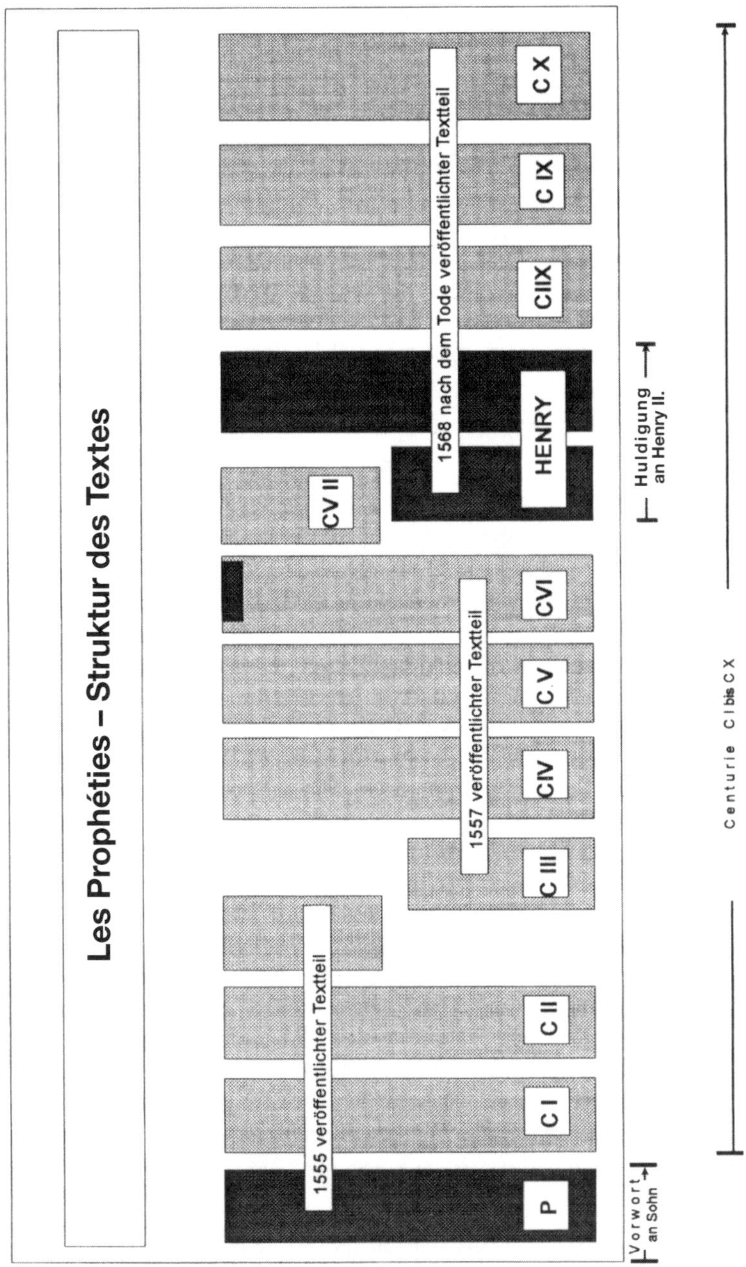
Les Prophéties – Struktur des Textes
P
C I
C II
C III
CIV
C V
CVI
CV II
HENRY
CIIX
C IX
C X
1555 veröffentlichter Textteil
1557 veröffentlichter Textteil
1568 nach dem Tode veröffentlichter Textteil
Vorwort an Sohn
Huldigung an Henry II.
Centurie C I bis C X

400 Zeilen senkrecht und 400 Spalten waagrecht angeordnet worden. Eine zweite Tafel, nur aus Buchstaben bestehend, entstand, wenn man die 16 000 Stellen des Beiwerks wegließ. Diese Tafel war dann auf 400 x 360 Positionen angelegt und ergab die Zahl 144 000, eine Zahl, die uns in den Johannes-Offenbarungen begegnet. Kein Zufall, vielmehr volle Absicht des Meisters Michel. Die Tafel hatte er auf Pergamentblätter geschrieben, die aneinander gefügt wurden. Sie zierte die Stirnwand seines Arbeitszimmers im ersten Stock, und zwar auf der gegenüberliegenden Seite der Aufgangstreppe. Möglicherweise haben Holzlatten die einzelnen Teile zusammengehalten.

Als er die Arbeit an diesem Werk beendet hatte, zerlegte er die Tafel. »Die Erben teilen die Haut der Länge nach«, lautet eine seiner Anmerkungen in den Begleittexten. (Die Originalabschnitte hinterließ Nostradamus säuberlich gebündelt und verschnürt »demjenigen seiner Kinder, das sich dafür interessierte«, so steht es in seinem Testament.)

Die Nostradamus-Texttafel der 144 000 Buchstaben

Diese Texttafel aus 144 000 Buchstaben sollte von uns wie eine jüdische Buchrolle gesehen werden. Der Haupttext befindet sich in der Mitte und die Kommentare werden rechts und links vom Haupttext angeordnet. 12 000 Buchstaben bilden den Kerntext des Nostradamus-Werkes, der Rest sind die Kommentare, in unserem Fall das Vorwort an den Sohn César (das sich an alle richtet, die das Geheimnis des Nostradamus entdeckt haben) und die Huldigung an Heinrich II. (den kommenden Nostradamus). Die erste Jahrtausendrunde der Verse behandelt die Zeit von 1555/1605 bis 2555. Hier geht es vielfach um Kriege, Gräuel, Fortschritt und Rückschritt und die Veränderung der Lebensumstände auf dieser Erde. Religiös motivierte Auseinandersetzungen werden nach Nostradamus um 2600 aufhören.

Im Überblick kann man erkennen, dass die tausend Jahre von 1555 bis 2555 die ereignisreichsten Jahre überhaupt sind, denn es sieht so aus, als ob sich das Tempo der Entwicklung, so wie wir es seit dem Beginn des 20. Jahrhunderts deutlich und teilweise verwirrend erleben, noch weiter beschleunigen wird.

Nachdem die Macht des Islams ab etwa 2600 gebrochen ist und der islamische Dogmatismus den Menschen nicht mehr Unterdrückung und Zwietracht bringt, geht es ab 2600 bis etwa 3100, also in der zweiten Jahrtausendrunde, überwiegend um Besonderheiten der Wissenschaften, der Religion und der Weltraumfahrt sowie um die Auseinandersetzung mit einem »tierischen Wesen« auf unserer Erde, das außer Kontrolle geraten ist.

Für die Zeit von 3080 bis 3797, die Vollendung der zweiten Jahrtausendrunde, benötigt Nostradamus nur noch 30 Verse, um alles Wichtige dieser siebenhundert Jahre der Endzeit des Planeten Erde abzuhandeln. Eine kurze Erklärung zu dieser seltsamen Prophezeiung des Sehers: Nach 3080 gibt es kaum mehr Menschen auf der Erde. Wo keine Menschen leben, da braucht man auch keine Verheißungen. Der Grund dafür ist, dass nach der Kollision mit einem Kometen oder den Bruchstücken davon die Erde trocken, heiß und sandig wird. Die bis dahin längst in großem Maßstab weltraum-fahrenden Menschen können nicht mehr auf der Erde landen, weil ein Gesteinsgürtel jeden Landeversuch unmöglich machen wird. Sie machen sich auf, einen neuen Planeten unter einem neuen Himmel zu suchen.

In der zweiten Jahrtausendrunde werden die 942 Verse rückwärts gelesen. Diese Methode geht auf die Urfassung der Bücher Mose zurück. In Wirklichkeit haben wir es mit zehn Büchern zu tun. Fünf Bücher vorwärts gelesen und Buch sechs bis zehn rückwärts gelesen. Da sie, weil diese Texte rückwärts gelesen werden, auch eine andere Orthographie haben, ist die Bearbeitung schwierig und langwierig. Die Hochachtung der Menschen dieser Erde, die Nostradamus eines Tages erringen wird, beruht auf eben den Prophezeiungen in diesen Versen.

Rückwärts gelesen behandeln sie die Geschichte und Probleme der Menschheit mit den für sie eines Tages erreichbaren »Intelligenzien« vor dem Hintergrund der Geschichte der Schöpfung und des Universums. Ein Verständnis für diese Zusammenhänge ist unbedingt erforderlich, um den Exodus der menschlichen Rasse vom Planeten Erde zu verstehen und dann auch gleichzeitig (und rechtzeitig) zu vollziehen.

Teilweise sind diese Texte vom Sinn her für uns noch unvorstellbar und dunkel. Für ahnungslose Menschen kommt es oft einem Schock gleich, von solchen Dingen zu lesen und zu wissen. Dieses Buch soll dazu beitragen, dass sich der eine oder andere an solche Gedanken gewöhnen und sich damit beschäftigen kann.

Der Nabel

Relativ früh (1983), weil von Nostradamus darauf ständig hingewiesen wurde, konnte ich eine andere Textformatierung erkennen. Die Frage, ob damit die Entdeckung einer weiteren Möglichkeit, Prophezeiungen des Nostradamus zu erhalten, entdeckt worden ist, konnte erst in den letzten Jahren mit Sicherheit positiv beantwortet werden.

Die Methode ist ein Ergebnis der umfangreichen Textanalysen, die nur von einem Computer gemacht werden konnten. Von Hand ausgezählt hätten sie Jahre gedauert. Hier das Ergebnis: Innerhalb der großen Texttafel ist eine Markierung von Nostradamus bewusst angebracht worden. Für jede der 400 Zeilen dieser Tafel steht im Abstand von 36 Positionen jeweils der Buchstabe A. Das erste A ist zum Alpha der Tafel zu machen. So, dass unsere Texttafel jeweils mit einem A am Anfang beginnt. Es bildet sich logischerweise nach weiteren 35 Positionen eine zweite Spalte, die ausschließlich aus den Buchstaben A besteht.

Dieser erste Buchstabe, der jeweils ein A ist, verschmilzt nun zu einem einzigen A und bildet somit automatisch den von Nostradamus so bezeichneten Nabel. 400 Strahlen gehen von diesem Nabel ab. Sicher kein mathematischer Zufall, dass es in der Regel 360 Buchstaben je Strahl sein sollen.

Hätten Sie gerne ein bisschen mehr Mathematik? Hier ist sie: Eine Diagonale in dem Textkreis der Scheibe besteht somit aus zweimal 360 Buchstaben. Diese 720 Buchstaben mal Pi = 3,14 ergibt 28 260. Mir fällt zwar im Moment zu dieser Zahl nichts

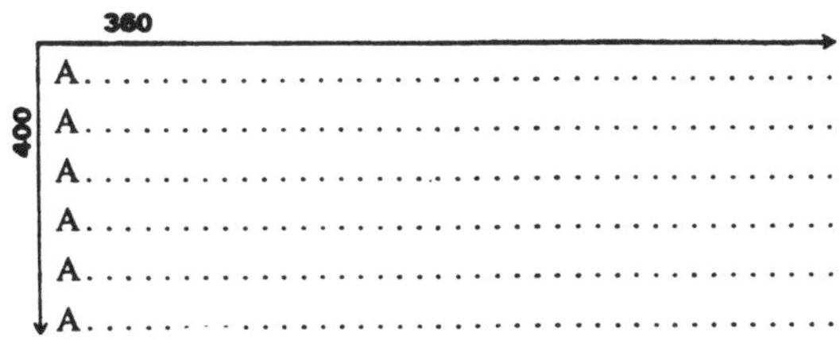

AMEPLUSNESTREENSACRIFICEPARFOUDREENLARC
AICTLECAMPSESTONNERAVEXERVOUDRAPARPHALA
AMEFELICEDELACITELEPLUSGRANDESTENDUBAND
ANDSUBMERGEELACLASSENAGERADOUBLEPHALANG
AGNECAPTIFUELOINGDESATERREROYPERDRALABA
AUTREAUREGNEPARCHEFLIBIQUEAUCONFLICTATT
ANSHONNEURSRICHESSETRAUAILENSONVIEILAAG

Laut Anweisung des Nostradamus wird für alle 400 Zeilen das A im Abstand von 36 Positionen gesucht und das erste A am Zeilenanfang fixiert.

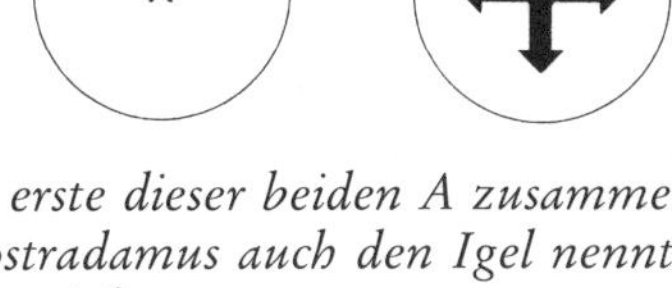

Zieht man nun das erste dieser beiden A zusammen, dann entsteht eine Textscheibe, die Nostradamus auch den Igel nennt, weil strahlenförmig 400 Stacheln hervorsprießen.

ein, aber vielleicht bekommt sie irgendwann doch noch eine Bedeutung, wenn noch mehr von der Mathematik der »Etruskischen Bruderschaft« bekannt wird.

Wie die Textscheibe sich mit den Anweisungen deckt

Aus dieser Konstruktion werden nun weitere Hinweise des Nostradamus, die er in seinem Buch der Anweisungen gibt, verständlich: »Der Zugang bei 6 Uhr.« Stellt man sich die Scheibe als Uhr vor, so liegt die V. Centurie bei 6 Uhr, da es ja nur 10 Centurien gibt!

Hier noch weitere Hinweise aus dem »Buch der Anweisungen des Nostradamus«:

> »Der Zugang liegt bei VI
> Das Dunkel liegt bei VI.
> Mein Freund, wenn du umherirrst wie eine Kichererbse, suche die Weissagung bei Vl. Ha, Hei, dort ist sie stärker als anderswo. Die Weissagung mit der Zeit und der halben Sequenz fahre weg bei 55. V, VI, VII, 11 48.
> Der Zugang liegt am Vormittag
> 1 hinzufüge 500.
> Anfang am Vormittag.
> Das Richtmaß.
> 5 Zeitzahlen binde an den Vormittag.
> Für den Sprachkundigen wächst ein Zweig am Vormittag, wenn er die Sequenz auf seine Art findet.
> Trage kühl zusammen, am Vormittag, wo die Worte selbst nicht Last tragen.
> Füge hinzu das Unverrückbare, Feste, gemäß den Regeln am Vormittag.«

Wer sich länger mit diesen Besonderheiten beschäftigt, dem wird klar, was Nostradamus mit »Vormittag« und 6 Uhr meint. Die Zahlen 5, 6, 7, 8, 9, 10 auf seiner Uhr. Gleichzeitig ist es eine Bestätigung, dass der Zeitschlüssel, also welcher Vers für welches Jahr oder welche Zeit geschrieben wurde, tatsächlich mit der Nummer der Centurie und den Nummern der Verse in den Centurien zusammenhängt.

Wie wichtig für Nostradamus diese Konstruktion der Scheibe oder des Textkreises ist, können wir anhand weiterer Hinweise auf diese Konstruktion ablesen. Ich habe für Sie die wichtigsten Hinweise auf den so genannten Nabel – oder den Mittelpunkt oder das Nest – herausgezogen, die zu dieser Formatierung führen:

»Du musst das Runde wieder aufrichten und zurückführen.
Wenn sich jedoch nach Hin- und Herdrehen eben Dieses himmlisch erstrahlen soll, dann richte die Quelle auf den Mittelpunkt.
Der Nabel der Zahl ist 1000.
1000 Zahlen wogen hin und her.
Nabel 1000, 2000. Vortrefflich.
Nabel. Drehe die Scheibe im Kreis und in Muße hast du Zeit 1.
Zusammen mit dem Nabel 1000. Fließt 1.«

Die mathematische Einstiegshilfe

Auf den ersten Blick ist nichts von Mathematik bei Nostradamus zu erkennen. Zwar gibt es eine Reihe von Veröffentlichungen, die, wie schon erwähnt, versucht haben, kabbalistisches Ideengut in seinen Texten wieder zu finden, zum Beispiel, dass der Wert der einzelnen Buchstaben einen Gesamtwert je Zeile ergibt, der mystisch-esoterische Bedeutung hat. Doch ist man damit nicht so recht weitergekommen. Die Mathematik des Nostradamus ist meiner Ansicht nach frei von okkultem Hintergrund. Man findet am leichtesten den Zugang, wenn man – dem Ritus des Mittelalters entsprechend – den kleinstmöglichen und größtmöglichen Wert der Formel festlegt. Tun wir das.

Analysiert man den Gesamttext, der aus 144 000 Buchstaben besteht, so ist deutlich zu sehen, dass Nostradamus die kleinste Einheit des Werkes mit 1 für einen Buchstaben und die größte Einheit, das Buch mit 144 000 Buchstaben, festgelegt hat. So hat er seine 10 Centurien auf 200 Seiten seines Originalbuchs verteilt, d. h. je Buchseite wurden fünf Verse gedruckt. Eine Centurie wurde auf 20 Seiten untergebracht.

Da wir 10 Centurien kennen, bestand der Kerninhalt seiner Prophezeiungen aus einem 200-seitigen Buch, was wiederum bei der Suche nach so genannten verschollenen Versen hilfreich ist. Diesen 200 Seiten stellte er ein Vorwort an seinen Sohn César voran, das genau die Länge einer Centurie, also 400 x 36 Buchstaben, hat, also eine XI. Centurie sein könnte, und fügte eine Epistel an Heinrich II. zwischen der V. und 6. Centurie ein, die, wenn man 36 Buchstaben je Zeile formatiert, die Länge von etwa knapp 1,5 Centurien hätte. Mit den fehlenden Versen in der VII. Centurie verrechnet ergibt das eine Konstruktion, die aus 12 Centurien bestehen würde, wovon etwa zweieinhalb Centurien nicht in Versform, sondern in gebundener Rede vorliegen würden. (Wäre die Epistel an Heinrich II. eine eigenständige Centurie, dann würde dies das 12 x 12 000-System sprengen.)

Auswertung der Buchstabenhäufigkeit

Was ich zuerst tat, als ich den Text von Reynaud-Plense, dem Mann, der vor 1933 in der Stadt Salon en Provence die authentischen Verstexte gesichert und für die Nachwelt veröffentlicht hat, hätte jeder getan, der einen Computer besaß. 1983 war das allerdings noch eine aufwendige Angelegenheit.

Mein Computer begann mit den Textanalysen. Dazu musste ich mir von einem jungen, talentierten Programmierer ein Spezialprogramm schreiben lassen, das man nicht im nächsten Geschäft kaufen konnte. Schließlich lagen die ersten Ergebnisse vor, und zu meiner Überraschung ergab die Reihenfolge der Häufigkeit der Buchstaben einen lesbaren Sinn, der sich auf einen »Igel« bezog und von der Zahl Pi handelte.

Buchstabenanalyse
Nostradamus Text 1.–10. Centurie

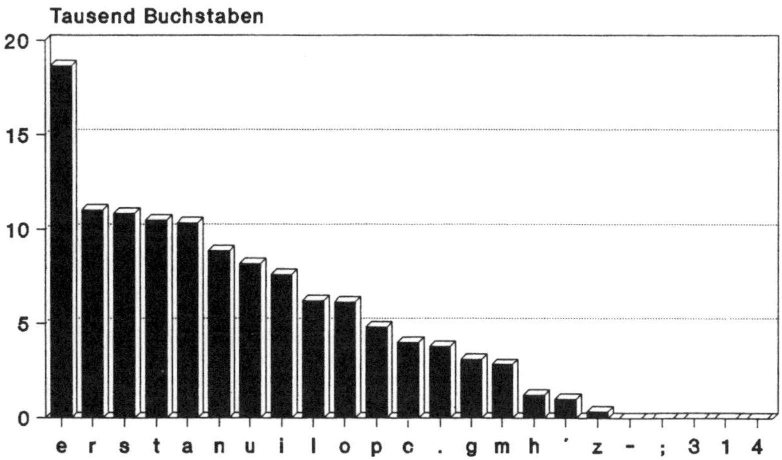

Vom Grundschema der Text-Zeit-Matrix

Es gibt 942 bekannte Verse. Diese Zahl wählte Nostradamus absichtlich, denn 3 mal 100 mal 3,14 (= Pi!) ergibt 942. Kein Zufall, sondern Absicht.

Etwa 10 Verse davon benutzt Nostradamus, um Mitteilungen in eigener Sache der Nachwelt zu hinterlassen. In 100 Versen, in jeweils zwei Zeilen davon, sind von ihm die 100 größten Geheimnisse der Menschheit einschließlich der 10 großen Naturgesetze niedergelegt worden.

In den restlichen Versen sind dann die Prophezeiungen »mit dem widerlichen Geruch« niedergeschrieben. Das sind die Vorhersagen, die uns auch in diesem Buch beschäftigen werden.

Alles, was Nostradamus im von links nach rechts gelesenen Text nicht unterbringen konnte, steht an selber Stelle im von rechts nach links gelesenen Text. Dieser Text ist aus der Sicht des Nostradamus »heiliger«, denn im jüdischen Ritus wird von rechts nach links gelesen.

Ein Fingerzeig auf die Johannes-Offenbarungen

Es ist natürlich auch kein Zufall, dass es gerade 144 000 Buchstaben sind, lässt sich doch so bestens der Bezug zu einem anderen prophetischen Werk herstellen, das für Nostradamus von größter Bedeutung war: zu den Johannes-Offenbarungen. Dort wie auch in anderen alten jüdischen Schriften wird von 12 Stämmen zu 12 000 Menschen gesprochen, also von 144 000 Menschen. In den Johannes-Offenbarungen steht bekanntlich auch, dass 144 000 Menschen mit dem Zeichen auf der Stirn »versiegelt« sind und errettet werden.

Es würde zur Philosophie des Nostradamus gut passen, wenn er bewusst jedem Menschen, der eines Tages vor dem »Jüngsten Gericht« steht, einen Buchstaben gewidmet hätte.

Teil III

Die Vorausdeutung unserer Zukunft

1 Was schon eintraf

Ich habe Ihnen einige Beispiele für Prophezeiungen des Nostradamus herausgesucht, die nach dem von mir entdeckten Zeitschlüssel den richtigen Jahren zugeordnet wurden und sowohl eine inhaltliche wie zeitliche Bestätigung erfahren haben. Sie finden zunächst die Standardübersetzung der Verszeilen in einem Block, danach in Stichworten die Erklärungen dazu.

1903

Das große Schiff zu Wasser – aus Begeisterung man ignoriert vorausgehende Befürchtungen. Die Kähne des Weins werden zum Sieg geführt, indem man die goldene Nase einkreist. Ein Wohlgeruch wird geboren bei der Zwei – Man 1000 mal hundert für den Osten ausbildet. Der im Kopf verletzt ist ohne Einsicht werden die Allergrößten stürzen.

Beginn der Planung der Titanic (gesunken 15. 4. 1912) Russisch-Japanischer Krieg – Endgültiger Sieg der Japaner am 27.5.1905 – Joseph Sarto wird Papst Pius X. – Hinweis auf Lenin und erneut auf den Sturz der europäischen Monarchien.

1909

Wenn die Lampen vom nicht löschbaren Feuer brennen, wird das Loch im Fell der Zeit gefunden; am 5. Dezember ist es geschehen. Davon zuerst wird gefunden Feuer, flüchtiges Wasser durch graue Verletzung. Zugrunde geht die Elle – Tausend ist Sühneopfer, wenn die Acht geht.

Elektrische Glühbirnen lassen sich nicht wie Kerzen ausblasen – Einsteins Relativitätstheorie ist angesprochen – und versteckt wird das Ende des Ersten Weltkrieges angekündigt, wenn das Jahr 1918 »geht«.

1910

Übel ist meine Nase davon, bevor sie dem Tode ausgesetzt. Sterbend nicht rötend wird die VI lachend erscheinen. Durch den außer sich geratenen Glauben wird das Heerlager errichtet. Gegen vier Sühneopfer, Skelette schicken sich an, Quartier zu machen.

Chlorgaseinsatz 1916 – Ursache des Krieges ist der Streit der Orthodoxen, Katholiken und Muslime – Beginn des Krieges gegen vier, demnach 1914.

1931

Die Erschütterung des Geistes der Erde zum Tode führt.
Der Fall ist bedeutsam – acht der heilige Georg wird zur Hälfte schmelzen. Der Friede ist bei zehn eingeschläfert – der Krieg ist erwacht. In dieser Zeit nichts als Missbrauch, große Unstimmigkeiten.

Beschreibung des Nationalsozialismus — Bei 10 heißt 1940, demnach 1939 oder 1941. Kriegsbeginn war 1939.

1933

Wenn der Gewalttätige König von Rom ist in den Jahren des Nichtkriegs. An der Macht drei die Führer genannt werden. Erschütterungen Italiens – sie haben den Kopf des heiligen Kriegs. Den ersten von allen berühmten Königen.

Mussolini nannte sich Führer (Duce), desgleichen Hitler und Franco.

1938

Beginn der Plage durch die Rose der Hölle und die Engländer. Vorbei geht die Zeit der Empörung über den großen Dämonen.
Nicht mehr weit von der Versetzung eines tüchtigen Schlages, den die Gallier erwarten können. Keine Hilfe – auch nichts Gutes von denjenigen, die hinzukommen.

Das Hakenkreuz ist die Rose der Hölle – Ankündigung des Falls Hitlers – Ankündigung des Kriegsausbruchs für die Franzosen.

1941

Dem großen Cäsar des Selbstgeschreis kein Urteil.
In der Luft Schlachtgetümmel 4 Scherbenhonig voll von Bitternis. Verträge des reisenden Botschafters keine Änderung. Die kahl geschorene Schlange wird durch den Führer mit der schwarzroten Feder gefangen.

Goebbels entzieht sich der Verurteilung durch Selbstmord – Heß fliegt nach England, bringt jedoch keinen Frieden.

1944

Völkerwanderungen durch die Brände überall.
Diese Drangsal nicht von Gold sich aus der Luft vollziehen wird. Das ehemals gegen die Speiche gerichtete Ausgeklügelte wird alles beenden. Um zu rühmen, die man getötet hat, am Himmel werden Zeichen gemacht.

Bombardierung deutscher Städte – Ankündigung des Abwurfs der ersten Atombombe (am 6. 8. 1945 über Hiroshima).

1945

Zwangsläufig wird der Schrecken niemals unerwünschter sein. Großer Lügenmund erfolgreich erlangt sein Reich. Fern vom Regierungssitz wird etwas gegen das Wiederkommen gemacht. Zwei Welten, zwei Herzen nicht lachen – schlimme Tyrannen.

Künftiger Schrecken vor der Atombombe – Stalin unumschränkter Herrscher über die UdSSR – Treffen der Alliierten in Jalta und Potsdam.

1946

Flieht, flieht vor dem Grauen des Verbrennens. Der Opferduft (steigt) langsam zu Gott. Der Herr des Bösen liegt in Trümmern im Schatten der Quellen.
Wenn der Tod seinen Platz in der Luft eingenommen hat, dann neue halbe Nationen.

Nochmals die Beschreibung der Atombombe und des Atompilzes – Hitler tot in den Trümmern seines Hauptquartiers in Berlin – Teilung Deutschlands.

1952

Der Frieden nähert sich von der einen Seite – der Krieg von der anderen. Folglich war dort die Verfolgung (nie) jemals größer. Beklagenswert die Männer Frauen das unschuldige Blut auf dieser Erde. Dies wird durch Frankreich (verursacht) werden nach allen Grenzen.

Ende des Koreakonflikts – Indochinakonflikt der Franzosen und sich abzeichnender Algerienkrieg.

1957

Am Ort dicht bei der Zehn, wird ein König wieder eingesetzt. Und wird versuchen, das Gesetz zu ändern, bevor es zur Aussaat kommt. Während der Himmel sehr stark donnern wird, gerät der neue König in den Bereich, sich selbst zu töten.

De Gaulle wird am 31. Mai 1958 mit der Regierungsbildung beauftragt. Er ändert die Verfassung und lässt darüber am 28. 9. das Volk abstimmen. De Gaulle lässt sich zum Staatspräsidenten wählen.

1958

Zur linken Küste an dem bestimmten Ort des Liegelagers der Östlichen. Werden aufgelauert den drei Roten durch die Ranzigen. Alles schlägt Rote tot – Schwarze nicht zerquetscht. Durch die Bereitstehenden hat man es wiederhergestellt, indem man sich versichert der Ranzigen.

Vorgänge während des Algerienkrieges – die letzte Zeile bezieht sich auf die Papstwahl vom Oktober 1958.

1959

Um sich festzulegen man wird nehmen den stellvertretenden Bischof. Niemals gestattet die Sonne (dem) Roten, dass es Leben schafft. Das große Gesetz wird durch ihn geschaffen wenn die Zeit danach schreit. Wegen des Schuftes man sich auferlegt aus Langeweile Härte.

Wahl Johannes' XXIII. als Nachfolger Pius' XII., weil man sich noch nicht auf den späteren Paul VI. einigen konnte.

1962

In tiefster Erniedrigung wird es zum Exzess kommen. Sie sind nicht auf Kreuzfahrt. Das Ranzige wird alles angreifen.
Im Hafen dort wo die Schiffe untergebracht sind wohnt der Missbrauch. Rau man zusammenhält -Drei werden die Scharfschützen sein.

Ankündigung der Eskalation des Vietnamkriegs. In der letzten Zeile könnte der Hinweis stecken, dass Präsident Kennedy von drei Schützen ermordet wurde.

1965

Innerhalb von vier Jahren wird die Sorgfalt ein Sternenschiff einrichten. Dass dort festmacht, wo der Prinz gestellt wird auf fremde Erde. Die rüden Untergetauchten werden zum großen Skandal werden. Großer Tadel gegen den Einen großen erwählten Engel.

Bau der Mondfähre und Ankündigung der Landung auf dem Mond in vier Jahren = 1969. Der am 21. 6. 1963 zum Papst Paul VI. gewählte Giovanni Battista Montini hat für 1963 keinen Spruch des Nostradamus bekommen. Hat er den rüden Untergetauchten (Mafia) 1965 endgültig das Tor zum Vatikan geöffnet? Müssen wir eines Tages mit einem »großen Tadel seines Pontifikats« rechnen?

1973

In Sachen des Glaubens wird eintreten ein König des zellenförmigen Turbans. Und wird regieren weniger hoch entwickelt nach seiner Art. Der König des weißen Turbans wird mit byzantinischem Herzen lehren. Sonne Mars Merkur nahe dem Horn.

Beginn der Bewegung um Khomeini, der noch bis 1979 vom Exil in Paris heraus den Sturz des Schahs betreibt und die orthodoxe (byzantinische) Lehre des Korans hochhält.

1978

Durch die griechische Dame von hässlicher Schönheit.
Gibt es glückliche Hilfen durch unzählige Protokolle.
Außerhalb verschoben zum Regieren. Die Ethik währt zwei Jahre. Gefangener Prinz stirbt einen schlechten Tod.

Fortsetzung der Beschreibung der französischen Weltraumrakete Ariane. – Die beiden letzten Zeilen beschreiben das Jahr mit zwei Päpsten. – Außerhalb verschoben zum Regieren ist Papst Johannes Paul II., der als Nichtitaliener dem Vatikan vorsteht, und sein Vorgänger Johannes Paul I., der hier als Gefangener Prinz einen schlechten (nicht natürlichen) Tod gefunden haben dürfte.

1983

Ungebundenes Drängen an Russlands Macht das Land erschüttert.
Der Große hat sich sehr angefüllt – dort Zeit der Zerstörung. Die Luft des Himmels vom verschleierten Krieg erschüttert. Infolgedessen beginnen Gott und seine Heiligen zu Ansehen zu kommen.

Beginn der Unruhen in Polen, die letztendlich die Auflösung des östlichen Lagers auslösten.

1985

Vorüber was nicht gehen (wollte) – süße Sprache – die Rose wird geboren. Einhörnig indem man festhält am Unglück, an der Lüge und am Rötlichen. Eröffnet wegen des Glaubens der König der Gräben wird sein Heer nicht halten können. Streit am heiligen Drehpunkt des gefragten Öls.

Hinweis auf den Zerfall der UdSSR unter Gorbatschow. Iranisch-Irakischer Krieg.

1988

Diese weltlichen Sarazenen erhalten Beistand bis zum Jahr Null nicht. Friede und Schein – vortäuscht Ausgaben. Infolge des Durcheinanders ist der Sturz des sandigen Esels nahe. Zerstörerisches Volk regiert – Zeit der Straße.

Die Palästinenser mit ihrem Aufstand der Kinder bekamen erst ab 1990 internationale Anerkennung – Jahr Null = 1990. Khomeini stürzt während der Beisetzung aus seinem Sarg auf den sandigen Boden.

1991

Die schreckliche Krankheit für Indiens völkischem Drehpunkt. Abgeleckt seine Nase wird er nicht halten Zeichen der Treue. Die salzige These spielen die Sterne – Zeit der höllischen Lampenschale. Das neue unbekannte Übel und die unehrenhafte Weigerung.

Indien war für Nostradamus noch Amerika – Drehpunkt UN-Weltsicherheitsrat – Golfkrieg. Brennende Ölquellen = Lampenschalen.

1992

Dort die Luft wird sich in Neuem befinden wollen zwischen der Luft. Durch ehemalige Feinde erfolgt Strafe – dort man wird wieder hinkommen wollen. Gefangene werden befreit – von Fehlern spricht man und begeht sie doch. König des außenstehenden Ostens wird sich fern der Feinde halten.

Zu viel Wasserdampf in der Luft beeinflusst das Klima. Umbruch in der ehemaligen Sowjetunion – Öffnung Russlands unter Präsident Jelzin. China macht die Reformen der ehemaligen Sowjetunion nicht mit.

1993

Die Feinde der Macht sehr zurückliegen, durch Fahrzeuge wird die Festung geführt. Durch über die Mauern der Bürger (Geworfenes) grunzen die Nasen, wenn zuvor Herkules kämpfen wird gegen den roten Zion.

Boris Jelzin verstrickt sich in einen Kampf mit dem alten russischen Parlament – Kampf um das Parlamentsgebäude in Moskau.

1994

Glaube ist verletzt – salzige Irrtümer vollenden sich. Die Einheit ist zusammengefügt – in dem man nicht begeht Fehler. Das Stärkste im Schutzwall. Schwache Angriffe erschüttern die slawische Vorherrschaft. Lübeck und Meißen werden zu den Angreifern halten.

Der Streit der Religionen auf dem Balkan führte zu einer Reihe von schweren Gräueltaten (salzige Irrtümer). Zur Befriedung des Konflikts wurden dann in Bosnien und Kroatien auch die ersten deutschen Soldaten (Lübeck und Meißen) im Rahmen der UN-Schutztruppe eingesetzt.

1995

Die neue Tatsache wird Manöver durchführen nahe der Zwei. In falscher Beurteilung dessen was in der Nähe der Küste ist Verlockende Hilfe von auserwählten Mailänder. Der Führer wird der Augen beraubt in Mailand im »Eisernen Käfig«.

In diesem Jahr stehen prominente Persönlichkeiten der italienischen Politik, wegen des Verdachts der Verbindung zur Mafia, in Italien vor Gericht. Die Prozesse ziehen sich über Jahre hin.

1996

In die Stadt kommen Übende der Nacktheit. Ein Führer durch Überzeugungskraft wird kommen. Vier Jahre wenn eintritt König in der Luft befindet sich brandig Werdendes des Pfades (Weges). Zeit infolge Durchbruch zu Gott. Bei der zehn der verletzte Glaube trägt den Lärm bewaffneter Umtriebe werden bringen Feuer, Tod des Blutes und Furcht vor Gott.

Jeweils etwa 4 Jahre vor dem Beginn eines größeren Krieges warnt Nostradamus. Im Rückblick sieht man, dass es sich hier um den Terroristenführer bin Laden gehandelt hat. Gleichzeitig wird auch ein König (Georg W. Bush) für das Jahr 2000 beschrieben, bei dessen Amtsantritt von Nostradamus die künftigen Brände in der Luft (Raketen und Präzisionswaffen) beschrieben werden. Im Rückblick sieht man, dass der Präsident der USA, der in dieser Zeit in das Amt gekommen ist, tatsächlich Feldzüge wie z. B. nach Afghanistan und in den Nahen Osten befohlen hat. Auch seine starke religiöse Überzeugung wird beschrieben.

1997

Auf dem Meer haben sich Duplikate in drei Teile geteilt.Der zweite Teil der Schlangen wird einen Fehler gemacht haben. Um sich loszulösen sucht man das Feld der Auserwählten. Zuerst man die Spalte betritt siegreiche Morgenröte.

Ein sehr mysteriöser Jahresvers, der nur mit den Ereignissen im Nahen Osten gesehen werden kann.

1998

Die Betrübten wenden sich, durch den Fehler eines Einzigen, gegen die Bedrohung der Gegenpartei ab. Bei der zehn – bei Lyon Nüsse lügen – was für Zeit des Streits. Zurückgegeben wird das große niedergerissene Pferd.

Nostradamus beschreibt die Vorgänge um den Kosovo. Der damalige Präsident Milosevic beharrte auf die slawische Vorherrschaft im Restjugoslawien und im Kosovo. Dies führte zu einer Zerstörung des Landes und schließlich zu seiner Absetzung.

1999

Wind für denjenigen, den man zum Verlassen seines Throns gezwungen hat. Über die Mauern wird geworfen Asche, Kalk, Kohlestaub. Wegen des Regens danach er ihnen eine geschickte Falle stellt. Letzte Hilfe in dem man sich ihrer Grenze widersetzt.

Aufgrund dieses Seherspruchs ist zu erwarten, dass Milosevic in Serbien nochmals eine Rolle spielen wird. Nun schildert Nostradamus die Bombardements Serbiens, weil man sich dem von

Milosevic beanspruchten Grenzverlauf (den Kosovo nur allein für die Serben) widersetzt.

2000

Die große Herrschaft wird durch das Engelland errichtet. Dem zweifach ungeschickten Geist für mehr als 300 Jahre. Große Serienfahrzeuge fahren über das Meer und das Land. Die mit klarem Verstand werden darüber nicht glücklich sein.

Nostradamus kündigt hier den Beginn der Weltherrschaft der USA für die nächsten 300 Jahre an. Spätestens nach dem Irakkrieg (2003) und der verkündeten Präventiv-Doktrin sollte niemand mehr daran zweifeln.

2001

Den Feinden die Feinde den Glauben versprechen. Nicht sich halten Protestdemonstrationen der wieder in Gefangenschaft Geführten. Der Prinz ist als Erster tot, der Rest im Hemd. Verdammt der Rest, um im Gleichgewicht zu sein

Nach dem 11. 9. 2001 folgte als erste Maßnahme der Kampf gegen den Weltterrorismus. Nach Nostradamus ist im Verlauf des Afghanistan-Feldzugs der Terrorist bin Laden getötet worden (bis heute nicht bestätigt) und das Gastland in eine Art politisches Gleichgewicht versetzt worden.

2002

Getarnte Galeeren segeln um vom Neuen zu kaufen. Die von hohem Rang werden sich von den Minderen trennen Zehn Schiffe nähern sich dem Abstoßpunkt. Viele Besiegte vereinigen sich zu einem eigenen Zusammenschluss.

Nostradamus beschreibt den Aufmarsch der US-Truppen am Golf. Es ist hier die Vorbereitung des dann im Frühjahr 2003 durchgeführten Mesopotamien-Feldzugs. Zwar mit anderen Worten aber sinngemäß zu erkennen, die Trennung der Welt in befreundete Staaten und Schurkenstaaten (hoher Rang/Mindere).

2 Was uns bis 2015 erwartet

Vom »großen Schicksal« und vom »kleinen Schicksal«

Das Prophezeiungswerk des Nostradamus ist ausschließlich dem »großen Schicksal« gewidmet. Aus dem, was Nostradamus uns hinterlassen hat, sofern wir den Einstieg in seine geheimen Textkammern gefunden haben, geht hervor, dass er dem »kleinen Schicksal« den einzelnen Menschen, dessen Familie und dessen Sippe zuordnet; dem »großen Schicksal« ordnet Nostradamus ein Volk, einen Kontinent, die Erde und unser Sonnensystem zu.

»Ohne Schicksal«, weil alles Seiende selbst bewegend, ist das Universum – oder, religiös ausgedrückt, die Schöpfung.

Für die Schöpfung oder das Universum gibt es kein Schicksal im Sinne unseres Verständnisses, somit auch keine Propheten. Für dieses »ohne Schicksal« gelten die Gesetzmäßigkeiten der Mathematik. Mathematik ist zeitlos und immer während.

Für das kleine Schicksal zuständig wären Hellseher, Wahrsager aus Karten, Handleser und Astrologen, die die Planeten des Sonnensystems für ihre Prognosen heranziehen. Gott schreibt an den Himmel – die Sachkundigen deuten, was sie am Himmel lesen können.

Für das große Schicksal, es zu verkünden, davor zu warnen, sind die Propheten zuständig.

Eine fortwährende Diskussion in allen Weltanschauungen gibt es um die Frage der Beeinflussbarkeit des Schicksals. Der christlich geprägte Westen verneint ein festgeschriebenes Schicksal. Daher also die Frage: Kann man seinem Schicksal entgehen, kann man es verändern? Eine Pythia in Griechenland hatte folgendermaßen geantwortet: »Man kann ein Schicksal, das für einen Menschen bestimmt ist, nicht verhindern, allenfalls hinauszögern und abmildern.«

Vielleicht hilft die nachstehende kleine Geschichte, Sie ein wenig mit Ihrem Schicksal zu versöhnen. Stellen Sie sich bitte vor: Vor Ihrer Geburt haben Sie mit jemandem ein Schicksal für sich vereinbart.

Diese Vereinbarung wird Ihnen am Ende Ihres Lebens eine Reihe von Vorteilen bringen, sonst hätten Sie gerade dieses Schicksal nicht akzeptiert. Andererseits bedeutet es auch, dass Sie – ähnlich dem Handicap eines Golfspielers – sich einige Vorteile haben aushandeln können. Während Ihres laufenden Lebens ist Ihr persönliches Schicksal nichts anderes als die Bereitstellung der Aufgaben in der richtigen Reihenfolge aufgrund der mit Ihnen getroffenen Vereinbarung. Das Meistern dieser Aufgaben ist der Sieg in diesem Teilbereich; der Lohn ist unter anderem, dass Ihnen die Lösung der nächsten Aufgabe, die Ihnen gestellt ist, leichter fallen wird.

Die Aufgaben nicht meistern zu können bedeutet nichts anderes, als unter schlechteren Bedingungen die nächste Aufgabe angehen zu müssen. In dieser Situation kommt es zu einem folgenschweren Irrtum, dem sich die meisten Schicksalsträger hingeben. Sie meinen, den eingegangenen Vertrag während des laufenden Lebens kündigen zu können. Das aber geht nicht, sonst käme es tatsächlich zu einem Chaos der Schicksale, und niemand könnte seine Absprachen einhalten, da das Zusammenwirken der vielen Menschen untereinander in der vereinbarten Form ja Bestandteil des Schicksals ist.

Da gibt es aber noch etwas anderes zu überdenken: Nach Nostradamus gibt es das kleine und das große Schicksal. Was ist damit gemeint, wie sind sie miteinander verknüpft?

Das große Schicksal hat mit dem einzelnen Individuum direkt nichts zu tun. Alle Schicksalsträger unterliegen aber den Auswirkungen des großen Schicksals. Wirkt sich dieses große

Schicksal aus, dann kann das Individuum sein kleines Schicksal nicht mehr ohne weiteres ausleben.

Ein Beispiel: Die Sonne erlischt. Folge: In wenigen Minuten wird allen Individuen die Lebensgrundlage entzogen, der Vertrag ist vorerst für jeden Schicksalsträger »annulliert«. Weil jeder betroffen ist, kommt es zu keinem Chaos der Schicksale. Vergleichen Sie bitte diese Situation mit dem »Dornröschen-Effekt« im Märchen. Eine Hauptperson und ihre gesamte Umgebung sind in tiefen Schlaf gefallen.

Vielleicht ahnen Sie jetzt, warum es legitim war, dass die alten Kirchenväter die Johannes-Visionen, die Enthüllungen der Apokalypse, mit in das Buch der Bücher der Christen, in die Bibel, aufnahmen. Die Johannes-Offenbarungen handeln vom »großen Schicksal«, vom von Gott gewollten Schicksal also, auf das der einzelne Mensch keinen Einfluss nehmen kann. Er kann es weder vorher aushandeln noch sich ihm verweigern.

Nostradamus hatte niedergeschrieben, dass er nichts getan habe, was gegen die heilige Kirche verstoße. Ganz im Gegenteil, er hat die Johannes-Offenbarungen – warum auch immer, wie auch immer – in einzelnen Details ergänzt und mit Zeitangaben versehen.

Wer von Ihnen begreift, welche Leistung hinter der Enthüllung der »Zeitschiene« steckt, hat den ersten Schritt zu einem besseren Verständnis des Michel de Notredame getan.

3 Die Nostradamus-Verse von 2003 bis 2015

Auf den nächsten Seiten finden Sie verschiedene Lesarten und meistens auch Deutungen zu den Nostradamus-Versen für die Jahre 2003 bis 2015, also für unsere unmittelbar bevorstehende Zukunft. Die Einzelzeilen wurden von mir bereits aus den Buchstabenketten gebildet und ins Deutsche übertragen, und zwar zunächst für jeden Vers insgesamt, und dann noch für jede der vier Zeilen einzeln. Es gibt oft mehr als nur gerade vier Zeilen mit Aussagen für jeden Vers, weil Nostradamus bekanntlich inhaltlich komprimierte und »zusammengefaltete« Texte vorgelegt hat, die nach den zuvor beschriebenen Methoden hier wieder (teilweise) entfaltet werden. So habe ich der besseren Übersichtlichkeit halber thematisch zusammengehörige Aussagen als jeweils eine Zeile wiedergegeben und mit Buchstaben markiert.

Sie lesen zunächst die so gekennzeichneten Nostradamusaussagen, und dann darunter unter demselben Buchstabenkennzeichen die dazugehörige Deutungszeile – soweit mir eine Deutung vom heutigen Kenntnisstand aus möglich erscheint.

Das Jahr 2003

A *Weil man danach nicht fünf Stützpunkte außerhalb stellt.*
B *Ein Feuer dort man wird kaufen.*
C *Bei zehn Murren.*
D *Hilfe kommt von den Goldenen.*
E *Speichelleckerei vor dem Stuhl.*
F *Die Goldenen werden verlassen sein.*

Kommentar:
A Fehlentscheidung bezüglich der Lage im Nahen Osten.
B Die Konsequenz ist ein Krieg.
C Unzufriedenheit über die Weltlage.
D Damit könnten die reichen Industrienationen gemeint sein.
E Die USA werden von vielen Ländern unterstützt.
F Umschwung in der Weltmeinung.

Nostradamus für das Jahr 2003/Zeile 1

A Man ist besorgt wegen dem Zuviel an Truppen
B Zur 2001 und zur Versammlung treffen sich die Acht der Reichtümer.
C Für fünf Tischtücher erfolgt Hilfe.
D In Sorge die Gemeinschaft ist.
E Wasser wird nicht sein außerhalb.
F Weil nachher fünf Löcher in der Haut sind.
G Für viele keine wohlhabende Zeit.

Kommentar:
A Betrifft den Nahen Osten.
B Vorgänge um die G 8. (Industrienationen)
C Es kommt zu einer Hilfsmaßnahme in wirtschaftlicher Not.
D Internationale politische Krise.
E Wassermangel könnte zum Politikum werden.
F ?
G Weltwirtschaftskrise.

Nostradamus für das Jahr 2003/Zeile 2

A Ein schnell Flüchtiges sich herausputzt.
B Fünf nicht schnell flüchten werden, weil die Feder entspannt werden wird.
C Es ist die Stunde des Könnens.

D Der Verschluss abweicht.
E Unglück für diese Zeit. Eine Flucht die Folge ist.
F Es ist nicht die Stunde der Gottesgeborenen.

Kommentar:
A Eine neue Erfindung (Chemiewaffe?) gerät außer Kontrolle.
B Probleme bei der Anwendung von A.
C Experten werden gefragt sein.
D Das Problem liegt in der Abdichtung.
E Das Problem bekommt man nicht in den Griff.
F Zeit in der die Unholde an der Macht sind.

Nostradamus für das Jahr 2003/Zeile 3

A Hilfe wird kommen, die vom Wohlstand spricht.
B Geheime Strömung.
C Falsches Raunen befindet sich in der Luft.
D Falsche Mauern verbergen. Falsch gebraucht – stumme Mauern.
E Der Irrtum des Throns – hundert wo ein Andenken des Wissens schwitzt durch die Lorbeerbäume.

Kommentar:
A Versprechen der Politiker, dass sich die Lage bessert.
B Eine bisher unbekannte Untergrundbewegung könnte entstehen.
C Fehlinformationen durch Funk und Fernsehen.
D Bezieht sich offenbar auf C.
E Irakkrieg und die Folgen.

Nostradamus für das Jahr 2003/Zeile 4

A Der Köder ist »F«.
B Vor dem »F« wird gekrochen.

C Gegängelt wird die Stute und folglich zur Bekanntmachung gegeben.
D Die Misere, welche ist infolge derjenigen, die den Sabbat feiern, nicht ein Geschenk des Zeitalters ist.
E Legal die acht Eier des goldenen Jahrhunderts in dieser Zeit deren Ankündigung gegeben wird.

Kommentar:
A–C Eine Entwicklung, die nicht zugeordnet werden kann.
D Hinweis auf den Nahen Osten?
E Bezieht sich auf eine unpolitische geistige Entwicklung.

Das Jahr 2004

A Hoch zur Mitternacht der Armeeführen wird sich retten.
B Plötzlich ist er auserwählt bei Eins.
C Sieben Jahre danach – die Seele wird nicht verflucht.
D Bei seiner Rückkehr man wird sagen – eine Unze wo zehn.

Kommentar:
A Flucht eines Diktators.
B Wiederkehr des Diktators im Jahre 2011.
C Zweiter Hinweis auf 2011 (2004 + 7 = 2011).
D–I Hinweis auf mögliche terroristische Aktivitäten.

Nostradamus für das Jahr 2004/Zeile 1

A Islamische begeben sich des Nachts, um zu töten.
B Hundert Stunden für diese Bewaffneten.
C Mitternacht benutzt der Führer, um geführt zu werden.
D Es kommt die Stunde, in der die Bewaffneten in der Klemme sind.
E Unter den Feinden kein Sieg.

F Es werden getötet Hunderte der Ihrigen.
G Unter der Mitte – Nackte.
H Hundert von Tausend sind nicht dehnbar.
I Glücklich, wer sich jenseits der Klemme befindet.

Kommentar:
A–D Beschreibung eines Terroraktes von großer Tragweite.
E Die Aktion kann nicht wie beabsichtigt ausgeführt werden.
F Große Verluste für die Terroristen.
G Dies könnte auf eine Geiselnahme hindeuten, denn »Nackte« sind bei Nostradamus immer Menschen, die wehrlos sind. (Sie haben keine Rüstung an, um sich zu schützen.)
H und I sind derzeit nicht deutbar.

Nostradamus für das Jahr 2004/Zeile 2

A Sechzig zum Verrat an der Tafel sitzen.
B Plötzlich gibt es schweißtreibende Jahre.
C Jawohl, Macht wird sich wissend machen unter der Spitze.
D Sich urbar macht das Neuland des Esau was er sich zur Suppenspeise gemacht hat.
E Die Lehre vom Schweißigen beginnt, wo die Eins ist.

Kommentar:
A Erneuter Hinweis auf eine gezielte Untergrundaktivität.
B Hinweis auf eine Klimaveränderung.
C–E Nostradamus spricht von einer neuen Wissenschaft oder der Entdeckung alten Wissens aus der Bibel.

Nostradamus für das Jahr 2004/Zeile 3

A Sieben Lohen, Himmel Kreuz verflucht – die Frau ist nicht bloßgestellt.

B Ihre Jahre lassen sich nicht niedersäbeln.
C Der Wortlaut des Hungers ist das Wappen der Klemme, in der man sich befindet.
D Mitte Mai befinden sich Tausende in dieser Klemme.

Kommentar:
A–D Auftreten einer Politikerin, die an den künftigen Schicksalsereignissen der Welt maßgeblich beteiligt sein wird. Es werden Details beschrieben, an denen man die bevorstehenden Ereignisse identifizieren kann. Nostradamus flucht angesichts des heraufziehenden Unheils.

Nostradamus für das Jahr 2004/Zeile 4

A Zur Berechtigung des Omegas; die Urne wird sprechen lassen elf Schläge bei der Eins.
B Die Tafel der Vorschriften sich ändern werden.
C Elf werden Ja sagen.
D Bei seiner Rückkehr wird sich der Turm reinigen von den Irritationen, die man kennen wird.
E Zur Vorschrift der Abkehr der Reinigung des Teilgebiets der Kirche.
F Wenn es sich wendet, man nicht ziehen wird zu den tausend Leben.

Kommentar:
A–F Hier finden sich weitere Details, die mit den Ereignissen im Jahre 2011 in Verbindung stehen. So beginnt das Omega, also das Ende, laut Nostradamus mit elf schweren Schlägen, in denen wir die Wirkung einer Waffe sehen sollten. Offenbar wird auch die christliche Kirche von dem Umbruch des Zeitalters betroffen sein.

Das Jahr 2005

A *Zu Füßen von hundert Sternen wird es eine neue Vereinigung geben.*
B *Neues Dürre – nichts Gutes für ihn – Grenze der Art.*
C *Wenn die höllischen Kasten unter dem Meer zusammen sind, vollendet sich ihr Preis brennend.*
D *Wenn beim Herrn der Neun – das Monster sich wütend wäscht.*

Kommentar:
A Erneuter Hinweis auf eine Gegen-UNO.
B Warnung vor dem nächsten Krieg.
C Eine neue Waffe wird bekannt.
D Ein Staatenverbund.

Nostradamus für das Jahr 2005/Zeile 1

A *Die Stiftung ließ man verfallen.*
B *Neuen Bund das Weiße und 100 Sterne gemacht haben.*
C *Nachricht der Erleichterung.*
D *Zu Fuß die Fallen errichtet werden.*
E *Verschleiert, verhüllt was gleichmacht.*

Kommentar:
A Damit ist die UNO gemeint, die nach dem Austritt der islamischen Staaten an Bedeutung verloren hat.
B Eine andere Form der Staatengemeinschaft ist an die Stelle der UNO getreten.
C Die Weltöffentlichkeit ist über den neuen Zusammenschluss erleichtert.
D Fallen waren im Zweiten Weltkrieg bei Nostradamus Partisanenüberfälle. Irgendwo wird es einen Krieg im Dunkeln geben.

E Eine neue Ideologie, die alle Menschen gleichmacht, so wie wir sie schon vom China Maos kannten, dürfte heimlich und versteckt agieren.

Nostradamus für das Jahr 2005/Zeile 2

A Neuer Leuchtturm für rückständige Menschen aus Lissabon.
B Portugiesische Ehre.
C Neun Heuchlerische darunter befreit man und zwei Unratbeutel.

Kommentar:
A Die Bewegung der Gleichmacherei scheint aus Portugal zu kommen.
B Die Bewegung pocht auf nationale Werte der Portugiesen.
C Vorgänge um diese Bewegung in Portugal und Hinweis auf einige Führer, die nicht korrekt handeln.

Nostradamus für das Jahr 2005/Zeile 3

A Carcassonne und Toulouse aufgezehrt haben ihren Preis.
B Das Gerippe der Sonne in Sekunden sich zusammenziehen wird.
C 100 Vierecke, 100 Tafeln, 100 das Gerüst bilden.
D 100 man ruiniert hat.

Kommentar:
A Ich halte dies für eine Anmerkung in einer regionalen Angelegenheit. Sie bedeutet so viel wie: Die Städte haben ihr Guthaben verbraucht, jetzt folgen Konsequenzen.
B Der zweite Satz bezieht sich auf Vorgänge in der Sonne. So gesehen könnten beide Sätze auf ein kosmisches Ereignis hinweisen, das nicht unbedingt schon im Jahre 2005 sichtbar wird, aber eben als Prozess beginnt.

Nostradamus für das Jahr 2005/Zeile 4

A Wenn der Herr der neun Monde/das Monster sich sehr wütend wäscht.
B Was für ein Jahr des Herrn.
C Neun Monate er Strahlen aussendet aus dem Wrack.

Kommentar:
A Auch hier, meine ich, handelt es sich um einen Vorgang, der innerhalb unseres Sonnensystems abläuft. Falls sich diese zweideutige Anmerkung auf ein Waffensystem bezieht, dann erklärt C die Katastrophe.

Das Jahr 2006

A Sarazenen geben sich 1000 Jahre – so hoch wie die unbegrenzte Luft.
B Wenn die Zeit des Brennens kommt – zwei zum Löwen wieder geboren.
C In vier Jahren der Riese die meisten zur Flucht bringt.
D Fünf ist eins – Grabstätte des Feuers im Osten zum Vorschein kommt.

Kommentar:
A Ein siegessicherer Islam (die Palästinenser?) heizen die Stimmung auf.
B Warnung vor dem großen Krieg ab 2010/11, dem Dritten Weltkrieg.

Nostradamus für das Jahr 2006/Zeile 1

A Das Öl der Erde, der Fluch der Großväter, wird unregelmäßig vorhanden sein.
B Zeit des Ausbleibens, der Wegnahme, des sich Auflösens.

Kommentar:

A Ab 2006 scheint es zu einer Energiekrise zu kommen, weil das Öl versiegt.

B bestätigt A. Geht noch weiter, weil offenbar Krieg um die Quellen geführt wird. Zumindest eine gewaltsame Wegnahme!

Nostradamus für das Jahr 2006/Zeile 2

A Was verkäuflich ist zu 60 Fuß wird gelassen.
B Inseln des Unrechts vollenden sich.
C Welch ein Jahr des Überflusses.
D Fromme Werke und diejenigen des Verzichts.

Kommentar:

A Es geht im Jahr 2006 um den Besitz von Ölvorkommen. Eine Vereinbarung, bei der eine bestimmte Wassertiefe eine Rolle spielt, ist für Nostradamus erwähnenswert. Vermutlich, weil sie später eine große Rolle spielen wird.

B Unter Inseln des Unrechts verstehe ich Ölplattformen, die sich jemand widerrechtlich angeeignet hatte.

C Gleichzeitig ist 2006 geprägt von einem Wirtschaftsboom, einer Zeit des Überflusses.

D Auch eine gegenläufige Bewegung, die über Verzicht und Buße – vielleicht in Kenntnis des künftigen Geschehens – das Chaos abwenden will, wird hier von Nostradamus beschrieben.

Nostradamus für das Jahr 2006/Zeile 3

A Der Osten haben wird zehn vom Druck des Wassers vollendet.
B Die zwei von Brest den Strahlenkranz der Morgenröte begründen.

Kommentar:
A Ich halte dies für die Beschreibung einer neuartigen Waffe. Oder handelt es sich schon um die Wasserstoff-Verschmelzungs-Geräte?
B Wissenschaftler in Bresle, so lautet das Originalwort, was für Brest, Breslau oder Pressburg stehen könnte, begründen eine neue Wissenschaft.

Nostradamus für das Jahr 2006/Zeile 4

A Turin gießt den Eimer aus, was die Gallier verrückt machen wird.
B Hart eingewurzelt ist er/es, der G zum Gesetz macht.
C Verrückter Krieg in der Luft sich vollendet.

Kommentar:
A Nach Nostradamus gibt es im Jahre 2006 einen ernsten Konflikt zwischen Italien und Frankreich.
B Das Kürzel G ist zurzeit nicht zu identifizieren.
C Der Streit eskaliert zum regionalen Krieg.

Das Jahr 2007

A Großer Streit, den man im alten Jahr vorbereitet.
B Das Ausgemergelte spricht zu allen – ich bin die Suppenspeise.
C Die Insel der Briten wird durch salzigen Wein gereizt.
D Im Halbkreis gesetzt zwei Fäden – elf Zeiten halten nicht Mahlzeiten.

Kommentar:
A Beschreibung und Warnung vor dem nächsten Krieg.
B Hinweis auf die viele Jahre – siehe D: vielleicht elf Jahre lang! – andauernde Hungersnot.

C England wird in erster Linie getroffen, offenbar durch chemische Niederschläge.

Nostradamus für das Jahr 2007/Zeile 1

A Der große Konflikt, den man vorbereitet durch den alten östlichen Esel.
B Zwei bleiben in Nancy übrig.
C Für das Gesetz des Widders und des Schafs kein Bett.
D Was für eine geschickte Tafelrunde wohnt in Nancy.

Kommentar
A Nostradamus beginnt hier, vier Jahre vor dem eigentlichen Ausbruch des Krieges, die Situation zu beschreiben. Danach ist es der alte östliche Führer, den er als Esel bezeichnet, der diesen Krieg plant. Das Wort Esel benutzt Nostradamus an vielen Stellen seiner Verse als Synonym für Araber. Eseltreiber nennt er sie zum Beispiel.
B Auch das ist der Stil von Nostradamus. Bei der Beschreibung des Zweiten Weltkrieges machte er eine Zahlenangabe: Zwei von fünf bleiben übrig. Hier geht es darum, dass von allen Einwohnern von Nancy nur zwei Menschen überleben werden.
C Dieses bezieht sich auf den jüdischen Glauben. Er verliert, wie man nach 2025 lesen kann, sein mühsam erkämpftes Territorium.
D Warum er gerade Nancy ausgewählt hat? Offenbar tagt dort eine europäische Konferenz, die er als Tafelrunde bezeichnet.

Nostradamus für das Jahr 2007/Zeile 2

A Die Auszehrung spricht zu Allen.
B Ich unterwerfe euch, dass ihr Suppe und Mehlkasten vergesst.

C Die Vollendung des Zanks – alle Rechtschaffenen wollen ihn eindämmen.
D Jesus! Vergesst den Backtrog.

Kommentar:
A Dies ist die klassische Warnung, so wie wir sie vom Ersten, Zweiten und nun von diesem Dritten Weltkrieg immer etwa vier Jahre vorher zu lesen bekommen: 1910 hieß es bei Nostradamus: Skelette schicken sich an Quartier zu machen, was ich als Hinweis auf die Stellungskriege verstehe.
B Hier spricht der Hunger zu allen.
C Versuche, das Kommende zu verhindern, misslingen.
D Der Schreckensruf des Nostradamus ist eindeutig.

Nostradamus für das Jahr 2007/Zeile 3

A Die Lilie den Verliebten braun gebrannt lacht.
B Erscheint Ungesalzenes in der Sonne.
C Der Insel des Labyrinths Mitesser erscheinen.
D Überlebt nicht. Leis, ölig ist dies.

Kommentar:
A Die Totenblume lacht denjenigen, die sich im Jahre 2007 verlieben, verheiraten. Warum braun gebrannt ist mir nicht klar.
B Noch nicht zu deuten.
C England ist betroffen. Die Mitesser werden an anderer Stelle als Eiterpusteln beschrieben.
D Sie werden nicht überleben. Achten Sie darauf, dass Nostradamus von nun an öfters das Wort ölig verwendet. Das hat irgendetwas zu bedeuten, was wir heute noch nicht identifizieren können.

Nostradamus für das Jahr 2007/Zeile 4

A Hu! Gott hilft!
B Zweimal zehn Fäden, dass die Zeit keine Mahlzeiten hält.
C Halb zu Mittag hat man zehn Pi (314).
D Zwei reinigen den Zugang.
E Für Tausend ist er geheim.
F Die Salbung der Tausend.
G Rote Mitte – 50 Pi.

Kommentar:
A Erneuter Schreckensruf des Sehers.
B 20 Jahre des Hungers werden angekündigt.
C Noch nicht zu deuten.
D Erste Ausblicke auf den Ausgang des Desasters, ein bei Nostradamus üblicher Stil, um Zukunftsperspektiven in der größten Not zu geben.
E Aus irgendwelchen Gründen will man nicht, dass sich alle Menschen von der Verseuchung reinigen können.

Das Jahr 2008

A Indien bei 2010 und die Kugel schmelzen – Zeit der Luft.
B Vom bitteren Senat (Sene gal) geht der Graf zu seinem sauberen Sohn.
C Der Myrrhen nicht beseelt durch die meisten der auserwählten Stimmen.
D Vier Könige in sieben Tagen tödlich verletzt.

Kommentar:
A Indien war für Nostradamus Amerika.
D Hinweis auf das untrügliche Zeichen für den bevorstehenden Krieg, an den niemand glauben wird: Vier Staatsmänner in sieben Tagen ermordet.

Nostradamus für das Jahr 2008/Zeile 1

A Indien bei der 10 ist pulsierende Gründlichkeit.
B Zeit der Unverschämtheiten.
C Pulsieren durch niedrige Steine schleudern.
D Ungöttlich (gottlos) und die Kugeln sich getrennt haben.
E Bestürzte Proteste – Entsetzen.

Kommentar:
A Unter Indien versteht Nostradamus immer Amerika, denn Kolumbus hatte nur wenige Jahrzehnte vorher den vermeintlichen Seeweg nach Indien gefunden. Das Wort Gründlichkeit setze ich für Technik. An anderer Stelle benutzte Nostradamus den Begriff Sorgfalt und meinte damit die Technik, die den ersten Menschen zum Mond beförderte.
B Es kommt zu politischen Eklats.
C Ein Hinweis in Richtung Teilchenzertrümmerer.
D Ein Versuch der Kernzertrümmerung, der nach Nostradamus gegen die Gesetze der Schöpfung verstößt, wird gelingen.
E Die Folge sind weltweite Proteste gegen diesen Versuch.

Nostradamus für das Jahr 2008/Zeile 2

A Die Lehre in dem gleich ist.
B 1 beginnt zu zählen.
C Tafeln der Sicherheit – Inseln des Besitzes.
D Von der Essenz des Steinigen bis zur Berechnung des Tons ist es der Besitz des Sohns.
E Die Lehre von der Gleichgültigkeit – der Graf seinem Sohn übereignet.

Kommentar:
A und B Die schon vorher angekündigte politische Richtung, die anscheinend aus Portugal kommen wird, beginnt Anhänger zu gewinnen.

C Tafeln stehen meist für Regeln, Anweisungen, Hinweise. Demnach sind Regeln aufgestellt worden, um den Besitz der Ölplattformen abzusichern.
D und E sind schwer zu deuten. Vater und Sohn sind die Akteure in dem Konflikt, der ja ab 2011 heraufzieht. Hier beschreibt Nostradamus einige typische Merkmale, damit wir diese beiden rechtzeitig identifizieren können.

Nostradamus für das Jahr 2008/Zeile 3

A Dem großartigen Freund ohne Seele und Geist zwei bärtige, strahlende Bäume, am Rand der Steppe ins Gesicht lachen.
B Durch Taubnesseln nicht in der Klemme.
C Verstreut öfters wie üblich.
D Stunden des Gebets dies vollenden.

Kommentar:
A Nostradamus beschreibt hier einen Großrechner, der rechtzeitig etwas entdeckt. Vielleicht ist es eine Überwachungsanlage mit Radar, darum der Ausdruck »ins Gesicht lachen«.
B Hier beginnt, für mich überraschend, Nostradamus Hinweise auf Pflanzen zu geben, die man während des Desasters einnehmen, einreiben oder anwenden soll. Merken wir uns also die Taubnesseln.
C Öfters verstreuen heißt vielleicht, die Taubnesseln in die Kleider zu streuen?
D Beten.

Nostradamus für das Jahr 2008/Zeile 4

A Das Geflecht in sieben Tagen tödlich verwundet.
B Drei in sieben Tagen erblassen.

C 60 Tote – 3 tanzen.
D Vier Könige in sieben Tagen.
E 1 Stunde – zwei Leinen sich töten.
F Deutscher Bär tödlich verletzt.

Kommentar:
A Darunter verstehe ich ein politisches Bündnis, dessen Staatsrepräsentanten innerhalb von sieben Tagen ermordet werden.
B Ob es sich hier um die Beschreibung der Opfer oder um die Ankündigung der Folgen dieser Taten handelt, lässt sich heute noch nicht sagen.
C Es gibt bei den Attentaten offenbar sechzig Tote. Es sind offenbar doch drei Auftraggeber, die dahinter stecken und sich freuen, dass der Plan gelungen ist.
D Schwer zu deuten. Das Wort Leinen bedeutet vielleicht, dass es sich um Telefonleitungen, Datenleitungen oder dann übliche Verbindungen handelt, die gekappt werden.
E Unter den Attentatsopfern ist auch ein Deutscher, vermutlich der Bundeskanzler, den Nostradamus als den Bären bezeichnet. Sie wissen, dass er Politikern gerne Eigennamen gibt, die ihrem Charakter oder ihrem Aussehen entsprechen. Ich tippe auf das Aussehen.

Das Jahr 2009

A Für hundert Sterne die man darstellt – Tage der Reifung.
B Von der durchtriebenen Frau werden zwei selbstständige Prinzen geboren.
C Im Namen der Sachen, die man erahnt, werden nachträglich Gesetze gemacht.
D Elf Könige werden es nicht machen viel schlimmer in ihren Provinzen.

Kommentar:
A Beschreibung der Akteure und Opfer. Hundert Staaten sind die Opfer.
C Ächtung der neuen Waffen.
D Staaten halten sich nicht an die Vereinbarungen.

Nostradamus für das Jahr 2009/Zeile 1

A Aus dem Kastilischen – Zeitalter eines Führers.
B Wenn nach den 11 Stunden – 5003 Tage die Schafe nicht wiederkäuen.
C Von 100 unlogischen Tafeln man geprägt ist.
D Tröpfelt Lindenblüten, Feigen, Misteln, Efeu und Resi (?).
E Nicht schleudern.

Kommentar:
A Ein weiterer Ausblick für die Zeit danach: Der künftige König, also der Führer Europas, wird aus Spanien kommen.
B Hier beschreibt Nostradamus, dass die Ursache des Regens, der Niederschlag, der alles für Europa so schrecklich ausgehen lässt, elf Stunden dauern wird. 5003 Tage heißt 11 Jahre und 158 Tage – so lange wird die Belastung des verseuchten Bodens anhalten.
C Für mich interessant, dass Nostradamus sagt, dass die Überlebenden unmittelbar danach nach falschen Regeln handeln werden. Ich kann nur hoffen, dass ich selbst nicht dafür verantwortlich bin. Darum mein inständiger Hinweis: Bitte alles immer und immer wieder überprüfen, überlegen, ob die Regel in der realistischen Bedingung richtig ist usf.
D Nostradamus gibt nun die Anweisung, Tropfen aus bestimmten Kräutern herzustellen und einzunehmen.
E Offenbar darf der Extrakt nicht durch Schleudern hergestellt werden. Bitte denken Sie selbst darüber nach.

Nostradamus für das Jahr 2009/Zeile 2

A Die Verweichlichung ist weg. Amen.
B Werden geboren zur Kochstelle und Feuerherd.
C Niederträchtig Denkende künftig Hunger haben werden.
D Die Sterne selbst verlassen haben den Weg.
E Kurz geschorene beenden die Unabhängigkeit.
F Den Rassen werden geöffnet werden die Trauben der Verwünschung.
G Vorrat gemacht wird – Zeitalter des sich Abgrenzens.
H Zur 1 kein Gebet sondern Kampflärm, Krachen.
I Der Herrscher lacht über den Regenguss.

Kommentar:

A Die Zeit, wo wir bequem an alles herankommen und keinerlei Probleme haben, geht vorüber. Bitte bedenken Sie, dass diese Hinweise nicht unbedingt für das Jahr 2009 gelten, denn in Kriegsperioden beschreibt Nostradamus allerlei Dinge, die er gesehen hat, fortlaufend in den Versen, die dann gültig sind.

B Statt Einbauküchen werden die Überlebenden in den betroffenen Regionen an Feuerstellen hocken oder an Herdfeuern stehen.

C Es wird auch die Verursacher des Krieges getroffen haben. Sie hungern ebenso wie ihre Opfer.

D Der Staatenbund der 100 Sterne ist damit gemeint.

E Eine Völkergruppe beginnt, entvölkerte Landstriche zu erobern.

F Nostradamus sieht eine schwere Belastung des Erbguts der Rassen.

G Nostradamus beschreibt, dass in den betroffenen Regionen nach alter Sitte Vorräte während des Sommers und des Herbstes angelegt werden müssen, um den Winter zu überstehen, und dass sich die Überlebenden offenbar abgrenzen, d. h. mit ihren Nachbarn nichts zu tun haben wollen – warum auch immer. Wahrscheinlich geht es um die Furcht vor Ansteckungen.

H Hier erfolgt der Hinweis auf das Jahr 1 der nächsten Dekade, also auf 2011.

I Wer es noch immer nicht glaubt: Es ist die Waffe, die mit dem Regen kommt, die die Tragödie verursachen wird.

Nostradamus für das Jahr 2009/Zeile 3

A Sich eine Urne bereitet der Mensch im Dezember 8.
B Zum Gebrauch in dieser Sphäre.
C Der Honig des Lebens ins Grab gelegt ist.
D Sicher nicht barfüßige Menschen.
E Sich erhoffen untertäniges Leben.
F Ende des Trinkens.

Kommentar:

A Ein Hinweis auf den 8. Dezember vermutlich des Jahres 2009. Dies ist der Tag, von dem an das Rad nicht mehr zurückgedreht werden kann.

B Ich vermute, dass die Waffe bereitgestellt wird, vielleicht durch den Start einer Rakete in eine Umlaufbahn.

C Blumenreiche Umschreibung für das Ende des guten Lebens, des hohen Lebensstandards.

D und E Ein Hinweis, der mich sehr überrascht hat. Menschen der Dritten Welt sind ebenso von dem Desaster betroffen, obwohl sie sich bei der Vorbereitung des Konflikts durch Wohlverhalten dem künftigen Aggressor gegenüber eine gewisse Sicherheit versprochen haben.

F Es kommt das Ende des unbeschwerten Trinkenkönnens – der Durst prägt die nächsten Jahre.

Nostradamus für das Jahr 2009/Zeile 4

A In dem 100 Könige gemacht haben solches Leid.
B Elf davon es gutheißen.
C Ende nicht für die hundert ist.
D Die Schweineschnauze (Fratze) wird machen solch Schlimmes.
E Man haben wird das Knirschen – Zwei Lösegelder seiner Provinz.
F Mit Sand bedeckt eure Laufgräben – Himmel-Kreuzverflucht.

Kommentar:
A Nostradamus gibt weitere Einzelheiten bekannt. Der Bund der 100 Staaten ist in den Konflikt aktiv verwickelt.
B Die elf Staaten habe ich an anderer Stelle als die südamerikanischen Staaten identifizieren können. Sie spielen nach 2018 eine große Rolle.
C Das Desaster bedeutet nicht das Ende der 100 Staaten!
D Hier beschreibt Nostradamus deftig den Auslöser des Konflikts.
E Offenbar ist Sand ein günstiges Medium, um die Verseuchung herauszufiltern.
F Nostradamus ist nach wie vor sehr ungehalten über das, was er in dieser Zeit zu sehen bekommt.

Das Jahr 2010

A Vier gekaufte Mörder – ungeheurer Krieg entsteht.
B Großer Feind des ganzen menschlichen Geschlechts.
C Es wird sein schlimmer als derjenige der Großväter – Elf sie gebären zwei Kriege.
D Mit Eisen – Feuer – Wasser – blutig und unmenschlich.

Kommentar:
Erneuter Hinweis auf die Attentatsserie, der vier regierende Häupter zum Opfer fallen und die Folgen des Krieges.

Nostradamus für das Jahr 2010/Zeile 1

A Vier gekaufte Mörder – ungeheurer Krieg erwachsen wird.
B Vom Überfluss geschwächt sind die 100 Staaten.
C Riesiges Lösegeld – Tasche der Mörder – Stunde drei des großartigen Spiels.
D Große Berühmtheit, hohen Alters und penibel.
E Vier kaufen Aufrührer.
F Thema des sich Aufhaltens.
G Tausende im Haus der Heiligenverehrung.
H Östliches erwachsen wird.
I Drei Länder im Luftkrieg.

Kommentar:
A Hier nochmals die Ursache des Krieges.
B Der zu hohe Lebensstandard hat die 100 Wohlstandsstaaten verteidigungsunfähig werden lassen.
C Wird das Attentat während einer großen Festlichkeit stattfinden?
D Getroffen wird ein Mensch mit hohem Alter, der sehr berühmt ist und mit die Eigenart hat, sehr penibel zu sein. Nach dem deutschen Opfer hier die Beschreibung des zweiten Opfers.
E Parallel dazu läuft ein Volksaufstand, der künstlich provoziert worden ist.
F Es geht um das Aufenthaltsrecht von Flüchtlingen oder Ausländern.
G Beschreibung einer Kirche.
H Der Feind sitzt im Osten.
I Drei Länder werden einen Luftkrieg beginnen.

Nostradamus für das Jahr 2010/Zeile 2

A Fett nicht die Feinde.
B Was für ein langer hastiger Marsch.
C In dem nichtmenschlichen Kopf des legendären Menschen.
D Was für eine Idee – alle Gesetze sollen wieder menschlich sein.

Kommentar:
A Die verursachenden Feinde müssen auch hungern.
B Ihre Militärkolonnen sind zu Fuß unterwegs.
C Ist dies die Beschreibung eines Computers?
D Eine neue Ideologie ist geplant.

Nostradamus für das Jahr 2010/Zeile 3

A Was für ein Unglück da ist.
B Wer wird dunkel vor Wut.
C Die Zeit des Schlimmsten – der Krieg des Schlimmsten.
D Die Totenmesse zum Spiel dort erklingt.
E Seine Schlüssel sind die der Hoffnung.
F Weinfässer mit Pottasche.

Kommentar:
A bis C Beschreibung des Krieges.
D Beschreibung der vielen Toten.
E Hoffnung wird bis zur letzten Minute verbreitet.
F Die Chemikalie wird in Fässern mit Pottasche gelagert. Ist die Pottasche möglicherweise ebenfalls ein Mittel, um sich zumindest davor etwas zu schützen?

Nostradamus für das Jahr 2010/Zeile 4

A Hölle in der Luft, Feuer, Wasser, Blut, wenn sich reinigt das Unmenschliche.

B Davon entsteht Aufruhr.
C Haben wird es das hitzige Blut.
D Das Wasser des Bischofs zum Gebrauch der Engel.
E Fünf einweihen sich in das Unmenschliche.

Kommentar:
A bis E Weitere Details aus den zum Teil regionalen Kriegen.

Das Jahr 2011

A Unter der ionischen Küche – die gefährliche Vorbeifahrt.
B Wird sein vorübergehend der Nachgeborenen Last.
C In den Bergen das Schlimmste geht vorüber ohne Belastung.
D Vom Bärtigen nicht beachtet – am Regierungssitz lacht der Herzog über die Falle.

Kommentar:
A und B Beschreibung der Folge des Krieges.
C und D Wie man sich davor schützen kann und die Drahtzieher.

Nostradamus für das Jahr 2011/Zeile 1

A Die Lehre des niederen Zion verteuert alles.
B Gefährliche Vorbeifahrt.
C Unter dem Gebrauch des ionischen Kalks.
D Fürchterlich dunkler Raum.
E Das Jahr des Kriegs sie haben werden und nicht die Weisheit.
F Küche, Kost und Fleisch droht Gefahr schrittweise.

Kommentar:
A Ein verändertes Wirtschaftsdenken verschlimmert die Situation während der vier Kriegsjahre.

B und C Nostradamus spricht von einer höchst gefährlichen Situation.
D Wenn die Chemie zum Einsatz kommt.
E 2011 bezeichnet Nostradamus als das erste Kriegsjahr.
F Die Folgen für die Bevölkerung sind Hunger.

Nostradamus für das Jahr 2011/Zeile 2

A Gemacht wird das Vergehen des höllischen Heerlagers.
B Der Mai seine Vorsprünge den Pfeiler vernachlässigt.
C Die Zeit vergeht, der menschliche Standpunkt wird vernachlässigt.
D Aus Eisen gemachte Säge.
E Das Werk von Menschen und ihrer Verbindung.

Kommentar:
A bis E Nostradamus beschreibt Heerlager als Plätze, an denen Kriegsmaterial vorrätig gehalten wird. Er sieht, dass die hier gelagerten Materialien zum Einsatz kommen werden. Er beschreibt auf ironische Art dieses Vergehen, d. h. Schmelzen der Vorräte … irgendetwas wird im Mai geschehen, die Unmenschlichkeit eskaliert.

Nostradamus für das Jahr 2011/Zeile 3

A Die 1000 Fluten des spiralförmigen Schlimmsten.
B An den Bergen der Pyrenäen vorüberzieht das Ende.
C Die Reinigung vom Schlimmsten, in dem man außerhalb des Tons keine Bürgschaft gibt.
D Die innere Unruhe nicht von den spiralförmigen Untiefen kommt.

Kommentar:
A Beschreibung der Wirbel, wie wir sie auf Wetterkarten sehen.
B Beschreibung, wo die Verseuchung ein Ende hat.
C Eine Reinigungsmethode oder ein Vorgehen, wie man sich schützen kann.
D Ein Hinweis darauf, dass die innere Unruhe nicht von der Verseuchung stammt.

Nostradamus für das Jahr 2011/Zeile 4

A Abreise durch das Hindernis des bärtigen Schiedsgerichts.
B Brennend wo sich öffnen wird die Ausstrahlung.
C Vor allem wo der Herzog lacht.
D Hinzufüge die gut angepasste Kette.

Kommentar:
A Eine weitere Katastrophe. Atomkraftwerke brennen durch.
B Die Verstrahlung belastet die Umwelt.
C Interessanterweise auch dort, wo sich der Auslöser des Krieges befindet.
D Hier wird ein Grund des Desasters beschrieben.

Das Jahr 2012

A Erhöht das Papsttum – erniedrigt wird sein die Moschee.
B Plötzlich Soutanen im Aufruhr – schnell und schüchtern.
C Durch zu viel Gutes – das Süße zum Sterben herausfordert.
D Die Furcht ihn in der Nacht seines Todes verlässt.

Kommentar:
A und B Hinweis, wer den Religionskrieg (vorläufig) gewinnen wird.

C Weiter die Beschreibung der Wirkung der neuartigen chemischen Waffen, die über das Nervensystem wirken.

Nostradamus für das Jahr 2012/Zeile 1

A 2015 ist erhöht der Papst.
B Gewesen sein erhöht die Moschee.
C Zeit des Amoklaufens der Gruppe der 10 000 000.

Kommentar:
A Der Klassiker unter den Nostradamus-Hinweisen, wonach das Papsttum siegen wird.
B Aber erst nachdem zeitweise der Islam eine Vorrangstellung eingenommen hat.
C Eine Art Hetze von Menschen, die als Verursacher des Krieges angesehen und die nun getötet werden.

Nostradamus für das Jahr 2012/Zeile 2

A Erleiden wird im Süden der Sudan schnelle Hemmung.
B Unter Erbarmen wo der Fehler ist innere Unruhe und plötzliche Hemmung der Drüsen der Mitte.
C Zwei heisere Römer brechen die Mitte auf.

Kommentar:
A Auch hier kommt es zu Kriegsfolgen. Es ist offenbar dieselbe Waffe wie über England eingesetzt worden.
B Symptome sind innere Unruhe und vermutlich Zerstörung der Nieren. Für Nostradamus eine innere Niere, die Urin produziert!
C Zwei italienische Forscher versuchen ein Gegenmittel zu entwickeln, was gelingt, denn die Nieren funktionieren wieder.

Nostradamus für das Jahr 2012/Zeile 3

A Zwei verbrennen die Kleider.
B Zwei man hat wo die Zehn zum Sterben provoziert.
C Durch zu viel Gutherziges allen zehn die Liebe lacht, um Ansehen zu gewinnen.
D Durch einen Teil zu viel zurückprallt.

Kommentar:
A Eine der Methoden der Entseuchung ist, die Kleider zu verbrennen.
B Zwei Staaten sind tödlich verletzt worden.
C Ein diplomatischer Trick, in dem Hilfe und Notwendigkeit eine Rolle spielen.

Nostradamus für das Jahr 2012/Zeile 4

A Fettes Indien.
B Seid ruhig in Indien in der Nacht des Todes des Führers.
C Hundert fürchten das Testament Indiens.
D Im Jahr 600 der Lehre der Liebe des Führers.
E Was für ein Umkreis Indiens.
F Indien ist Indien.
G Die Nichtsieg-Lehre des Deutschen zum Tode führt.

Kommentar:
A Den USA geht es (noch) gut.
B Nostradamus appelliert an die US-Bürger, trotz des Mordes an ihrem Präsidenten ruhig und besonnen zu bleiben. Wir haben hiermit das dritte Opfer, das von Nostradamus beschrieben wird.
C Hundert Staaten oder ein Staatenbund rechnen mit einem Gegenschlag der USA.

D Ein mysteriöser Spruch, der auf einen Geheimbund, der um das Jahr 1400 gegründet wurde, hinweist.
E und F Zurzeit kein Hinweis möglich.
G Es gibt zu dieser Zeit eine Militärdoktrin, die falsch ist und zum Tode führen wird.

Das Jahr 2013

A Unter den Niederen – Not der wiederkäuenden Tiere.
B Erscheint die zehn – geführt zum Sieg im Wind der zweipoligen Liga.
C Versteckte Soldaten lenken die dröhnenden Waffen.
D Nicht fern die Zeit der Erprobung der gegenpoligen Stadt.

Kommentar:
A Die Kriegsfolgen – Tiere auf der Weide sind betroffen.
C Abschuss von Raketen.

Nostradamus für das Jahr 2013/Zeile 1

A Unter dem, was zu nichts gut ist.
B Arglist und Übel bei der zehn.
C Verschleudern die Garantie.
D Dort wo sich Z. aufziehen lässt.
E Schlechte Jahre wiederkäuen.

Kommentar:
A bis E Nostradamus wiederholt hier einige Hinweise.

Nostradamus für das Jahr 2013/Zeile 2

A Faule 100 haben Finger und Zehen im Bauch.
B Flüche, Verwünschungen, Hass dem zweiseitigen Bund.

C *Hindernisse pflügen sie.*
D *Wissende Rettung, Wetterschutz, Überdach, steuern die öligen Ärzte.*
E *Durch Pflügen haben sie zehn geführt zum Sieg beim Bauch.*

Kommentar:
A Symptome der Verseuchung. Offenbar Magenkrämpfe, vielleicht auch Muskelkrämpfe, die hier beschrieben werden.
B Die Überlebenden verfluchen die Staaten.
C Ein Hinweis, wie man Mutterboden vor der Verseuchung bewahren kann.
D und E für mich das Tröstlichste, denn Nostradamus sagt hier, dass man durchaus die Chance hat, durch Wissen um das, was zu tun ist, auch wirklich zu überleben!

Nostradamus für das Jahr 2013/Zeile 3

A *Wo der Urin sich ausbreitet Eppich.*
B *Soldaten dies bei den kahl geschlagenen Flächen dröhnend unverzüglich halten.*
C *Hundert kaufen das Neuland des Zaren.*
D *Waffen keine Hoffnung im Bürgerkrieg.*
E *An der Landenge man zuvor Kaution gegeben hat.*

Kommentar:
A Weitere Symptome, diesmal die Zusammensetzung des Urins, der das Wachstum einer bestimmten Pflanze fördert, oder eine Pflanze, die eingesetzt werden soll.
B Beschreibung des Waffeneinsatzes.
C Hinweis, dass es zur Landnahme im Osten kommen wird.
D Hinweis auf einen Bürgerkrieg.
E Offenbar kann durch Lösegeld der Angriff auf bestimmte Orte dieser Welt verhindert werden.

Nostradamus für das Jahr 2013/Zeile 4

A *Nicht weit die Gans.*
B *Kein Gesetz ist gleichgültig vom Thema.*
C *Probiert es.*
D *Im Dezember 10 beschließt die Stadt die Idee.*
E *Im Jahr zuvor der Tag des Drehpunkts der gegenpoligen Liga.*

Kommentar:
A Mit der Gans dürfte Russland bzw. die GUS gemeint sein.
B und C Nostradamus sagt, dass die Menschen versuchen sollen, ungewöhnliche Verträge anzubieten, um aus dem Desaster noch herauszukommen.
D Eine große Stadt, vielleicht New York?, tut dies mit Erfolg.
E Ein Problem mit der UNO.

Das Jahr 2014

A *Urne des Kalbes – wenn die Jahre der Ratschläge da sind für die, die sich selbst aufgeben.*
B *Spricht die Herde schüchtern – aus Furcht vor dem siegreichen Prinz.*
C *Begleitet werden die meisten von Schwestern erbleichter Eiterpusteln.*
D *Zum Teil man sie nicht zu Einsiedlerinnen gemacht hat.*

Kommentar:
A Nostradamus beschreibt, dass es kein Fleisch gibt. Man bemüht sich, mit guten Ratschlägen den Betroffenen beizustehen.

B Beschreibung der totalen Niedergeschlagenheit der Überlebenden des Krieges, möglicherweise eine Folge des seelischen Schocks.
C Hautausschläge sind das Problem der Überlebenden.
D Es erwachsen Probleme für die noch Gesunden, weil man Betroffene nicht isoliert hat.

Nostradamus für das Jahr 2014/Zeile 1

A Die Urne nicht erwählt ist für diejenigen auf der Insel der Ratlosigkeit.
B Der Ausgang des Getreidebrand ist bei 2015.
C Die elf Jahre des Jahrhunderts verzehren sich selbst im Durst.

Kommentar:
A Für die Bewohner der Britischen Inseln kommt es nicht zu einem sofortigen Tod durch den Einsatz der Chemiewaffe. Ihnen steht eine Zeit der Ratlosigkeit bevor.
B Vermutlich bezieht sich dies auf ein Problem des Getreides und ist ein Hinweis darauf, dass man in den Jahren bis 2015 Getreide nicht essen darf. In der Umkehrung ist es jedoch ein wertvoller Hinweis, dass möglicherweise ab 2016 Getreide wieder geerntet und verzehrt werden könnte.
C Im Stil des Nostradamus bedeutet dies, dass bis zum Jahr 2025 Mangel an trinkbarem Wasser die Überlebenden plagen wird.

Nostradamus für das Jahr 2014/Zeile 2

A Hetzjagd auf die Schüchternen.
B 8 Künste des Brennens sprechen zu Mittag.
C Sie nachahmen die Detonationen.
D Kein Hindernis für die Schiffe mit dem gebogenen Teil.
E Hundert Geheime aus Indien nehmen den Sieg.

Kommentar:

A Wir stehen kurz vor einer Periode, wo die Überlebenden beginnen, nach Schuldigen zu suchen und offensichtlich an Unschuldigen Lynchjustiz üben werden.

B Ein Hinweis, dass es zu einem Nachgefecht mit Atomwaffen kommt.

C Die Atomexplosionen scheinen nur simuliert zu sein, um Furcht einzuflößen.

D Offensichtlich die Beschreibung der angreifenden Schiffe.

E Indien ist, wie wir wissen, für Nostradamus Amerika. Vermutlich kommen Menschen, die im geheimen Untergrund kämpfen, zum Einsatz. Sie lösen das Problem.

Nostradamus für das Jahr 2014/Zeile 3

A Das Alte wird zum Begleiter des Endes der Menschen.
B Reinheit im Alter strahlend angepriesen wird.
C Man dieser Sitte auf die Stunde folgen wird.
D Stinkender Schlamm färbt die Erstgeborenen.
E Erblassen die mit der inneren Unruhe.

Kommentar:

A Mit dem Alten meint Nostradamus die Überlieferungen in der Heiligen Schrift. Das Alte, die Verheißung usf. bezieht er eher auf die jüdische Glaubensansicht.

B Reinheit heißt, gebüßt zu haben oder Buße zu tun. Offenbar wird es besonders populär, auch öffentlich Buße zu tun.

C Ein Problem, das die ersten Neugeborenen haben werden.

D Die Menschen mit dem Symptom der inneren Unruhe scheinen auch zum Tode verurteilt.

Nostradamus für das Jahr 2014/Zeile 4

A Durch zwei gebogene Teile eine andere Sache unweit des Endes sichtbar wird.

B Sehr verbrannt wird der König sein.
C Hilferufe aus den Wagen.
D Zehntausende können beide Hände nicht gebrauchen.

Kommentar:
A Hier nochmals ein Hinweis auf eine Waffe, deren Merkmal ein gebogener Teil ist.
B Hinweis auf einen Regierenden, der in diesem Konflikt umkommt.
C und D Möglicherweise die Beschreibung der Situation derjenigen, die in Autos von den Atomangriffen überrascht wurden.

Das Jahr 2015

A Zwei Kriege werden vom alten Führer in vier Jahren geführt und vom Durst beladen.
B Am außerordentlichen Tag – der Sohn verleugnet die Sucher. Inmitten der Macht des Lebens – der Tod wird kommen – rau und lang bei der Elf (2011).
C Der Senat auf der Insel stirbt – lange und leicht.

Kommentar:
A Weitere Details aus dem Kriegsverlauf, der sich in zwei Stufen auswirken wird.
B Nach Nostradamus für die breite Mehrheit der Weltbevölkerung völlig unerwartet.

Nostradamus für das Jahr 2015/Zeile 1

A Der Baron und der alte Führer leben.
B Haben bei der Zehn getanzt.
C Der Baron schickt den Herzog welcher die Zehn hat.

D Der Baron tötet 100 von Alten bei der 10 in vier Jahren.
E Vier Jahre sind vom Durst beladen.

Kommentar:
A Nostradamus beschreibt hier die zwei Drahtzieher des Desasters.
B Wie sie sich im Jahre 2010 über die Entwicklung gefreut haben.
C Hier eine dunkle Andeutung über einen strategischen Vorgang.
D Säuberungswelle im kriegsverursachenden Land.
E Hinweis auf die Wasserverseuchung während des Krieges.

Nostradamus für das Jahr 2015/Zeile 2

A 2015 zur 1. oder 6. Stunde wo das Verbleiben aufgelöst wurde.
B Werden die Söhne des Nichtweins abgeholt werden.
C Am außergewöhnlichen Tag sind es zehn Trennpunkte.

Kommentar:
A und B Eine Verhaftungswelle unter den Muslimen.
C Vermutlich handelt es sich hier um Gefangenenlager oder Sammelstellen für verseuchte Opfer des Krieges.

Nostradamus für das Jahr 2015/Zeile 3

A Von drei Herren die Macht lebt.
B Tote werden kommen.
C Zwei an der Leine.
D In drei Jahren das Stinkende folgt.
E 1000 Verdienste denjenigen die durch das der Leine folgen.

Kommentar:
A Entweder auf drei Staaten oder innerhalb des Staates bei drei Männern befindet sich nach dem Krieg die Macht der Welt.

B Weitere Tote werden angekündigt.
C Handelt es sich hier um einen »heißen Draht« zwischen zwei Staaten?
D Eine politische Fehlentscheidung.
E Offenbar werden über diesen Draht Vereinbarungen getroffen, die für die Überlebenden wichtig sind.

Nostradamus für das Jahr 2015/Zeile 4

A Diese Geborenen am Faden des Todes lange und leicht hängen.
B Der Senat auf der Insel zum Tode verurteilt ist.
C Sich guten Sinnes auf der Insel zum langsamen Tod im gesetzlichen Krieg bekennen.

Kommentar:
A Ein Hinweis, dass in dieser Zeit durch die Belastungen das Leben kürzer geworden ist.
B Vermutlich wird hier England beschrieben.
C Hinweis, dass man im Parlament der Meinung ist, einen gerechten Krieg zu führen oder geführt zu haben.

4 Der Dritte Weltkrieg und Praxistipps zum Überleben

Vor jeder großen Änderung der Lebensverhältnisse auf diesem Planeten wurde rechtzeitig das gesamte Wissen unserer »Erzahnen« neu in das Gedächtnis der Lebenden gerufen, damit der neue Anfang einen Sinn macht. Wieder ist es so weit – wir haben aber jetzt, im Jahre 1994, noch 20 Jahre Zeit, uns darauf vorzubereiten.

Es besteht kein Grund zur Panik

Nach Nostradamus werden wir alle rechtzeitig erkennen, dass in den Jahren 2006 bis 2010 die politische Weltlage auf einen großen Krieg hinausläuft.

Gegner werden die USA und England auf der einen Seite und der neue Machtblock in der ehemaligen UdSSR sowie der islamischen Welt auf der anderen Seite sein. So weit eine Zusammenfassung des von vielen Visionären vorhergesagten Ereignisses. Bei Nostradamus, als Besonderheit, mit genauer Zeitangabe. Daher sind wir in der Lage zu reagieren, aber wir müssen es mit Verstand tun und dürfen uns nicht darin verirren, dass wir nur versuchen, diese »Gefahr für das ganze menschliche Geschlecht« zu verhindern.

Für aktive Maßnahmen von Privatleuten ist es noch zu früh. Es ist im Jahre 1994 wenig sinnvoll, sich konkret auf die Auswirkung von Waffensystemen vorzubereiten, die noch nicht einmal erfunden und erst recht nicht gebaut worden sind. Laut Nostradamus werden diese Waffen 2006 auf dem Meeresgrund installiert. Der amerikanische Präsident Clinton hat im Frühjahr 1994 endgültig die Beendigung des SDI-Projekts bekannt gegeben, das von Gegnern als der »Krieg der Sterne« bezeichnet wurde. Damit vollendet sich bereits ein Teil der Ursachen, warum die Menschen auf der nördlichen Halbkugel so schlimm getroffen werden. Nostradamus hat dies in seinen Prophezeiungen für die 80er-Jahre schon vorhergesagt. »Friede vortäuscht Kosten«, formulierte er.

Im Zusammenhang mit dem Dritten Weltkrieg schreibt er u. a.:

»Weil man nicht fünf Stützpunkte außerhalb gestellt hat, kommt es fast zur Zerstörung des menschlichen Geschlechts.« Japan wird es in letzter Minute noch schaffen, einen begrenzt wirksamen Abwehrschirm gegen anfliegende Raketen im Erdorbit zu stationieren und damit das Inselreich einigermaßen zu schützen.

So gesehen kann man nur empfehlen, die japanische Staatsbürgerschaft anzunehmen und nach Japan auszuwandern, weil dort auch die Infrastruktur für das Leben nach dem Schlag gegen die Menschheit in Takt bleiben wird.

Mit Nostradamus-Visionen kann man Politik machen

Über Maßnahmen zu schreiben, wie man sich vor einem Dritten Weltkrieg schützen kann, ist sehr heikel. Alles was an Überlegungen möglich ist, kann die eine oder andere politische Partei oder Umweltbewegung für sich ummünzen. Das liegt mir fern.

Zu allen Zeiten hat man versucht, Nostradamus-Prophezeiungen in Krisenzeiten vor den jeweiligen politischen Karren des Machthabers zu spannen. Ich möchte hier an dieser Stelle vereinbaren, dass wir, Sie als Leser dieses Buchs und ich als Verfasser, die hier niedergelegten Erkenntnisse nicht politisch ausschlachten werden. Danke.

Jeder muss sich Klarheit verschaffen

In der heutigen Zeit gehört es sogar zu den Wahlprogrammen politischer Parteien, Sicherheit für Leib und Leben zu versprechen. Der Schwerpunkt liegt heute auch jedoch immer noch auf Umweltschutz. Zivilschutz ist, von der Schweiz abgesehen, »mega-out«, wie man heute sagt. Hier muss ein Gegengewicht geschaffen werden. Aber nur so, dass jeder für sich das tut, was er nach dem Studium der Vorhersagen glaubt, tun zu müssen. Er hat die Möglichkeit, alles als Unfug zu verwerfen. Das ist von den Mitmenschen zu akzeptieren. Er hat die Möglichkeit, einige Vorsichtsmaßnahmen zu ergreifen. Dann soll er das Richtige tun, aber die anderen Mitmenschen in Ruhe lassen. Finger weg von Missionsgedanken. Kein Mitmensch darf, aus welchen Gründen auch immer, in seinen Entscheidungen bevormundet werden.

Noch einmal kurz die vorhergesagten Ereignisse: Nach einem über vier Jahre eskalierenden Krieg, nach Nostradamus sind es genau genommen zwei Kriege, ist die nördliche Halbkugel zu fünfzig Prozent zerstört und/oder für acht bis zehn Jahre unbewohnbar geworden. Es wird Regionen geben, in denen es nur ganz wenige Überlebende gibt. Mitteleuropa gehört dazu. Der bzw. die Kriege werden zuerst konventionell mit Eisen geführt. Ich stelle mir eine Mischung aus Golfkrieg und Serbenkrieg vor. Es ist ein Krieg, der in begrenzten Teilen, zum Beispiel in der heutigen Ukraine, geführt werden könnte. Dann wird der Krieg mit Feuer fortgesetzt, d. h., es kommt zum Einsatz von Atomwaffen und Wasserstoffbomben besonderer Bauart, wie es sie heute noch nicht gibt. Dieser Krieg wird vorwiegend die heutige USA treffen und zu fünfzig Prozent vernichten. Natürlich ist auch der eurasische Kontinent betroffen, aber er ist vorher schon durch die Kämpfe mit konventionellen Waffen stark betroffen. Der letzte Krieg, das Finalszenario, richtet sich gegen Großbritannien. Die Insel ist der Schwerpunkt des Einsatzes von chemischen Waffen, die über den Weg des Regens Menschen töten. Die Wirkung dieser Waffe hängt auch von den meteorologischen Verhältnissen zum Zeitpunkt des Einsatzes ab.

Das alles wird sich nicht am ersten Tag des Krieges abspielen. Die Eskalation erreicht in den Jahren 2014/15 ihren Höhepunkt.

Nicht alle können und wollen Europa verlassen

Es ist klar, dass nicht alle Menschen Europa vor 2011 verlassen werden. Entweder weil sie sich darauf verlassen, dass der Fall »X« nicht eintritt, oder weil sie aus persönlichen Gründen nicht wollen oder nicht können. Nach Nostradamus werden es sehr viele sein. Warum auch nicht. Die Hälfte dieser Menschen wird den Schicksalsschlag für die Menschheit nicht überleben. Sehr viele werden erst nach jahrelangem Siechtum erlöst. Es wird aber auch viele Menschen geben, die das Desaster überstehen. Ein Trost für diejenigen, die heute noch keine Möglichkeit sehen, dem Los auszuweichen, bleibt: Sie können noch nach 2011 handeln bzw. sie können versuchen, sich in den nächsten achtzehn Jahren Handlungsmöglichkeiten zu schaffen.

Vorschläge

Seien Sie flexibel und bleiben Sie in der Umgebung, in der Sie Arbeit haben. Die Schöpfung hat für »Aussteiger« nur ganz wenige Plätze reserviert, und die sind meist schon besetzt. Der Zweitwohnsitz auf der Südhalbkugel ist das Geheimnis. Solange (bis 2010) es möglich ist, sollten Sie Ihr Geld auf der Nordhalbkugel verdienen und es auf der Südhalbkugel anlegen. Mit der puren Flucht dorthin im Jahre 2011 ist es nicht getan. Früher auszuwandern ist sinnlos, weil Sie sich ohne zwingenden Grund aus einem gut funktionierenden Sozialsystem entfernen und sich in eine Ungewissheit begeben. Ganz anders wird es um

2011 sein. In den Entwicklungsländern werden sich sehr viele berufliche Talente von der Nordhalbkugel angesiedelt haben, die dann automatisch eine Infrastruktur bilden, in die Sie hineinpassen. Nostradamus prophezeit, dass die heutigen Entwicklungsländer durch den Zuzug aus dem Norden zu Industrienationen aufsteigen werden.

Sie müssen Ihre Zukunft nach 2015 ohne finanzielle Rückversicherung wie Altersrente oder Wertpapierrenditen planen. Niemand denkt heute daran, dass unser heutiges dichtes Sozialnetz nicht funktionieren kann, wenn es kaum Menschen gibt, die das soziale Netz mittragen. Die Menschen sind einfach nicht mehr da. Für die Zeit danach entscheidet nicht ein Bankkonto mit Geld, das niemand haben will. Auch Gold oder Schmuck wird keine Vorteile bringen, weil niemand seine reinen, nicht verseuchten Lebensmittel gegen solche Dinge tauschen wird. Alle Zivilschutzmaßnahmen gehen von einer notwendigen Selbstversorgungsperiode von sechs bis acht Wochen aus. In Wirklichkeit wird diese Periode aber leider fünfhundert Wochen dauern!

Was ist zu tun – was ist richtig, was könnte falsch sein?

Sie müssen sich meteorologische Kenntnisse aneignen: In welchen Monaten herrschen welche Hoch- und Tiefausläuferströmungen westlich und östlich Ihres Wohnorts, und über welche Landgebiete werden die Luftmassen geschleust, die schließlich Ihr Wohngebiet erreichen. Tschernobyl war Warnung und Lehrstück zugleich.

Der Hintergrund: Vom Westen herkommend (Mittelpunkt des Kampfmitteleinsatzes wird Großbritannien sein) droht zwischen 2013 und 2014 ein chemischer Niederschlag. Vom Osten (aus dem Bereich des ehemaligen östlichen Lagers) droht ein atomarer Niederschlag zwischen Ende 2011/2012.

Ich empfehle Ihnen: Schneiden Sie sich die täglichen Wetterkarten Dezember bis März aus Ihrer Tageszeitung aus und archivieren Sie diese Dokumente. Tun Sie das bitte über mehrere Jahre, damit Sie einen Blick für sich wiederholende Wettersituationen bekommen. Beobachten Sie aufmerksam die Interpretation der für Deutschland bestimmten Wetterkarten im Fernsehen. Hierbei achten Sie weniger auf die Wettervorhersage für Deutschland, vielmehr sollten Sie versuchen, einen Blick für regelmäßig sich wiederholende Wettersituationen über Irland und den Britischen Inseln zu bekommen. Wer englische Fernsehsender empfangen kann, sollte sich die dort dargestellten Wetterkarten und ein bis drei Tage später die Wettersituation in der Umgebung seines Wohnsitzes merken und versuchen, daraus für sich gültige Schlussfolgerungen abzuleiten. Sie sollten Antworten auf die Fragen wissen:

- Was bedeutet ein Tief über England?
- Was bedeutet ein Hoch über den Britischen Inseln?
- Wie weit reichen die Ausläufer der Hoch- und Tiefdruckgebiete? Welche Landstriche werden von den jeweiligen Luftmassen gestreift?
- Welche Luftmassen kommen auf dem kürzesten Weg von England nach Mitteleuropa?

Denken Sie bitte auch daran, dass nach Eintritt des Desasters Ihnen der Fernseher als Informationsquelle nicht zur Verfügung stehen wird. Literaturtipp: Bücher, in denen Wetter- und Windsituationen für Segler und Yachten besprochen werden.

Was ist falsch?

Heute schon in Mitteleuropa alles aufzugeben und an einen aus heutiger Sicht angeblich sicheren Ort ziehen, wäre falsch. Sie schränken sich viel zu früh ohne zwingenden Grund finanziell ein, denn da, wo Sie im Augenblick wohnen und arbeiten, haben Sie vermutlich das Bestmögliche für sich erreicht. Sie legen sich heute schon fest, ohne genügend Informationen zu besitzen. Die Ausweichzonen auf unserer Erdkugel sind heutzutage noch nicht hoch zivilisiert, jedoch meist politisch unruhig und für wohlhabende Europäer unsicher.

Was ist richtig? Bis zum Jahre 2006 sollten Sie sehr aufmerksam die politische Entwicklung rund um den Globus verfolgen. Es werden sich bis dahin immer deutlicher die Gründe für eine Auseinandersetzung abzeichnen, und man wird eine bestimmte Waffe ächten! Diese noch unbekannte Waffe, über die alle Welt dann sprechen wird, kommt zum Einsatz. Sobald dieses vermutlich chemische Waffensystem bekannt wird, ist jede Information wichtig, die über die Wirkungsweise dieser Waffe, über die akute Auswirkung auf Mensch, Tier und Pflanze und über die Nachwirkungen auf Mensch, Tier und Pflanze Auskunft gibt.

Was könnte ganz falsch sein?

Überhaupt nichts zu tun.

Mein Ratschlag ist: Gewöhnen Sie sich langsam an den Gedanken einer großen Veränderung. Überlegen Sie bitte:

1. Wie alt sind Sie im Jahre 2011 zum Beginn der Gefährdung?
2. Wie alt sind Sie im Jahre 2025 zum Ende der Gefährdung?

Wer 2011 älter als 50 Jahre ist, sollte sich allenfalls südlich der Linie Avignon-Bordeaux, etwa ab 2006, einen Zweitwohnsitz suchen. Die gesundheitliche Gefährdung ist zwar gegeben, wird sich aber in Grenzen halten, weil man etwas dagegen tun kann und die Gegenmaßnahmen ein Weiterleben für 20-25 Jahre möglich machen. Wer 2011 jünger als 40 Jahre ist, sollte ab Herbst 2010 auf die südliche Halbkugel in einen Staat der Dritten Welt gehen, der dann attraktiv erscheint. Hier wird es zwar erhebliche Probleme mit der Sicherung der Lebensmittel und der Wasserversorgung geben, aber die Gefährdung durch atomaren oder chemischen Niederschlag ist fast null. Bedenken Sie bitte: Der Triumph des Geistes, der sich im dritten Jahrtausend der christlichen Zeitrechnung ausbreiten wird, ist der Lohn für Ihren Überlebenswillen. Ihre Kinder und Kindeskinder werden es Ihnen danken und Sie deshalb verehren.

Warum Wasser aus Tiefenbrunnen?

Ob nun durch einen atomaren Ausfall oder eine perfide Waffe, die auf chemischem Wege einen ähnlichen Effekt hat: Bedenken Sie bitte, dass dieser Niederschlag, der Mensch, Tier und Pflanze verseuchen wird, durch Regen auf den Boden gelangt. Wasser sickert durch das Erdreich. Die Filterfunktion des Erdreichs wird laut Nostradamus nicht ausreichen, um das Wasser bereits auf den ersten Metern zu reinigen.

Die meisten Opfer unter Mensch und Tier wird es geben, weil sie Wasser aus flach liegenden Quellen trinken müssen oder getrunken haben. Ein Wasservorrat mag nützlich sein, aber niemand kann für 500 Wochen Wasservorräte anlegen. Ein Tiefbrunnen, und damit meine ich eine Tiefe von 1000, 1500 und mehr Metern, hat den Vorteil, dass das Wasser durch einen unendlich langen Prozess filtriert wurde. Dieser Filtrierprozess dauert sehr lange, haben mir Fachleute versichert. Dies bedeutet, dass sehr viel Zeit vergeht.

Vorteil 1: Das vorhandene Wasser in z. B. 1500 Meter Tiefe kann nicht innerhalb weniger Stunden oder Tage verseucht werden.

Vorteil 2: Auf dem Weg in die Tiefe wird das verseuchte Wasser gereinigt. Diese Filterfunktion des Erdreichs ist es, die Nostradamus unserer Zeit und denjenigen empfiehlt, die davon betroffen sein werden. Einerseits für die Wasserversorgung, andererseits für den Schutz während der ersten Tage und schließlich noch für die Bereitstellung von unverseuchtem Humus für die Fruchtgewinnung.

5 Was haben Sie zu tun?

Überlegen Sie, ob in unmittelbarer Nähe Ihrer Wohnung ein Tiefbrunnen vorhanden ist. Sie können sich im Ernstfall nicht auf die öffentliche Wasserversorgung verlassen.

Wählen Sie einen Wohnsitz in der Nähe eines Tiefbrunnens, auch wenn er zurzeit noch für die Öffentlichkeit gesperrt ist. Haben Sie die technischen Möglichkeiten, sich privat einen behördlich genehmigten Brunnen dieser Art bauen zu lassen? (Sehr unwahrscheinlich und teuer.)

Falls Sie sich einen Zweitwohnsitz nach 2006 in den Bergen zulegen, ziehen Sie in die Nähe einer Bergquelle, eines Bergbrunnens oder eines bekannten Tiefbrunnens.

Falls Sie nach Südeuropa ziehen, sollte die Wasserversorgung für Sie das entscheidende Kriterium sein. Die spanische Seite der Pyrenäen ja, die französische Seite nur bedingt ja. Einsame Inseln fallen aus, weil Trinkwasser meist mit Schiffen herangefahren werden muss. Mallorca angeblich 50 000 Tonnen täglich.

Südlich des Äquators zu ziehen. Ein Aufwand, den nur wenige werden betreiben können.

Auf einem Schiff mit eigener Wasseraufbereitungsanlage, möglichst weit weg vom Wettergeschehen Mitteleuropas, »überstehen«.

Vergessen Sie nie, es sind elf Jahre, die laut Nostradamus mit Durst beladen sind.

6 Zusammenfassung der wichtigen Textpassagen

[in eckigen Klammern ein Kurzhinweis von mir]

Thema: Hunger

Das Jahr 2007
Das Ausgemergelte spricht zu allen – ich bin die Suppenspeise.
Elf Zeiten halten nicht Mahlzeiten.
[Hinweis auf die Hungersnot. Elf Zeiten = elf Jahre!]

2007/Zeile 2
Die Auszehrung spricht zu Allen.
Ich unterwerfe euch, dass ihr Suppe und Mehlkasten vergesst.
Jesus! Vergesst den Backtrog.
[Hier beschreibt Nostradamus den Hunger.]

Jahr 2009/Zeile 1
Wenn nach den 11 Stunden – 5003 Tage die Schafe nicht wiederkäuen.
[Der Niederschlag hält elf Stunden an – die Folgen elf Jahre keine Viehzucht mehr möglich, weil die Weiden verseucht sind.]

Jahr 2009/Zeile 2
Niederträchtig Denkende künftig Hunger haben werden.
[Es trifft alle, auch die, die den Krieg ausgelöst haben.]

Jahr 2011/Zeile 1
Das Jahr des Krieges sie haben werden und nicht die Weisheit.
Küche, Kost und Fleisch droht Gefahr schrittweise.
[Die Folgen für die Bevölkerung sind Hunger.]

Das Jahr 2013
Unter den Niederen – Not der wiederkäuenden Tiere.
[Kriegsfolgen – Tiere auf der Weide sind betroffen.]

Thema: Durst

Das Jahr 2009/Zeile 3
Ende des Trinkens.
[Der Durst prägt die nächsten Jahre.]

Das Jahr 2015
Zwei Kriege werden vom alten Führer in vier Jahren geführt und vom Durst beladen.
[Hier wird nochmals der Verantwortliche für das Desaster beschrieben: Ein Mann im hohen Alter.]

Thema: Heilmittel

Das Jahr 2008/Zeile 3
Durch Taubnesseln nicht in der Klemme. Verstreut öfters wie üblich.
[Nostradamus gibt Hinweise auf Pflanzen, die man einnehmen, einreiben oder anwenden soll. Hier wird die Taubnessel namentlich genannt. Wir haben noch genügend Zeit zu entdecken, warum gerade die Wirkstoffe oder gerade ein Wirkstoff der Taubnessel helfen soll.]

Jahr 2009/Zeile 1
Tröpfelt Lindenblüten, Feigen, Misteln, Efeu und Resi (?). Nicht schleudern.
[Nostradamus gibt die Anweisung, Tropfen aus bestimmten Kräutern herzustellen und einzunehmen. Offenbar darf der

Extrakt nicht durch Schleudern hergestellt werden. Es ist noch unbekannt, was Nostradamus mit »Resi« meint.]

Thema: Was kann man laut Nostradamus tun?

Jahr 2009/Zeile 1
Von 100 unlogischen Tafeln man geprägt ist.
[Nostradamus sagt, dass viele Betroffene nach falschen Regeln handeln werden.]

Jahr 2009/Zeile 4
Mit Sand bedeckt eure Laufgräben – Himmel-Kreuz-verflucht.
[Immer wieder finden wir bei Nostradamus Hinweise auf Filter, hier z. B. aus Sand.]

Jahr 2011/Zeile 3
Die 1000 Fluten des spiralförmigen Schlimmsten. An den Bergen der Pyrenäen vorüberzieht das Ende. Die innere Unruhe nicht von den spiralförmigen Untiefen kommt.
[Beschreibung der Wirbel, wie wir sie auf Wetterkarten sehen. Beschreibung, ab wo die Verseuchung ein Ende hat. Ein Hinweis darauf, dass die innere Unruhe nicht von der Verseuchung stammt.]

Jahr 2012/Zeile 2
Unter Erbarmen wo der Fehler ist innere Unruhe und plötzliche Hemmung der Drüsen der Mitte.
[Symptome sind innere Unruhe und vermutlich Zerstörung der Nieren. Für Nostradamus ist eine Niere, die Urin produziert, eine Niere! Zwei italienische Forscher versuchen ein Gegenmittel zu entwickeln, was gelingt, denn die Nieren funktionieren wieder.]

Jahr 2013/Zeile 2
Faule 100 haben Finger und Zehen im Bauch. Hindernisse pflügen sie. Wissende Rettung, Wetterschutz, Überdach, steuern die öligen Ärzte. Durch Pflügen haben sie zehn geführt zum Sieg beim Bauch.
[Symptome der Verseuchung. Offenbar Magenkrämpfe, vielleicht auch Muskelkrämpfe, die hier beschrieben werden. Ein Hinweis, wie man Mutterboden vor der Verseuchung bewahren kann. Für mich das Tröstlichste, denn Nostradamus sagt hier, dass man durchaus die Chance hat, durch Wissen um das, was zu tun ist, auch wirklich zu überleben!]

Teil IV
Wichtige Einzelthemen

1 Eine Papstchronik und die Vereinigung der Religionen

Einige Vorbemerkungen

Nostradamus war in den Augen seiner Mitbürger in Salon en Provence streng katholisch. Gleichzeitig pflegte er aber bestimmte jüdische Traditionen. Würde ich nicht Schritt für Schritt in seine Welt eindringen können, müsste ich an dieser Stelle ratlos die Frage stellen, ob er ein Heuchler war. Dieser Abschnitt wird, so denke ich, recht augenfällig dokumentieren, warum wir heute eine Reihe von Menschen – ich denke besonders an Papst Leo X. – unter dem Eindruck des durch Nostradamus gewonnenen Wissens rehabilitieren müssen. Nostradamus selbst muss zwar nicht rehabilitiert werden, aber seine Haltung ist doch erklärungsbedürftig:

Er verwendet jüdische Gepflogenheiten in seiner Schrift, er schreibt seine Prophezeiungen in eine Buchrolle, in 400 x 360 Buchstaben. Auf der anderen Seite ist er ein praktizierender Katholik, der von den protestantischen Ideen des Dr. Martin Luther nichts wissen will. Er kauft sich ein Grab im Kloster der Barmherzigen Brüder und gibt alle Rituale und Seelenmessen für die Zeit nach seinem Tode in Auftrag und bezahlt, wie damals üblich, im Voraus.

Nostradamus war kein Heuchler, das passte nicht zu einem Mann, dessen umfassendes Wissen über die Menschheit – woher sie kommt, wohin sie gehen wird – Bestandteil seines Lebens geworden sein muss. Er galt indes als Zyniker mit scharfer Zunge. Verständlich, wenn er von den Dingen wusste, die wir heute nachlesen können. Da musste man verzweifelt reagieren, wenn man sich seine einfältige Umgebung ansah. Aus seiner Sicht konnte er sowohl jüdische Glaubensprinzipien als auch christliche Riten praktizieren, denn er wusste, dass sich etwa 700 Jahre später die Christen, unter dem Eindruck der neuen Erkenntnisse von der Herkunft aller Menschen, mit dem Glauben der Juden vereinigen würden.

Und Papst Leo X. (1513–1521) tat nichts Verwerfliches, als er Ablassbriefe verkaufen ließ, denn die Sünden, die die Menschen zu seiner Zeit glaubten begangen zu haben, waren ihnen von seinen Beauftragten eingeredet worden. Es waren keine Sünden im Sinne des »großen Schicksals«, jener großen Aufgabe, welche die Menschen auf dieser Erde haben. Martin Luther wird eines Tages wegen seines Verhaltens eine Maulschelle bekommen, und ihm wird die Ausrede nichts nützen: »Das habe ich nicht gewusst.« Mit dem Erlös finanzierte Leo X. den Petersdom. Er sah ihn wohl als Gerichtshof für das »Jüngste Gericht« an. Schauen Sie sich bitte die Anlage an. Der Vorplatz als Warteplatz für die 144 000 Auserwählten am so genannten »Jüngsten Tag«, um ihre Auffahrt in den Himmel zu bekommen oder, wissenschaftlicher ausgedrückt, um auf ihren Weltraumstart zu warten. Jedenfalls kannte Leo X. das Geheimnis der Verheißung.

Können wir bei Nostradamus mit einer Chronik der Päpste rechnen? Ich meine ja. Erst Ende der 80er-Jahre kristallisierte sich heraus, dass er gleichzeitig mit den Prophezeiungen eine Art Papstchronik verfasst und veröffentlicht hat.

Der Verdacht liegt nahe, dass ein Zusammenhang zu den Weissagungen eines Mönchs namens Malachias besteht, dem Losungssprüche für die Stuhlinhaber bis zum Ende dieses Jahrtausend zugeschrieben werden. Die Sprüche des Malachias tauchten erstmals um 1580 auf, also 14 Jahre nach dem Tod von Nostradamus. Denkbar, dass es für einen Unbekannten genug Gründe gab, im Klartext etwas über die Päpste zu veröffentlichen, was man ansonsten nur bei Nostradamus im verdunkelten Text nachlesen kann.

Lassen Sie uns einen Blick auf die Päpste werfen, soweit sie in den Texten bisher zu identifizieren waren.

Die Papstchronik im Text des Nostradamus

Leo XI.	1605:	Kommt ohne Gesetz die Politik zu befreien
Paul V.	1605–1621:	Seine Dickmilch betet nicht
Gregor XV.	1621–1623:	Erwählt der Neue – unter den Nackten große Unruhe
Urban VIII.	1623–1644:	Der große keltische Prälat den König anzweifelt
Innocenz X.	1644–1655:	Der Lenker sehr elegant regiert
Alexander III.	1655–1667:	Auserwählter Führer, Schwarzes Meer und die Stadt der Lehre der Irrtümer
Clemens IX.	1667–1669:	Regieren durch einen Jesus – nicht lange dann stirbt das Schöne
Clemens X.	1670–1676:	Verärgertes Rom -Verführtes Fürstenreich
Innocenz XI.	1676–1689:	Zwei Lichter können nicht den Tyrannen stürzen
Alexander VIII.	1689–1691:	Denjenigen den man einbindet in die Klause
Innocenz XII:	1691–1700:	Wenn er zur Größe geboren wird er wird nicht regieren können Ein Sohn der Gier
Clemens XI.	1700–1721:	Text fehlt bei Nostradamus
Innocenz XIII.	1721–1724:	Das Thema wird der Tod sein – ihm und seiner Anhänger Partei
Benedikt XIII.	1724-1730:	Großes vom Lothringer durch den Herzog der Brücke
Clemens XII.	1730–1740:	Auf dem Berg des Königs wird einer geboren nach langer Erwartung

Benedikt XIV.	1740–1758:	Für die nachfolgenden Päpste kein Text bei Nostradamus
Clemens XIII.	1758-1769:	kein Text
Clemens XIV.	1769–1774:	kein Text
Pius VI.	1775–1799:	kein Text
Pius VII.	1799–1823:	Großer Glaube durch das Spiel des Lebens verloren geht
Leo XII:	1823–1829:	Der Leutnant betritt unter Ausschluss der Öffentlichkeit
Pius VIII.	1829–1830:	Bei den vier Säulen man heiligt seine Umdrehung
Gregor XVI.	1831–1846:	In Venedig wird verloren sein Ruhm
Pius IX.	1846–1878:	Der Druck im Tempel zu Ostern ausblutet
Leo XIII.	1878–1903:	Der Häresie er öffnet das Tor

Centurie IX, Vers 3 für 1903
Ein Wohlgeruch wird geboren bei der Zwei.

Joseph Sarto wird zum Papst gewählt und nimmt den Namen Pius X. an. Er wird später heilig gesprochen.

Centurie IX, Vers 14 für 1914
Bei der sieben farbloser Rauch.

Für alle Zweifler, dass diese von mir entdeckte Besonderheit in den Nostradamus-Prophezeiungen zufällig sei: Giacomo de la Chiesa wurde am 3. 9. 1914, also am 3. »septembre« (»sept« in Französisch = sieben) 1914 zum Papst gewählt, und diese Wahl wurde traditionsgemäß mit einem weißen Rauch angezeigt. Gleichzeitig ist es die Beurteilung seinen Pontifikats: farblos.

Centurie IX, Vers 22 für 1922
Weißes und goldene Lüge.

Am 6. 2. 1922 wird Achille Rati als Pius XI. zum Papst gewählt. In seine Amtszeit fallen die Konkordate mit Mussolini und Hitler. Hitler hielt sich nicht an die Verträge, so dass Pius XI. 34 Protestschreiben (wegen der »Lüge«) nach Berlin schickte.

Centurie IX, Vers 39 für 1939
Das Gesicht ist hart und verdrossen und müde vom Kriegerischen.

Nach dem Tode Pius' XI. wird sein Unterhändler für die Konkordate mit Bayern 1924 und Preußen 1929, Eugenio Pacelli, am 2. 3. 1939 zum Papst gewählt. Nostradamus kennzeichnet diesen Papst, der bis Oktober 1958 regiert, als den Papst der Kriege, denn in seine Amtszeit fallen sowohl der Zweite Weltkrieg als auch der Koreakrieg und der Vietnamkrieg der Franzosen. Pius XII. regierte hart, seit 1944 bis zu seinem Tode übrigens ohne Staatssekretär.

Centurie IX, Vers 59 für 1959
Um sich festzulegen man wird nehmen den stellvertretenden Bischof.

Verblüffend, wie Nostradamus die Wahl dieses Papstes, der als Angelo Giuseppe Roncalli geboren wurde und als Johannes XXIII. in die Papstgeschichte einging, charakterisierte. Der Satz im Vers 59 ist so eindeutig, dass man sich fragen muss, warum Nostradamus seine Prophezeiung eines neuen Papstes, der schon im Oktober 1958 gewählt wurde (!), im Jahresvers für 1959 niedergeschrieben hat. Dies ist nicht der erste Vers, in dem eine solche Zeitverschiebung auffällt. Eine Erklärung wäre: Nostradamus rechnete das Jahr nach jüdischem Ritus, das heißt, er ließ es jeweils am jüdischen Neujahrstag, dem 21. September, beginnen. Der Oktober läge dann bereits im Vers für 1959. Aber das ist nicht die eigentliche Feinheit. Was bei einer Papstwahl in der inneren Abgeschiedenheit der Beratungen vor sich geht, welche Interessen sich durchsetzen, dringt nicht an die Öffentlichkeit. Bei der Wahl Johannes' XXIII. könnte es aber so gewesen sein, dass man sich auf den späteren Paul VI. (noch) nicht einigen konnte und daher den schon recht alten Patriarchen von Venedig, eben Roncalli, wählte. Interessanterweise erwähnt Nostradamus die Wahl von Paul VI. im Jahre 1963 nicht. In einer Art Regierungserklärung vor seiner Krönung bestätigte dieser die Fortführung des II. Vatikanischen Konzils. Er setzte somit die Arbeit des greisen Johannes XXIII. fort. Dafür hat aber Nostradamus das Konzil im Visier. Er schreibt:

Centurie IX, Vers 67 für 1967
Im Schloss wo neuer lateinischer Peter einen Irrtum begeht –
Sind wahre römische Christen im Glauben versammelt.

Der hier angesprochene neue »Peter«, also Nachfolger Petri auf dem Heiligen Stuhl, ist eindeutig Paul VI. Die Versammlung der wahren römischen Christen ist das Konzil. Was meint Nostradamus mit dem Fehler? Das Konzil löst innerhalb der katholischen Kirche einen tief greifenden Gärungs- und Wandlungsprozess um ihr Selbstverständnis aus. Innerkirchliche Konsequenzen dieser Auseinandersetzungen sind: Schwund der päpstlichen Autorität, zunehmender Zweifel an der Hierarchie und der Gültigkeit kirchlicher Gebote, wie der Streit um die »Enzyklika Humanae vitae« vom 29. Juli 1968! »Empfängnisverhütung oder Hunger in der Welt«, so könnte man die Alternative bezeichnen. Aber das ist nur der eine Aspekt, denn im Vers 70 für 1970 beschäftigt sich Nostradamus erneut mit dem Vatikan.

Centurie IX, Vers 70 für 1970
Über die Bezirke der lateinischen Besitztümer ertönt die Lüge.

Genau in diese Zeit fällt der Finanzskandal, in den der Vatikan verstrickt ist und der bis in die 80er-Jahre zu mysteriösen Todesfällen geführt hatte. (Siehe auch die Bücher von Nino Lo Bello, »Das Reich des Vatikans« und Yallops »Im Namen Gottes« sowie »Strafsache Vatikan – Jesus klagt an« von Dr. Ulli Weyland.) Im Jahre 1978 stirbt Paul VI.

Centurie IX, Vers 78 für 1978
Gefangener Prinz stirbt einen schlechten Tod.

Was ist passiert? Nach dem Tode von Paul VI. wird am 26. 8. 1978 Albino Luciano neuer Papst. Nach nur 33 Tagen Pontifikat stirbt er, für die Öffentlichkeit sehr überraschend. Solche kurzen Amtszeiten gab es nur im »giftigen Mittelalter«. Zieht man den hier von Nostradamus vorgesehenen Spruch heran, dann scheinen alle die Recht zu haben, die keinen natürlichen Tod dieses sympathischen Mannes vermuten, der bei seiner Wahl gesagt haben soll: »Ihr wisst nicht, was ihr mir antut.« Kennt der Vatikan das Geheimnis der Nostradamus-Prophezeiungen? Es ist anzunehmen, und dann wusste auch Johannes Paul I., was ihm bevorstand.

Karol Wojtyla wird am 16. 10. 1978 als Papst Johannes Paul II. gekrönt. Es ist Oktober, somit ist bereits der Jahresvers 79 gültig. Auf den ersten Blick lässt sich aber weder für 1978 noch für 1979 ein Texthinweis finden! Halten Sie bitte inne: Das Jahr 1978 sieht zwei Päpste, untersuchen wir den Vers für 1978 nochmals sehr sorgfältig.

Centurie IX, Vers 78 für 1978
Außerhalb verschoben zum Regieren. Die Ethik. 2 Jahre. Bis gefangener Prinz stirbt einen schlechten Tod.

Fällt Ihnen etwas auf? Der erste Satz kann sich auf den polnischen Kardinal beziehen. Er ist der erste Papst, der seit Jahrhunderten von außerhalb nach Rom kommt, um die katholische Kirche als erster Nichtitaliener zu regieren. Und der letzte Satz in diesem Vers beschreibt Johannes Paul I. Es gibt hierfür eine Erklärung, die aber außer in diesem Vers bisher nicht an anderer Stelle bei anderen Ereignissen nachzuweisen war. Nostradamus gibt einen versteckten Hinweis, wonach man die Verse von unten nach oben zum höchsten Punkt lesen soll. Demnach wäre die vierte Zeile Papstwahl Nr.1/1978 und die erste Zeile Papstwahl Nr.2/1978.

Centurie X, Vers 18 für 2018
Der Sohn der Woge des Blutes wird in Rom erwählt. Und die zwei Großen werden den Missstand herbeigeführt haben.

So viel lässt sich jetzt schon sagen. Im Jahre 2018 wird es durch besondere Umstände eine ungewöhnliche Papstwahl mit ungünstigen Folgen geben. Es könnten Staatsmänner, Kardinäle oder sonstige katholische Würdenträger sein, die Nostradamus als »die zwei Großen« beschreibt, die Einfluss auf die Wahl des neuen Papstes nehmen. Nostradamus beschreibt ihn als blutrünstig. Wir wissen (noch) nicht warum.

Centurie X, Vers 19 für 2019
Der Tag wird durch den König nicht begrüßt werden. Am Tage danach der Gruß wird das Gebet sein. Die Abrechnung macht den Verstand weiß.

Man wird offenbar von der Wahl dieses Mannes zum Papst nicht sehr begeistert sein. Viele werden beten, dass das Absehbare nicht geschehe. Sein Rachefeldzug gegen den Islam wird ihn blind machen.

Die nächste Papstwahl ist im Vers 26 nachzulesen.
Centurie X, Vers 26 für 2026
Der Erfolgreiche wird rachsüchtig sein auf die Haut seines Stiefbruders. Wenn er die Macht besitzt – höchster Grad der Rache.

Dieser neue Papst setzt offenbar die Politik seines Vorgängers fort. Zwölf Jahre später kommt es eindeutig wieder zu einer Papstwahl.

Centurie X, Vers 38 für 2038
Die fröhliche Liebe nicht lange besetzt den Stuhl.

Wir kennen die Art des Nostradamus, mit wenigen Worten einen Papst zu beschreiben. Demnach wird dieser Papst nicht sehr lange regieren.

Vereinigung der Religionen

Es ist wenig sinnvoll, weiter nach Papstwahlen in den Prophezeiungen zu suchen, weil die Gefahr groß ist, dass die eine oder andere diesbezügliche Anmerkung einem lebenden Papst betreffen könnte.

Centurie X, Vers 65 für 2065
O mächtiges Rom – dein Untergang nähert sich dir. Nichts von deinen Mauern, von deinem Blut, von deiner Substanz bleibt. Überdrüssig der Vorbereitung. Verträge. Zeit in der schreck-

liches geschehen wird. Scharfe spitze Eisen der Luft werden gegen alles gerichtet bis nichts mehr da ist.

Im Gegenzug ist der Islam wieder mächtig geworden, er rächt sich für die Verfolgungszeit von 2018 bis 2028. Rom wird dem Erdboden gleichgemacht und für die nächsten fünfhundert Jahre, wie ganz Italien, islamisch.

Centurie X, Vers 86 für 2086
Fünf werden durch die Luft gezogen sein – dort gegen die päpstliche Säule.

Ein mysteriöser Versteil, der sich eindeutig auf das Papsttum bezieht, aber aus heutiger Sicht nicht zu deuten ist.

Centurie X, Vers 91 für 2091
Römischer Klerus, Im Jahr 1000 sechs hundert und neun. Zum Chef der Esel wird er erwählt sein. Aus einem grauen und schwarzen der Gesellschaft hervorgegangen. Welcher elf nicht schlau gemacht hat.

Ein Vers, der nichts mehr mit dem christlichen Papst zu tun hat. Bitte beachten Sie: Ab 2065 wird in Rom nach islamischer Zeitrechnung gemessen! »Esel« ist die von Nostradamus bevorzugte Bezeichnung für den Islam. Im Jahre 2091 wird der erste den Islam regierende Geistliche in Rom gewählt.

Die Zukunft der jüdisch-christlichen Religion

Centurie I, Vers 25 für 2125
Ein Geheimnis der Urchristen wird entdeckt.
Der Hingerichtete der für lange Jahrhunderte versteckt war wird gefunden. Es wird ein Hirte des Südens sein der die Ehre haben wird.

Dieser Text deutet auf einen für die Christenheit wichtigen Fund hin. Ich tippe darauf, dass es sich um das Grab des Petrus handeln wird. Dies scheint zu einer Renaissance des Glaubens zu führen, denn etwa 20 Jahre später schreibt Nostradamus:

Centurie I, Vers 52 für 2152
Krise in der Christenheit.
Die Krankheit der Kirche durch den neuen König verursacht wird zum Niedergang Nord- und Südeuropa.

Centurie I, Vers 53 für 2153
Folgen sieben Jahre später.
Durch andere Gesetze alles unchristlich wird. Wenn das Gold das Silber von neuem zu unterwandern beginnt.

Die Gegenreaktion lässt offensichtlich nicht lange auf sich warten. Interessant für uns, dass Nostradamus davon spricht, dass dies in einer Zeit geschehen wird, in der persönlicher Besitz nicht erforderlich war, so ist zumindest der Hinweis auf »Gold« und »Silber« zu verstehen.

Centurie I, Vers 55 für 2155
Die katholische Kirche in Bedrängnis.
Für das Land und das Meer die Luft und der Himmel wird sein äußerst ungerecht Sekten Hunger Regierungen Krankheiten Verwirrung.

Eine schlimme Zeit für die wahre Kirche.

Centurie II, Vers 8 für 2208
Reformation der katholischen Kirche.
Zeit der Heiligen der ersten römischen Art. Verworfen haben wird man die schlecht gebauten Grundlagen. Genommen haben werden sie ihre Gesetze die Ersten der Menschen und des Menschlichen. Gejagt werden sie. Nicht alle halten den Heiligen ihren Gottesdienst.

Für mich eine Sensation. Die Kirche hat zu den Lehren der Urchristen, also zu ihrem Ursprung, zurückgefunden. In diesem Vers ist aber auch angemerkt, dass diese erneuerte Kirche verfolgt wird.

Centurie II, Vers 12 für 2212
Ideale des klösterlichen Lebens.
Spiele der Klöster eröffnen altertümliche Phantasie. Die Bewohner der Einzigen werden versetzt werden in etwas Neues. Der große Monarch verfolgt sie, wird unterdrücken ihr Wiedererscheinen. Begeistert die Tempel den Schatz vorantragen.

So, wie dieser Text von Nostradamus niedergeschrieben wurde, sieht es aus, als ob sich die christliche Kirche anfangs des 23. Jahrhunderts zu einer wahrhaften Hoch-Zeit entwickelt.

Centurie II, Vers 36 für 2236
Ein Machtkampf entbrennt.
Vom großen Propheten die Briefe werden beschlagnahmt. Um in die Hände des Tyrannen zu kommen. Betrogen wird sein der König durch seine Unternehmungen. Aber seine Rabbiner sehr bald in Aufruhr versetzet sind.

Die schriftlichen Hinterlassenschaften des Propheten, der die Kirche wieder belebt hat, werden offensichtlich beschlagnahmt. Dies führt aber zu einem Aufruhr der Geistlichen. Nun mögen viele glauben, dass die Bezeichnung »Rabbiner« hier nicht stimmen kann, weil dies die Bezeichnung für jüdische Geistliche ist. Nostradamus scheint das absichtlich geschrieben zu haben. Innerhalb von 24 Jahren wird die absolute Sensation dieses Zeitabschnitts offen zutage treten. Lesen Sie selbst.

Centurie II, Vers 46 für 2246
Ein Religionserneuerer tritt auf.
Nach großem Feldzug bei den Menschen sich Großes nähert – Der große Beweger der erneuerten Jahrhunderte.

Centurie II, Vers 60 für 2260
Juden und Christen jetzt eine Religion.
Großer Jude und die Rose die Gesetzesverfassung wechseln wird.

Unter dem Eindruck der Tatsache, dass im Weltraum die Zeugnisse für den gemeinsam Glauben und die Hintergründe der Religionen gefunden werden, schließen sich als erste der orthodoxe jüdische Glaube und die christlichen Gläubigen zu einer Gemeinschaft zusammen! Und nun lernen wir weitere Einzelheiten kennen.

Centurie III, Vers 6 für 2306
Eine Geheimlehre der Kirche wird bekannt.
In vier Jahren die Grundlage des verschlossenen Tempels wird erforscht sein.

Hier nochmals ein Hinweis auf die Quellenfunde. Aber nicht alle werden mit dieser Entwicklung einverstanden sein. Das wird im Text elf Jahre später deutlich gemacht.

Centurie III, Vers 17 für 2317
Die Wahrheit wird verfälscht.
Ihr Menschen der Kirche was für ein skandalöser Kommentar entsteht.

Es ist klar zu sehen, dass Nostradamus nicht auf der Seite der konservativen Kräfte in der Kirche steht. Er erklärt ihre Auslegung der neuen Tatsachen für skandalös.

Centurie III, Vers 21 für 2321
Glaubenskämpfe mit dem Islam beginnen.
Den Freunden des Kreuzes über das Adriatische Meer – Sich nähern wird ein schrecklicher Fisch.

Es beginnt die endgültige Auseinandersetzung mit dem Islam. Die Christen auf der Erde werden bis etwas 2550 unterdrückt werden.

Centurie III, Vers 26 für 2326
Könige und Prinzen üben sich um Christentum vorzutäuschen – Wahrsager und Christen erheben sich gegen Byzantinisches.

Ich deute diesen Vers so, dass es im gemäßigten Islam Persönlichkeiten gibt, die das Gemeinsame herausstellen wollen.

Centurie III, Vers 36 für 2336
Verschüttet, nicht zerstört durch den Papst wird die Ethik. Wird sein entdeckt um zu sehen die mit Händen essen. Wenn die Stadt verdammt die heldenhafte Ethik. Statt ihre 10 Gesetze zu haben dies ihnen wie ein Wechsel erscheinen wird.

Ein recht dunkler Vers. Ein Papst wird die Glaubensethik bewusst verfälschen, anscheinend dazu gezwungen, um zu retten, was noch zu retten ist. In dieser Zeit gibt es große Zwistigkeiten zwischen den Menschen, die im Weltraum leben, und jenen, die auf Erden leben. Es ist auch die Zeit, in der Grundlagen für den großen Frevel an der Schöpfung gelegt werden, die Schaffung eines dem Menschen dienstbaren Tieres. Nostradamus ist außer sich, wie an anderer Stelle beschrieben wird. Er beginnt, von der Strafe zu sprechen, welche die Menschen zu erwarten haben.

Centurie III, Vers 40 für 2340
Der große Gott der das Leben gemaßregelt hat kommt um es wieder zu maßregeln. Die Thesen verwerfen sie das Ansehen werden sie schon behalten.

Im nächsten Vers steckt eine weitere Information. In der veränderten Welt nach 2340 wird der Sitz des Papstes im Schwarzwald sein.

Vers 58 für 2358
Nahe des Rhein in den schwarzen Bergen. Wird ein Großer geboren der für die Menschheit zu spät kommt. Welcher verteidigen wird seine 5. Rom und Banner wie der Erste – So dass man nicht wissen wird wohin er gehen wird.

Was hier zu lesen ist, überrascht, denn Nostradamus hat dies an keiner Stelle sonst erwähnt. Bis 2358 wird der Papst und somit die gesamte Kurie immerhin fünfmal ihren Sitz gewechselt haben.

Vers 61 für 2361
Die große Vereinigung und Sekte des Gekreuzigten sich ausbildet in Mesopotamien.

In dieser Zeit kommt es zu einer Bewegung des Christentums. Ein neues Religionszentrum der Christen entsteht im heutigen Irak, denn vergessen Sie bitte nicht: Der Islam hat Europa im Griff.

Vers 65 für 2365
Wenn das Grab des getöteten großen Römers entdeckt wird – Am Tage danach der Papst gewählt wird.

Ein Hinweis auf eine Papstwahl und kurze Zeit später der Verweis auf eine neue philosophische Denkrichtung.

Vers 67 für 2367
Verachtend den Tod, Verdienste, Ehren und Reichtum – Deutschlands Berge nicht in der Luft haben werden eine Be-

grenzung – Gehen in der Folge um sie zu unterstützen und durchzusetzen.

Eine neue Sekte der Philosophie entsteht.

Vers 76 für 2376:
In Deutschland geboren werden verschiedene Sekten – Sich annähern zuvor der Macht der glücklichen Heiden – Das Herz gefangen und zurückgeschnitten – Zurückgebildet um die Tönebildung auf das Richtige zurückzuführen.

Bedingt durch die Gesamtentwicklung in dieser Zeit, wird es durch Glaubenserneuerer zu Spaltungen kommen. Daher ist es erklärlich, wenn gerade in dieser Zeit in der Umgebung des Papstsitzes neue Sekten entstehen, die aus dem dann etablierten Christentum hervorgehen.

Centurie IV, Vers 5 für 2405
Ankündigung des Sieges der Christen.
Die Länder des Kreuzes unter Einem vollenden das göttliche Wort.

Es ist eine große Zeit für die Christen.

Vers 43 für 2443
Sie werden die runde Scheibe im Himmel besitzen die bewaffneten Patres. Im selben Jahr selbst die Göttlichen Feinde sind. Sie werden wollen die Lehre der Zehn Heiligen ungerecht diskutieren. Durch Entrüstung und Krieg der Glaube nicht zerstört wird.

Die Kirche beginnt, mit einer eigenen Raumstation das Weltall zu missionieren, was an sich logisch ist. Und nun kommen die für die Christen auf Erden vielleicht erfreulichsten Prophezeiungen. Der Niedergang des Islam wird angekündigt.

Vers 61 für 2461
Die alte Moschee wird ihres Platzes streitig gemacht.

In den folgenden 80 Jahren kommt es dann laut Nostradamus zu dem großen Krieg zwischen Islam einerseits und dem Judentum und dem Christentum andererseits. Ein Mann, der von Nostradamus als »Heinrich der Glückliche« gefeiert wird, beendet die Herrschaft des Islam. Die Christen kehren nach Rom zurück. Dies wird um 2556 sein. Und nun wird etwas sehr Merkwürdiges geschehen.

Centurie V, Vers 56 für 2556
Man spricht oftmals vom sehr alten Pontifex. Wird sein erhoben ein Römer von sehr hohem Alter. Welcher bestimmen wird dass der Thron kraftlos wird. Und lang wird er halten und von spitzen Eröffnungen.

Dieser Pontifex hat offenbar die Autorität, die Institution des Papsttums zu verändern. Das mag gläubigen Katholiken heutiger Tage zwar wie eine Todsünde erscheinen, wird aber im Sinne der Gesamtentwicklung sein.

Noch ein Ausblick

Wurden die Seherberichte schon in den letzten zwei Jahrhunderten deutlich spärlicher, hören sie nach dem Sieg des Christentums fast ganz auf. Welchen Grund kann es dafür geben? Etwa ab 2700 haben sich die Weltreligionen jeweils auf einen eigenen Kontinent zurückgezogen. Das Christentum scheint den afrikanischen Kontinent zugewiesen bekommen zu haben. Durch diese weise Vereinbarung kommt es fortan nicht mehr zu den Spannungen zwischen den Weltanschauungen, weil sie zu diesem Zeitpunkt entflochten nebeneinanderher

leben, aber Wissenschaft, Forschung und Technik gemeinsam betreiben.
Einige Anzeichen sprechen dafür, dass sich Religion und Wissenschaft zu einer Symbiose vereinigt haben. Die Religion kontrolliert, ohne den Fortschritt in der Wissenschaft zu behindern. Dieses Zusammengehen führt zu einer Konzentration auf das Wesentliche der Religion, die Zukunft der Menschheit zu sichern, und in der Wissenschaft darauf, Werkzeuge bzw. Instrumente für die Rettung der Menschheit zu schaffen.
Die Weltanschauungen haben in ihrem Entwicklungszyklus ein Stadium erreicht, in dem die Toleranz und Güte vorherrschen werden. Denken Sie bitte daran, dass unter dem Zwang der Tatsachen – nichtmenschliche Lebensformen als Feinde von außen – ein Zusammengehen geradezu erzwungen wird. Ziehen Sie weiter in Betracht, dass man Beweise für die Bibel und den Ursprung mancher alttestamentarischen Überlieferung gefunden hat. Das alles rechtfertigt einen väterlichen Ältesten in der Gemeinde. Und das könnte einen durch Amtsautorität herrschenden Papst überflüssig machen.
Wenn Ihnen dies alles immer noch sehr unglaubwürdig erscheint, dann versuchen Sie sich vorzustellen, dass man eine Brüderlichkeit bzw. Schwesterlichkeit praktizieren wird und dass sich die Rassen so vermischt haben, dass äußerlich keine rassischen Unterschiede mehr zwischen den Menschen zu erkennen sind.

2 Johannes-Offenbarungen und Nostradamus – über die Begegnung mit einer außerirdischen Intelligenz

Das 9. Kapitel der Enthüllungen des Johannes beschreibt den Kontakt zu einer anders gearteten Intelligenz. Diese dem Menschen fremde, außerirdische Intelligenz wird im Gegensatz zu allen anderen Passagen sehr ausführlich beschrieben, sogar ausführlicher als bei Nostradamus! Ich führe diese Passage als Beispiel auf, wie genau ursprünglich die unzensierte und unbearbeitete Version der Original-Johannes-Offenbarungen niedergeschrieben wurde.

Offenbarungen des Johannes, Kapitel 9, Vers 3
Und es kamen Heuschrecken auf die Erde und ihnen ward Macht gegeben wie die Skorpione auf Erden Macht haben.

Bei Nostradamus ist dies die »erste schreckliche Begegnung mit den außerirdischen Intelligenzen voller Abscheulichkeit«, denen man auf halben Wege zum Ursprungsplanetensystem der Menschheit begegnen wird.

Nostradamus für 2221
Die satanische Lampe wird abgeschickt durch das Allerschlimmste. Auf halbem Weg in das Unbekannte. Neues antwortet. Abstoßendes.

Aber schon vierzig Jahre vorher beginnt Nostradamus, den Ursprung und die Ursachen für diese Begegnung zu erklären.

Nostradamus für 2183
Die fremden Menschen werden teilen die Kriegsbeute. Der Umlauf des Mars bewacht wieder sein Furioses. Schreckliche Frem-

de – auf dem Rücken von 100 Jahren die Zeit der Wissenschaften. Griechisches welches zu Kuriosem zerrieben wird.

Nostradamus für 2184
Das eine Unbekannte bei der zwei sich in der Finsternis vollendet. Sein Irrtum geht vorüber in den Farben des Irrtumschaffenden. Das große Versteck für lange Zeit unter den Dunkelheiten sein wird. Wird den Weltraum erobern in dem Spiel der Wissenschaftler.

Kehren wir zurück zur zeitgerechten Textstelle in den Johannes-Offenbarungen. Die erste Begegnung mit ihnen datiert Nostradamus für die Zeit um 2221.

Offenbarungen des Johannes, Kapitel 9,7–9
Und die Heuschrecken sind gleich den Rossen, die zum Kriege bereitet sind. Und auf ihrem Haupt wie Kronen dem Golde gleich und ihr Antlitz gleicht der Menschen Antlitz. Und hatten Haare wie Weiberhaare und ihre Zähne waren wie die der Löwen. Und hatten Panzer wie eiserne Panzer und das Rasseln ihrer Flügel wie das Rasseln an den Wagen vieler Rosse, die in den Krieg laufen.

Man hat in der Vergangenheit hierin gern die Beschreibung von Kampfhubschraubern gesehen, aber das dürfte wohl nicht zutreffen. Wir müssen wohl oder übel von einer Rasse von knochenlosen Intelligenzträgern ausgehen, auf die unsere Nachkommen stoßen werden.

Nostradamus für 2258
Ohne Fuß keine Hand spitze Zähne und Kraft. Durch die Kugel der Kraft an der Grenze und aufgeraut geboren. Nahe des Tors der Adler pflichtvergessen es fortschafft. Stiller Kampf klein groß mitgenommen.

Hier die Beschreibung der Gangart von Heuschrecken. Weil sie vorwiegend springen, sind ihre Tentakel entsprechend ausgelegt. Für den Beobachter sieht das aus wie zusammengepferchte Beine.

Nostradamus für 2264
Ausgetrocknet vor Hunger von Durst wird die Rasse der zusammengepfercht Gehenden. Zuversicht nähert sich Liebe wird kommen zur Ohnmacht. Auf den Punkt erschüttert wird sein das Gesetz der Zusammengepferchten. Gruppe der großen Häfen nicht bestehen kann zu 100ten wird man ernten.

Noch einmal eine Beschreibung der »Heuschrecken«. Die Fühler werden von Nostradamus als gabelartige Nasen beschrieben. Ich meine, dass der Ausdruck »zusammengepfercht Gehende« auf Heuschrecken zutrifft.

Nostradamus für 2267
Die Hellen mit den gabelartigen Nasen werden kommen um sich zu versündigen. Durch den Zweikampf und das Gejagt werden draußen. Die Verbannten da drinnen werden zurückgebracht werden. Am Ort des Meeres man missbraucht die größte Macht.

Nach Nostradamus wird sich das Problem der ersten Begegnung mit der Heuschreckenart von selbst lösen. Versorgungsschwierigkeiten dieser Intelligenzen führen dazu, dass die Menschen dieser Zeit diese Wesen regelrecht »abernten« können.

Dass uns diese Heuschreckenintelligenzler lange erhalten bleiben, zeigt eine Bemerkung in einem für 2585 bestimmten Vers.

Nostradamus für 2585
Schinken des Meeres, Heuschrecken und deren Kusinen.

Nun beginnt ein weiteres Kapitel, das auch in den Johannes-Offenbarungen beschrieben wird. Es handelt sich um die Schwierigkeiten, die sich zwischen Menschen, die im Weltraum leben, im Verhältnis zu den Erdbewohnern entwickeln.

Für 2553 schreibt Nostradamus
Das Gesetz der Sonne und Venus zusammengefasst – In sich aufnehmen den Geist der Prophetie – Nicht der eine nicht der andere werden einverstanden sein – Durch die Sonne wird gehalten werden das Gesetz des großen Messias.

Vom 15. Kapitel an, und in den restlichen sieben Kapiteln in den Johannes-Offenbarungen werden die Vorbereitungen und die Umstände, die zum Verlassen dieses Sonnensystems führen, beschrieben. Wieder sind es »Plagen«, wie seinerzeit, als Mose die Israeliten aus Ägypten fortführte. Wer genau hinsieht, erkennt mit dem Verstand unserer Zeit, dass es sich bei diesen Plagen um Probleme biochemischer Art handeln wird.

Es läuft alles nach dem bekannten Schema ab: Verseuchung durch die Bösen – erneute Reinigung durch die Guten und Reinen. Und schließlich die Verheißung, dass all dieser Jammer ein Ende haben wird. Ich bin mir sicher, dass das Thema, die Johannes-Offenbarungen endlich wieder richtig zu lesen, in den nächsten Jahrzehnten immer wichtiger wird. Alle, die Kenntnis von dem Wissensschatz bekommen haben, woher die Menschen kommen und wie es für sie weitergehen wird, und schließlich, was für sie bestimmt ist, sind fasziniert, in der Bibel und in den jüdischen Schriften, die zur Grundlage des Alten Testaments der Bibel wurden, das wieder zu erkennen, was seit Jahrtausenden im Geheimen hinterlegt worden ist.

Sind Sie reif, morgen einer philosophierenden Heuschrecke gegenüberzutreten? Ich nicht. Es werden noch Generationen vergehen, die Steinchen für Steinchen zusammentragen müssen, bis eine Akzeptanz andersartiger Intelligenzträger erreicht wird.

Warum haben sich die Wissenden der Vergangenheit eigentlich so viel Mühe gegeben und versucht, alles im Voraus zu durchdenken? Bei Nostradamus, wie auch bei allen anderen Wissenden, war das Ziel die Vorbereitung und die Durchführung des Fortzugs aus diesem Planetensystem. In der Bibel ist es der neue Himmel, die neue Erde. Die Verheißung, auch die bei Nostradamus, sagt, dass sie sich erfüllen wird. Gute Aussichten für unsere Zukunft!

3 Sieg über das Altern

Das Ende des Alterns kommt innerhalb der nächsten 100 Jahre für unsere Nachkommen. Wird es das erhoffte Paradies auf Erden bringen? Wohl kaum. Muss, wer zweihundert Jahre alt wird, auch fast zweihundert Jahre lang verheiratet sein und bleiben? Viele Fragen werden nicht nur Wissenschaftler noch zu klären haben, sondern auch die Geistlichen aller Religionen sind dazu aufgefordert.

Centurie X, Vers 97 für 2097
Dreifach nachgemessen worden ist alles – das Alter gefangen genommen. Zeit wird gut zu Schlecht – das Sanfte zum Beleidigenden.

Das ist eine der ganz großen Zukunftsperspektiven: die Ursachen des Alters sind bekannt, der Alterungsprozess kann erstmals angehalten, das Altern selbst besiegt werden … und dann? Im Kapitel 9,Vers 6 beschreiben die Offenbarungen des Johannes die Zeit, in der die Menschen den Tod überwunden haben, das heißt nicht mehr sterben können.

Offenbarungen des Johannes, Kapitel 9, Vers 6
Und in den Tagen werden die Menschen den Tod suchen und ihn nicht finden; werden begehren zu sterben, und der Tod wird vor ihnen fliehen.

Dieses Problem wird wirklich zu einem zentralen Punkt vieler Auseinandersetzungen in den nächsten Jahrhunderten werden. Hundert Jahre, bevor das Problem wirklich zum menschlichen Problem Nummer eins wird, gibt Nostradamus einen Hinweis auf die Lösung. Das, was jedem von uns heute recht entsetzlich erscheint, ist nichts anderes, als dass ein Medikament eingenommen wird, das die gestoppten Alterungsprozesse des Körpers, die man seit 2100 beherrscht, wieder in Gang setzt.

Nostradamus für 2127
Erfunden wird das Sterbeöl zerbrochen die Zuständigkeit.

Etwa hundert Jahre später, »die Kunst des Nicht-mehr-alt-Werdens« scheint ihren ersten Höhepunkt erreicht zu haben, wird der Gedanke weitergeführt.

Nostradamus für 2213
Die Körper ohne Seele und das Nichtseiende werden geopfert.
Am Tag des Todes versetzt in die Geburt.

Der medizinische Fortschritt führt anscheinend zur ständig möglichen Erneuerung gealterter, verbrauchter (»seelenloser«) Organe. Dadurch ist den Menschen das Sterben unmöglich gemacht worden. Bei Steuerungsausfall einzelner Körperfunktionen durch das Gehirn springen Module ein, die unter die (Kopf-)Haut eingepflanzt wurden.

Nostradamus für 2247
Steine mit Können versteckt unter der Behaarung. Durch Sterben von nutzlosen Abschnitten werden sie munter.

Hier nochmals ein kleiner Ausblick auf den Tod der Zukunft, vielleicht um den Reiter auf dem fahlen Pferd der Johannes-Offenbarungen zu beleuchten. Der Reiter ist der Herr über den Tod, wird gerne als Skelett dargestellt und vorzugsweise als Todbringer angesehen. Wie wir feststellen, gibt es aber noch einen anderen Aspekt: Der fahle Reiter kann den Tod auch verhindern. Die dann Lebenden werden von uns als den »Seligen« sprechen, die noch eines natürlichen Todes sterben durften/konnten.

Teil V

Die Nostradamus-Prophezeiungen in deutscher Übersetzung für die Zeit von 2004–2200

X. Centurie für die Zeit von 2004–2100

Centurie X, Vers 4 – für das Jahr 2004
Hoch zur Mitternacht der Armeeführer.
Wird sich retten – plötzlich ist er auserwählt bei 2011.
Sieben Jahre danach – die Seele wird nicht verflucht.
Bei seiner Rückkehr man wird sagen – eine Unze wo zehn.

Kurzkommentar:
Beschreibung eines Unfalls einer Weltraumexpedition, die geplant oder durchgeführt wird.

Centurie X, Vers 5 – für das Jahr 2005
Zu Füßen von hundert Sternen wird es eine neue Vereinigung geben.
Neues Dürre – nichts Gutes für ihn – Grenze der Art.
Wenn die höllischen Kasten unter dem Meer zusammen sind, vollendet sich ihr Preis brennend.
Wenn beim Herrn der Neun – das Monster sich wütend wäscht.

Kurzkommentar:
Hinweis auf eine Gegen-UNO. Warnung vor dem nächsten großen Krieg. Eine neue Waffe wird bekannt.

Centurie X, Vers 6 – für das Jahr 2006
Sarazenen geben sich 1000 Jahre – so hoch wie die unbegrenzte Luft.
Wenn die Zeit des Brennens kommt – zwei zum Löwen wieder geboren.

In vier Jahren der Riese die meisten zur Flucht bringt.
Fünf ist eins – Grabstätte des Feuers im Osten zum Vorschein kommt.

Kurzkommentar:
Siegessicherer Islam (Palästinenser) heizen die Stimmung auf. Warnung vor dem großen Krieg ab 2010/2011.

Centurie X, Vers 7 – für das Jahr 2007
Großer Streit, den man im alten Jahr vorbereitet.
Das Ausgemergelte spricht zu allen – ich bin die Suppenspeise.
Die Insel der Briten wird durch salzigen Wein gereizt.
Im Halbkreis gesetzt zwei Fäden — elf Zeiten halten nicht Mahlzeiten.

Kurzkommentar:
Beschreibung und Warnung vor dem nächsten Krieg – Hinweis auf die elf Jahre dauernde Hungersnot.

Centurie X, Vers 8 – für das Jahr 2008
Indien bei 2010 und die Kugel schmelzen – Zeit der Luft.
Vom bitteren Senat (Sene gal) geht der Graf zu seinem sauberen Sohn.
Der Myrrhen nicht beseelt durch die meisten der auserwählten Stimmen.
Vier Könige in sieben Tagen tödlich verletzt.

Kurzkommentar:
Indien war für Nostradamus Amerika: Hinweis auf das untrügliche Zeichen für den bevorstehenden Krieg, an den niemand glauben wird; vier Staatsmänner in sieben Tagen ermordet.

Centurie X, Vers 9 – für das Jahr 2009
Für hundert Sterne die man darstellt – Tage der Reifung.

Von der durchtriebenen Frau werden zwei selbstständige Prinzen geboren.
Im Namen der Sachen, die man erahnt, werden nachträglich Gesetze gemacht.
Elf Könige werden es nicht machen viel schlimmer in ihren Provinzen.

Kurzkommentar:
Beschreibung der Akteure und Opfer – 100 Staaten sind die Opfer – Ächtung der neuen Waffen – Staaten halten sich nicht an die Vereinbarungen.

Centurie X, Vers 10 – für das Jahr 2010
Vier gekaufte Mörder – ungeheurer Krieg entsteht.
Großer Feind des ganzen menschlichen Geschlechts.
Es wird sein schlimmer als derjenige der Großväter – Elf sie gebären zwei Kriege.
Mit Eisen – Feuer – Wasser – blutig und unmenschlich.

Kurzkommentar:
Erneuter Hinweis auf die Attentatsserie, der vier regierende Häupter zum Opfer fallen, und auf die Folgen des kommenden Krieges.

Centurie X, Vers 11 – für das Jahr 2011
Unter der ionischen Küche – die gefährliche Vorbeifahrt.
Wird sein vorübergehend der Nachgeborenen Last.
In den Bergen das Schlimmste geht vorüber ohne Belastung.
Vom Bärtigen nicht beachtet – am Regierungssitz lacht der Herzog über die Falle.

Kurzkommentar:
Beschreibung der Folgen des Krieges, wie man sich davor schützen kann, und Hinweis auf die Drahtzieher.

Centurie X, Vers 12 – für das Jahr 2012
Erhöht das Papsttum – erniedrigt wird sein die Moschee.
Plötzlich Soutanen im Aufruhr – schnell und schüchtern.
Durch zu viel Gutes – das Süße zum Sterben herausfordert.
Die Furcht ihn in der Nacht seines Todes verlässt.

Kurzkommentar:
Hinweis, wer den Religionskrieg gewinnen wird, Beschreibung der Wirkung der neuartigen chemischen Waffen, die über das Nervensystem wirken.

Centurie X, Vers 13 – für das Jahr 2013
Unter den Niederen – Not der wiederkäuenden Tiere.
Erscheint die zehn – geführt zum Sieg im Wind der zweipoligen Liga.
Versteckte Soldaten lenken die dröhnenden Waffen.
Nicht fern die Zeit der Erprobung der gegenpoligen Stadt.

Kurzkommentar:
Die Kriegsfolgen und Beschreibung des Siegers.

Centurie X, Vers 14 – für das Jahr 2014
Urne des Kalbes – wenn die Jahre der Ratschläge da sind für die, die sich selbst aufgebend.
Spricht die Herde schüchtern – aus Furcht vor dem siegreichen Prinz. Begleitet werden die meisten von Schwestern erbleichter Eiterpusteln. Zum Teil man sie nicht zu Einsiedlerinnen gemacht hat.

Kurzkommentar:
Beschreibung der totalen Niedergeschlagenheit der Überlebenden des Krieges.

Centurie X, Vers 15 – für das Jahr 2015
Zwei Kriege werden vom alten Führer in vier Jahren geführt und vom Durst beladen.
Am außerordentlichen Tag – der Sohn verleugnet die Sucher.
Inmitten der Macht des Lebens – der Tod wird kommen – rau und lang bei der Elf (Zweitausendelf).
Der Senat auf der Insel stirbt – lange und leicht.

Kurzkommentar:
Weitere Details aus dem Kriegsverlauf, der sich in zwei Stufen auswirken wird – nach Nostradamus für die breite Mehrheit der Weltbevölkerung völlig unerwartet.

Centurie X, Vers 16 – für das Jahr 2016
Glücklich Frankreich zu regieren – glücklich zu leben.
Unbekannt – Blut – Tod – Furioses und Verbrechen.
Keiner Blähung ausgesetzt wird sein das Leben.
Der König ist entkleidet – viele im Glauben sich in der Folge einweihen.

Kurzkommentar:
Als Prophet der Franzosen schildert Nostradamus die Situation Frankreichs: entvölkert, kaum Leben, es gibt keine Regierung, die wenigen werden fromm.

Centurie X, Vers 17 – für das Jahr 2017
Die Königin wird erwählt – Die Sterne sehen ihre Insel verletzt.
Durch ein Bedauern im Osten – Schaden eingezäumt.
Wehklagende Schrei werden infolgedessen die Engel erzürnt haben.
Und in Deutschland – die Hochzeit ist ausgesetzt.

Kurzkommentar:
England wird von einer Frau regiert – die Insel ist schwer getroffen. Hilfe kommt aus China und Japan. In Deutschland schließt man sich nicht zusammen.

Centurie X, Vers 18 – für das Jahr 2018
Die Luft die goldene Engel – Zeit des Verkaufs der Plätze.
Das Hohe wird tief stürzen und das Niedere wird erhöht.
Der Sohn der Woge des Blutes wird in Rom erwählt.
Und die zwei Großen werden den Missstand herbeigeführt haben.

Kurzkommentar:
Die entvölkerten Landstriche werden politisch neu verteilt – Industrienationen sind zu Agrarstaaten geworden – Dritte-Welt-Staaten werden durch Kriegsflüchtlinge zu Industrienationen. Ein blutrünstiger Papst wird in Rom gewählt.

Centurie X, Vers 19 – für das Jahr 2019
Der Tag wird durch den König nicht begrüßt werden.
Am Tage danach – der Gruß wird das Gebet sein.
Die Abrechnung macht den Verstand weiß.
Scheuklappen der demütigen Elf – welche nicht gemacht haben solch einen Krieg.

Kurzkommentar:
Rachefeldzug des Papstes – die katholischen südamerikanischen Staaten protestieren nicht dagegen.

Centurie X, Vers 20 – für das Jahr 2020
Alle die Freunde welche die Partei gehalten haben.
Wegen der Rauheit in Verträge waren – sind dem Tod und der Plünderung preisgegeben.
Wohl vergessend sich wegen des großen Nichts festzulegen.
Elf römische Völker nichts als Beleidigungen machen

Kurzkommentar:
Zeit der Rache der Christen gegen die Muslime.

Centurie X, Vers 21 – für das Jahr 2021
Durch den Despotismus wird die Minderheit gestützt.
Die Ermordung wird vorgeführt zu Ostern.
Wegen der zwei Kriege auf den Inseln – fliegende Adelige zum Vorschein kommen.
Hilfe wie einstmals in Persien – gemacht werden die gleichen Fehler.

Kurzkommentar:
Politische Wirren bei der Aufarbeitung des letzten Krieges.

Centurie X, Vers 22 – für das Jahr 2022
Um nicht die Übereinstimmung zu bekommen – man redet von Scheidung.
Welche Macht soll gleichgestellt sein – Entrüstung.
Der König der Inseln wird mit allen Kräften gejagt werden.
In Verbannung geschickt – die vom König nicht unterschrieben ist.

Kurzkommentar:
Streit um die politische Vorherrschaft hat begonnen.

Centurie X, Vers 23 – für das Jahr 2023
Dem Volk zeigen sich unangenehme Tatsachen – sie wieder zeigen Ranziges.
Dadurch die Armee besetzt Zusammengeschrumpftes.
Im Tor des Geldes sie führen Wehklagen.
Und um das Recht wiederzubekommen – einer nach dem anderen in hitzige Wut gerät.

Kurzkommentar:
Militärische Intervention zwecks Machtausdehnung – die Weltwirtschaft gerät in Konfusion.

Centurie X, Vers 24 – für das Jahr 2024
Der gefangene Prinz wird bei der 2030 siegreich sein.
Vorüber geht die Zeit der Beengung durch das Meer bis nach Marseille. Durch große Anstrengungen der Goldenen für die Besiegten.
Die Insel wohlbehalten übersteht den Schlag des Feuers durch die in der Luft befestigten Inseln.

Kurzkommentar:
Hinweis auf einen künftigen Führer – ein Problem im Mittelmeer – Aufbauhilfe durch Japan – Japan hat durch ein Abwehrsystem im Weltraum den Weltkrieg wohlbehalten überstanden.

Centurie X, Vers 25 – für das Jahr 2025
Wenn du nicht für das Öffnen des Zerbrechlichen bist – überquere es nicht.
Wohl dem der sich fern hält diesem Anwerben für das östliche Geweih. Vier Jahre werden die Hautabschuppungen andauern wie auf den Inseln der Tragödie.
Die vier großen Seelen sitzen im Orchester.

Kurzkommentar:
Folgen des Krieges gehen langsam zurück.

Centurie X, Vers 26 – für das Jahr 2026
Der Erfolgreiche wird rachsüchtig sein auf die Haut seines Stiefbruders.
Wenn er die Macht besitzt – höchster Grad der Rache.
Getötet die Geisel – ihr Blut und Tod wird verdammt.
Lange Zeit noch wird das Lamm zu Frankreich halten.

Kurzkommentar:
Weitere Details der Nachkriegszeit, unter anderem über Frankreich, das sehr fromm sein wird.

Centurie X, Vers 27 – für das Jahr 2027
Durch ein Fünftel und einen großen Gewaltigen,
Wird der Tempel geöffnet werden mit kriegerischer Hand.
2031 – hundert dem Lügenkerl und die Skandierer bekommen es.
Der Hoffnung Schlüssel der Adler – dann nicht den großen Stachel haben wird.

Kurzkommentar:
Mit geringer Wahlbeteiligung kommt ein neuer Despot zur Macht, weil die anderen noch zu schwach sind.

Centurie X, Vers 28 – für das Jahr 2028
Das Geheimnis kennt man – und drei gründen die erste Musik.
Werden sein durch den König in Ehren unsterblich gemacht.
Durch Fettes und Mageres bei der halben Ethik.
Bericht von der Venus – Fehler bei 2030 bringt Niedergeschlagenheit zurück.

Kurzkommentar:
Die Textstelle, in der Nostradamus die Entdecker der unbegrenzten Energie zum Nulltarif feiert; er beschreibt auch eine Weltraumexpedition zur Venus, die scheitert.

Centurie X, Vers 29 – für das Jahr 2029
Vom Pol für 1000 Jahre die Sonne in die veränderliche Höhle gebracht.
Versteckt und gefangen – nach außerhalb gezogen durch den Bart.
Gefangen geführt wie Kranke die Masse der Eingeweihten.
Der Hof des Bärtigen in Zuleitung nach den 4 Bäumen.

Kurzkommentar:
Beschreibung der Erfindung aus dem vorhergehenden Vers.

Centurie X, Vers 30 – für das Jahr 2030
Nicht stinkend angezogen – Engel des heiligen Neuen kommt.
Durch den Beinamen unterhält man das Tor, das entdeckt wurde.
Wird sein gejagt – hingestellt zum Sterben – nackt gejagt.
Aus Rotem und Schwarzen umgewandelt – ihr Grün.

Kurzkommentar:
Fortsetzung aus vorangegangenem Vierzeiler.

Centurie X, Vers 31 – für das Jahr 2031
Das heilige Reich wird kommen in Deutschland.
Ismaeliten werden gefunden haben die Orte wo es grün ist.
Esel werden wollen auch dort handwerken.
Die Unterstützungen der Erde alles öffnet.

Kurzkommentar:
Der Papst verlegt seinen Sitz in das entvölkerte Deutschland – die Folgen des Krieges schwinden.

Centurie X, Vers 32 – für das Jahr 2032
Das große Reich jeden, der in der Pflicht steht, sehr prüft.
Eines ist sauer – die anderen werden das Leben erlangen.
Aber nur wenig Zeit für die gründliche Prüfung wird sein.
Zwei Jahre auf Schiffen kann man standhalten.

Kurzkommentar:
Nur Gesunde dürfen das regenerierte Land bewohnen – ein Hinweis, dass man auf Schiffen hätte überleben können!

Centurie X, Vers 33 – für das Jahr 2033
Die chemische Tatsache ist grausam und mit langem Kleid.
Diese Teuerung kommt an der Stelle, wo die Dolche gebraucht werden. Ergriffen wird die Woge des Gefrorenen von dem Ort des zweifachen Aufbegehrens.
Ihr Herabstieg geöffnet, durch Grenzenloses es lange nichts Natürliches gibt.

Kurzkommentar:
Die Folgen des Krieges im Bereich der muslimischen Staaten des Nahen Ostens können nicht so schnell wie in Europa abgebaut werden, weil zu wenig Niederschläge fallen.

Centurie X, Vers 34 – für das Jahr 2034
Gallier, welche herrschen durch den Krieg der Besetzung.
Durch den schönen Ton – arme Brüder werden verraten.
Durch das derbe Pferd – Zeit der riesigen Gewölbe.
Der Tatsachen wegen das Seltene lange Zeit wird eingezäunt sein.

Kurzkommentar:
Hinweis, dass die südeuropäischen Staaten ihre Vorherrschaft über Europa zum Teil durch Besetzung ausbauen.

Centurie X, Vers 35 – für das Jahr 2035
Dann der König ist gegangen zum Großen – von der Kunst ist er gierig geworden.
Um sich zu vergnügen mit der leiblichen Base –
Gewohnheit reißt mit – zurzeit. der Kunst des halben Gedankens.
Zuvor getötet durch Fehlerhaftes der Hände.

Kurzkommentar:
Eine neue Philosophie der halben Gedanken wird angekündigt.

Centurie X, Vers 36 – für das Jahr 2036
Nachdem der besorgte König befürchtet – das zuvor Kriege sprechen.
Geben die Inseln bekannt – wie man Seelen gefangen halten kann.
Einige Jahre Gutes vollendet sich – große Einheit und Plünderer. Durch Tyrannei auf der Insel wird der Wechsel herbeigeführt.

Kurzkommentar:
Neuerliche Kriegsgefahr – England hat Probleme mit seiner Demokratie.

Centurie X, Vers 37 – für das Jahr 2037
Die Versammlung der Großen nahe des Sees der Bürger.
Sich versammeln nahe der süßen Lügen.
Die Händler sind sehr aufgebracht – Denker Pläne machen werden.
Es warten 1000 Vermögen Kampf des heiligen Julius.

Kurzkommentar:
Eine bedeutsame Konferenz wird dazu führen, dass große Vermögen geschaffen werden.

Centurie X, Vers 38 – für das Jahr 2038
Die fröhliche Liebe nicht lange besetzt den Stuhl.
Die heiligen Angreifer werden haben geschmückte Töne.
Verlasst den Hass – ich um der Gallier klage.
Aus Angst ergeben sie sich der Armee der grauen Töne.

Kurzkommentar:
Ein Papst mit der Charakteristik »fröhliche Liebe« scheint nur kurz im Amt zu sein.

Centurie X, Vers 39 – für das Jahr 2039
Erste Insel – böse Witwe des glücklichen alten Ehemannes.
In zwei Jahren Inseln im Streit.
Bevor achtzehn Unfähige alt werden.
Von den anderen unterdrückt wird Zeit des Einvernehmens sein.

Kurzkommentar:
Politische Probleme in Japan – vermutlich Ende der Monarchie.

Centurie X, Vers 40 – für das Jahr 2040
Der junge Einfältige erscheint um Britannien zwei Jahre zu regieren.
Wenn die 2042 erscheint – stirbt der Krieg, bevor er sich empfiehlt. Derjenige stirbt – dem man dort das Öl geben wird das zur Sache gehört. Und mit dem Ton sie nach dem Regierenden fragen.

Kurzkommentar:
Ein System zur Vermeidung von weiteren Kriegen ist installiert worden.

Centurie X, Vers 41 – für das Jahr 2041
In der Runde der Drei, die den Kopf gebrauchen.
Nein was für einen Krieg man getötet hat – Sterne.
Zwei Inseln ranzig – die Hälfte gebraucht nichts als den Ton des Strahlens.
Umgeben von Nasen wie Kugeln und große Mützen.

Kurzkommentar:
Fortsetzung aus vorangegangener Zeile – Krieg wird vermieden.

Centurie X, Vers 42 – für das Jahr 2042
Der menschliche Herrscher der Engel – Liga gegen den harten Krieg bildet.
Zeit der Regierung der Töne – Friede man vereinigt hält.
Der Krieg ist gefangen zur Hälfte in ihren Klöstern.
Lange Zeit der Friede ihr Zeitalter beherrscht.

Kurzkommentar:
Nostradamus beschreibt die günstigen Auswirkungen des Systems zur Vermeidung von Kriegen.

Centurie X, Vers 43 – für das Jahr 2043
Die sehr gute Zeit sehr guter Königsherrschaft.
Wohlbehagen – und Unbehagen durch plötzliche Fahrlässigkeit.
Zurückgekehrt zur Oberflächlichkeit wird man Fehler begehen.
Das Licht wird dort abgeschafft durch ihre guten Flüge.

Kurzkommentar:
Beschreibung einer Phase, die man als »Goldenes Zeitalter« bezeichnen kann.

Centurie X, Vers 44 – für das Jahr 2044
Weil ein König gegen die Wissenschaft spricht.
Der Geborene von den Zwei – Treue erfährt – Zeit der reichen Liga. Bergkuppe ist Herz der Röhre und der tropfsteinartigen Materie.
Von sieben Mächten der Schatten für den König des Ostens und der Mauern geboren.

Kurzkommentar:
Weitere Details der Phase des »Goldenen Zeitalters«.

Centurie X, Vers 45 – für das Jahr 2045
Der Schatten der Regierung der Schiffe – hinter ihr kein Wohlstand.

Leber für das Leben von der widerrechtlichen Art.
Die Witwe ist nahe – bereitgestellt, um den Krummbeinigen zu lieben. Goldener König – die Jahre werden ihm die rechtmäßige Mauer zurückgeben.

Kurzkommentar:
Neben Details der Zeit wird von einem medizinischen Vorgang, mit dem Nostradamus nicht einverstanden ist, berichtet.

Centurie X, Vers 46 – für das Jahr 2046
Leben – meinetwegen stirb am Reichtum des Goldes – Haus der Einweihung ohne Würde.
Wird sein in Sachsen kein neuer Kurfürst gewählt.
Dem Braunen folgen hundert – werden kommen lassen die gezeichnete Liebe. Bei der zehn der Mauerabsatz kann den Führer verletzen.

Kurzkommentar:
Weitere Details aus einer Zeit des Wohlstands.

Centurie X, Vers 47 – für das Jahr 2047
Für die Stadt die die Seelen schmückt.
Dort man trifft Rasierte – gebrauchen einen Teil des Tones.
Der große Prälat des Löwen verändert zuvor seine Gestalt.
Bei der Zehn Seltenes und Entführer machen Fehler.

Kurzkommentar:
Fortsetzung der Details – offensichtlich gibt es eine Stadt, in der »geistiges Leben« besonders geübt oder gepflegt wird.

Centurie X, Vers 48 – für das Jahr 2048
Das Gründlichste die Spanier unterrichtet.
Gewinnen die Spitze und die Enden von Europa.
Verwirrung geht vorüber nahe der Brücke des Vulkanischen.

Er wird Tatsachen schaffen durch Zusammenschluss seiner Truppen.

Kurzkommentar:
Spanien setzt sich an die Spitze technischer Entwicklungen (Sorgfalt ist bei Nostradamus Technik).

Centurie X, Vers 49 – für das Jahr 2049
Der Garten der Welt – nahe der neuen Stadt – brennt es.
Auf dem Weg der Lüge – scharf ist die Gruft.
Wird sein gepfändet und abwärtsgerichtet in den Keller.
Die Stärke des Windes entsteht durch die Kraft des entzündeten Schwefels.

Kurzkommentar:
Hier beschreibt Nostradamus eine Anlage zur Energiegewinnung, vermutlich in Fortsetzung des vorangegangenen Verses.

Centurie X, Vers 50 – für das Jahr 2050
Die Seelen benutzen den Tag – vier Irrtümer wegen des Luxus der Bürger.
Wird aufgedeckt 2051 – die Rasse der Kahlgeschorenen ist nicht betroffen – drei in der Urne.
Spitzer Berg und ebene Stadt ist dann Kopf der Bürger. Der Reichtum ausnutzt die Flut.
Verrat des Tons durch die große achte Urne.

Kurzkommentar:
Eine neue Hauptstadt der Welt mit einem besonders hohen Hochhaus wird hier beschrieben – erster Missbrauch der neuen Energieform.

Centurie X, Vers 51 – für das Jahr 2051
Von den Orten, die viel weniger vom Reichtum besitzen.
Geht die Grundlage für die Vereinigung der Deutschen aus.

Durch diejenigen vom Sitz an der Spitze – die schwarze Kunst wird für tausend Jahre ausgemerzt.
Tausende haben sich eingeweiht und für zehn mal hundert Jahre alles wird sich wieder vereinigt haben.

Kurzkommentar:
Vers muss in Zusammenhang mit Vers für 2017 gesehen werden. Offensichtlich teilt sich Deutschland vor dem großen Krieg der Jahre 2011 bis 2014 und schafft eine Vereinigung erst 2051.

Centurie X, Vers 52 – für das Jahr 2052
Zu der Bodenhefe will man werfen Zellgewebe, damit es sich verheiratet. Es werden sein die Edelmütigen – die dieses für lange Zeit handhaben werden.
Am Ort des Afters – Irrtümer wo die Kröte kutschiert.
Spielt nicht – seid wachsam – wegen der Bequemlichkeit, die die indischen Freunde lieben.

Kurzkommentar:
Tierisches Eiweiß wird aus Pflanzen gewonnen. Ein Problem mit den Abwasserkanälen zieht herauf. Indisch heißt amerikanisch, weil Kolumbus für Nostradamus »noch« Indien entdeckt hatte.

Centurie X, Vers 53 – für das Jahr 2053
Die drei Glatzköpfigen – diejenigen, die sich lange gegenseitig geschlagen haben.
Dort die geringste Angst – Zeit des Hörens.
Das große Salz der Einweihung wird der Beschützer sein.
Der Name des Zeitalters wird (beinhalten) eine schöne weiße Straße.

Kurzkommentar:
Drei geistliche Oberhäupter finden zueinander und legen die Grundlage für eine geistige/geistliche Bewegung.

Centurie X, Vers 54 – für das Jahr 2054
Geboren von dieser Welt – durch die aneinander gefügten Körper – göttliches Geheimnis.
Bei der zwei hoch gestellt – durch sie traurige Neuigkeiten.
Unter Feinden befindlich wird der Prinz gefangen sein.
Und Liebenswürdiges wird zu Bösartigem und Rotem.

Kurzkommentar:
Beschreibung eines Weltraumunternehmens.

Centurie X, Vers 55 – für das Jahr 2055
Die unglücklichen Knoten werden gefeiert werden.
Darüber große Freude sein wird – aber das Ende ist unglücklich.
Hochzeit mit dem schwarzen Meer wird ungnädig aufgenommen. Beide tot und das Schwarze ist sehr erbärmlich.

Kurzkommentar:
Die Weltraumunternehmung geht schief. Der Versuch, ins lichtlose Nichts, das uns vom nächsten Planetensystem trennt, vorzustoßen, scheitert.

Centurie X, Vers 56 – für das Jahr 2056
Durch den Priester der königliche Ton sinkt – zuvor zu viel gezogen.
Große Flut von Engeln werden verlassen einen Teil seines Mundes.
Die Regierung der Engel-Liga durch regieren Schätze sich einverleibt. Der Nagel der Zeit stirbt – lebt im Getötetsein – wie ein Baumstumpf.

Kurzkommentar:
Details aus dem »Goldenen Zeitalter«.

Centurie X, Vers 57 – für das Jahr 2057
Das unter dem sich Erhebenden befindliche – nicht umsetzbare – Zepter der Töne.
Wird den Wissenschaften Jahre des Spiels gebären – davon ganz große Ehrungen.
Diejenigen welche sich machen eine bessere Art des Ballastes.
Für ihre fünf Stöße – zum Sterben schwarze Fahnen erscheinen.

Kurzkommentar:
Beschreibung des Starts einer Weltraumrakete.

Centurie X, Vers 58 – für das Jahr 2058
Es ist die Zeit der Tötung der Stadt wegen der Katze – Tausende haben eine Arche.
Krieg des Könige – Zeit des Spiels – nicht des Ausströmens.
Gekreische gallischer Väter – hundert schichten das Schiff.
Versuche in der Grube der Wissenschaft gelingen – Einvernehmen wird erhalten.

Kurzkommentar:
Beschreibung verschiedener Unternehmungen der Wissenschaften.

Centurie X, Vers 59 – für das Jahr 2059
Für vier Jahren entsteht gefesselter Wind – der Kopf tötet die nicht atmen.
Fünf Staatsbürger der Luft – Hände drücken – dort Einweihung. Abreise unter edler Führung steht bevor – lange Schleppe.
Und man entdeckt Grünes – Parabolisches der Masse – Zeit der Einweihung.

Kurzkommentar:
Beschreibung eines Weltraumunternehmens, das gelingen und große Bedeutung für die Wissenschaften haben wird.

Centurie X, Vers 60 – für das Jahr 2060
Ich weine Nizza – Tausend Jahre byzantinischer Handel entwickelt sich Sein.
Nein – keine Wissenschaft – dies ist der Gestank der Art und Weise des Bösen.
Das was unter den Engeln ist und das Schwert der Faulheit das entstanden ist.
Hat die Erde erschüttert – unglückliches Wasser des Extrems.

Kurzkommentar:
Ursachen für die nächste Auseinandersetzung mit dem Islam.

Centurie X, Vers 61 – für das Jahr 2061
Betta, Vienne, Emorre Sacarbance.
Werden überlassen den Angreifern aus Ungarn der Vereinigung der Neun. Durch die Spitze – welche voll Leidenschaft ist.
Die Töne des Schwurs werden entdeckt durch die ältere Dame.

Kurzkommentar:
In Verhandlungen werden durch das spitze Hochhaus, möglicherweise Sitz einer Art UNO, Landstriche überlassen. Eine Wissenschaftlerin macht eine großartige Entdeckung.

Centurie X, Vers 62 – für das Jahr 2062
Nahe die Goldenen, um zweifach die Ungarn anzugreifen.
Der Herold der Zimperlichen, die kommen werden zum Todesschuss.
Bei Byzanz Empfangszimmer der Sklaverei.
Zum Glauben der Araber sie werden übertreten.

Kurzkommentar:
Fortsetzung aus vorangegangenem Vers. Der um 2020 niedergeworfene Islam beginnt offensichtlich wieder aktiv zu werden.

Centurie X, Vers 63 – für das Jahr 2063
Sterne man verjüngt – dies ist die Stadt der heiligen Dreiheit.
Wieder grün wird werden die Medizin – zuvor Hilfe.
Tot die Inseln des Königs durch den Tod der zwei Helden.
Die Araber den Ungarn eine übel zugerichtete Zukunft bereiten.

Kurzkommentar:
Schutzbündnisse werden erneuert – Fortschritte in der Medizin – Vorstoß der Araber nach Mitteleuropa.

Centurie X, Vers 64 – für das Jahr 2064
Weine Tausend Jahre – weine Mailand – Licht über die Verdienste deiner Vorfahren,
Wenn dein großer Herzog auf den Wagen steigen wird.
Wechselt der Sitz nahe Venedigs – von außen kommt etwas dazu, dann, wenn die Kolonne sich Rom zuwendet.

Kurzkommentar:
Diese Verse beschreiben, wie Italien in die Hand des Islam fällt.

Centurie X, Vers 65 – für das Jahr 2065
O mächtiges Rom – dein Untergang nähert sich dir.
Nichts von deinen Mauern – von deinem Blut – von deiner Substanz bleibt.
Überdrüssig der Vorbereitung – Verträge – Zeit in der Schreckliches geschehen wird.
Scharfe spitze Eisen der Luft werden gegen alles gerichtet, bis nichts mehr da ist.

Kurzkommentar:
Mailand ist gefallen – Roms Untergang als Hauptstadt des Christentums fällt in dieses Jahr.

Centurie X, Vers 66 – für das Jahr 2066
Der Herr von London – eingesetzt durch die Regierung der reichen Seelen.
Über die Insel die sich mit den Hörnern stößt herrscht – das Zeitalter ist durch Gefrieren geprägt.
Der König der Wiedertäufer einen großen Fehler gegenüber dem Antichristen macht.
Dadurch, dass sie alles in die aussätzigen Seelen investieren werden.

Kurzkommentar:
Nostradamus ist ärgerlich über das Verhalten Amerikas.

Centurie X, Vers 67 – für das Jahr 2067
Die Erschütterungen werden sehr stark im Monat Mai sein.
Saturn im Krebs, Jupiter Merkur im Stier.
Venus auch im Krebs, Mars im neunten Abschnitt.
Werden niederfallen Graupel, welche größer als ein Hühnerei sein werden.

Kurzkommentar:
Eine astrologische Zeitangabe.

Centurie X, Vers 68 – für das Jahr 2068
Die Waffe wird sein das Meer – vorher die Stadt wird gehalten.
Dann Abfahrt ohne Luft – langes Gehen.
Die Einwohner großen Raub begehen, indem sie die Erde nehmen werden.
Zurückgekehrt – Hundert werden zurückgelassen – Großes auf Anhieb.

Kurzkommentar:
Bericht von einer weiteren Weltraumunternehmung – vermutlich Mars.

Centurie X, Vers 69 – für das Jahr 2069
Beginn der Tatsache des neuen Mondes – Altes erwacht.
Wird sehr groß werden durch den Süden – Aquilon.
Von seiner Schwester beginnt sich Eigenständiges aufzubauen.
Flüchtige Mörder an der Macht des Tons der schönen Frau.

Kurzkommentar:
Fortsetzung des vorangegangenen Verses.

Centurie X, Vers 70 – für das Jahr 2070
Das Öl, das aus dem Gegenstand kommt, wird solche Ausmaße erreichen.
So sehr und so brennend, dass es zum Grab der Zeit des Schnees wird.
Auf dem Kiesfeld gebraucht man es – davon wird kommen die Abnahme.
Wenn der Primas unterliegt – kommt die Zeit der Landvermessung.

Kurzkommentar:
Die Polkappen schmelzen ab.

Centurie X, Vers 71 – für das Jahr 2071
Die Erde und die Luft werden gefroren sein – auch das große Wasser.
Weil man beginnen wird den göttlichen Krieg zu spielen.
Diejenigen, welche mit keiner schönen Haut geboren werden zu vier Teilen kommen, um ihm (dem Krieg) die Ehre zu erweisen.

Kurzkommentar:
Abkühlung der Erdatmosphäre infolge des Abschmelzens der Polkappen?

Centurie X, Vers 72 – für das Jahr 2072
Im Jahr 1000 des neuen Jahrhunderts nicht vor neunsieben Monaten.
Am Himmel wird ein großer König des Schreckens/Himmelskratzer erscheinen.
Wieder auferweckt wird der große König der Engel aus purem Gold. Fünfzehn vorher – eins danach. Tausend Sterne regieren für eine Weile.

Kurzkommentar:
Dies ist der berühmte Vers, der von vielen Nostradamus-Deutern und Astrologen als Katastrophenvers für 1999 herangezogen wird. In der hier hinterlegten Übersetzung liest sich der Text als Zeitangabe für ein Ereignis des Jahres 3100 minus 97 Monate = 8 Jahre 1 Monat = 3091 im Dezember. Bevor Sie urteilen, wer Recht haben könnte, sollten Sie den Text des Verses 91 lesen.

Centurie X, Vers 73 – für das Jahr 2073
Die Zeit zeigt für fünfhundert Jahre das, was vorübergegangen ist.
Sie wird gerichtet werden durch den großen idealistischen Spieler. Später wird die Welt seiner überdrüssig werden.
Und ihm untreu werden durch die Geistlichkeit, die ihm geschworen hat.

Kurzkommentar:
Hinweis, dass es im Jahr 2073 gelungen sein wird, die Prophezeiungen des Nostradamus bis ins letzte Detail zu identifizieren.

Centurie X, Vers 74 – für das Jahr 2074
Auf dem Rückflug wird dort eine große Zahl an vergiftetem Blut sterben.

Zu dieser Zeit kommt der König der Sterne empor – Spiele des Blutbades. Keine Verlängerung des großen 1000-jährigen Zeitalters.
Wenn sie eintreten haben sie ihre Gräber verlassen.

Kurzkommentar:
Drama während einer Weltraumexpedition.

Centurie X, Vers 75 – für das Jahr 2075
So sehr man es erwartet – es wird nicht zurückkehren jemals.
In vier Jahren in Europa und Asien wird hervortreten.
Einer der Vereinigung als Engel des großen Hermes.
Und alle Könige des Orients werden (an ihn) glauben.

Kurzkommentar:
Hinweis auf eine geheime Lehre.

Centurie X, Vers 76 – für das Jahr 2076
Der große Senat der Unterschiedslosigkeit aller wird großen Pomp entwickeln.
Einer der danach siegen wird – wird gejagt.
Seine Anhänger werden den Ton der Täuschung benutzen.
Gut veröffentlicht – Feinde stellen die Verfolgung ein.

Kurzkommentar:
Hinweis auf die Demokratieform und erste Entartungen.

Centurie X, Vers 77 – für das Jahr 2077
Dreißig Anhänger den Befehl desjenigen erhalten der berühmt ist.
Bekanntmachungen ihnen Gutes ihrer Gegner geben werden.
Alle ihre Wohltaten werden verspielt werden.
Eine Abteilung der Spanischen befreit – wird durch die Mächtigen der Luft.

Kurzkommentar:
Details des Aufstands gegen die spanische Vorherrschaft in Europa.

Centurie X, Vers 78 – für das Jahr 2078
Plötzliche Freude in plötzlicher Trauer.
Wird sein als Wohlgeruch der Gnade umarmt.
Großes Leid lässt ihre Waffen zusammenschrumpfen.
Gerichtet gegen die Vereinigung – aus der Luft Überrumpelungen und Zähmung.

Kurzkommentar:
Hinweis auf einen Papst, der als »Wohlgeruch der Gnade« bezeichnet wird.

Centurie X, Vers 79 – für das Jahr 2079
Die alten Wege werden alle verschönert werden.
Man verlässt sie – Zeit der gleichen Physik im Osten kommt.
Das große Meer wird durch den Gewaltigen von den Blumen der Unordnung geheilt.
Vorher wird es Erschütterungen der Luft der Erde des Meeres und ihrer Gegensätze geben.

Kurzkommentar:
Beschreibung einer neuen Wissenschaft im Osten – der Reinigung der Weltmeere von Algen?

Centurie X, Vers 80 – für das Jahr 2080
Um zu regieren der Schwarze zuvor die große regierende Regierung absetzt.
Durch die Macht der Waffen werden die großen Ländergrenzen bestimmt. Zeit der geöffneten Luft und der Herzog freut sich.
Zerstörung trägt das Neue der Töne — Tag des Dummkopfs.

Kurzkommentar:
Die politischen Grenzen werden mit Gewalt verändert.

Centurie X, Vers 81 – für das Jahr 2081
Der Schatz wird in den Tempel der Bewohner Spaniens gelegt.
Vier Jahre dasjenige zurückgezogen am geheimen Ort ist.
Der Tempel öffnet sich den Orten der Seelen-Vereinigung.
Wiedererlangt erfreuen sich zwei Könige des Wassers an Tausend Orten.

Kurzkommentar:
Spanien wird erneut als Sieger aus den Querelen hervorgehen.

Centurie X, Vers 82 – für das Jahr 2082
Zusammenschrumpfen ihrer Waffen mit Unkosten wird bei zehn kommen.
Scheinen vorher davor zu fliehen – danach Angriff.
Das ringsherum Eingepferchte – Angepflanzte – Gründliche auf der Hochebene.
Das Leben wieder ihn anstößt und getötet lacht es aus voller Höhe.

Kurzkommentar:
Hier werden Abrüstungsvereinbarungen beschrieben.

Centurie X, Vers 83 – für das Jahr 2083
Kampflos wird der Thron nicht gegeben werden.
Teilweise wird sein Zusammengezogenes gezwungen nach außen zu gehen.
Vom ausgezogenen Handschuh wird eingehämmert werden der Unterricht.
Was für eine Zeit steht bevor, in der alle die Wissenschaften verboten werden.

Kurzkommentar:
Eine radikale, den Wissenschaften feindliche Zeit wird angekündigt.

Centurie X, Vers 84 – für das Jahr 2084
Die Natur wird sehr erhöht – Hohes wird nicht gestürzt.
Die vier Künste kehren zurück – es kommt die Zeit, wo sie zufrieden sich vereinigen.
Der Krieg lange Zeit nicht mehr sein wird – er wird abgesattelt sein.
In dem das Gesetz herrscht und vergessen ist alles der vergangenen Zeit.

Kurzkommentar:
Zeit der Zurück-zur-Natur-Bewegung mit Rückständigkeit und der Unterwerfung.

Centurie X, Vers 85 – für das Jahr 2085
Der alte Tribun am Punkt der drei Halbkreise.
Wird unterdrückt werden – gefangen und nicht in Freiheit gesetzt.
Der Alte wird nicht wollen – das Böse wird schüchtern sprechen.
Durch Rechtskräftiges seiner Freunde – ausgeliefert.

Kurzkommentar:
Zeit einer revolutionären Bewegung gegen einen etablierten Herrscher.

Centurie X, Vers 86 – für das Jahr 2086
Wie ein Geier wird kommen der König Europas.
Begleitet von demjenigen von Aquilon – den Ersten, den man schon hat.
Von den Roten und Weißen werden geführt große Truppen.
Fünf werden durch die Luft gezogen sein – dort gegen die päpstliche Säule.

Kurzkommentar:
Wie schon im vorangegangenem Vers zu erkennen war, kommt es in dieser Zeit zu einem politischen Umbruch in Europa.

Centurie X, Vers 87 – für das Jahr 2087
Großer König wird kommen – nimmt die Grenze nahe bei Nizza. Das große Reich des Todes wird in dieser Zeit sein.
Ins Gegenteil wird sich der Traum Nizzas kehren.
Über dem Meer alles pulverisiert wird – alle lebendige Spreu.

Kurzkommentar:
Die Hoffnung der Christen, den Islam bei Nizza zu schlagen und Italien zurückzuerobern, schlägt fehl.

Centurie X, Vers 88 – für das Jahr 2088
Die Füße und die Haare in der Sekunde alt werden.
Man wird sich ausgedehnten Zutritt verschaffen – alles über dem Meer.
In vier Jahren das Fell kommt – Zeit des Losmachens der Rille.
Weinen, Knirschen, Blut für elf Jahre – eine sehr bittere Zeit.

Kurzkommentar:
Nostradamus beschreibt den Einsatz einer neuartigen Waffe, die den Menschen in Sekunden altern lässt.

Centurie X, Vers 89 – für das Jahr 2089
Aus Ziegeln von Marmor werden die Mauern verkleinert sein, Zweiundzwanzig Jahre Frieden.
Zur Freude der Menschen werden die Wasserleitungen wiederhergestellt. Gesundheit – gute Ernten – Freude und honigsüße Zeit.

Kurzkommentar:
Nach diesem regionalen Streit kündigt Nostradamus eine längere Friedenszeit an.

Centurie X, Vers 90 – für das Jahr 2090
Hundertmal sterben wird der unmenschliche Tyrann.
An seinen Platz gestellt. Versiegelt und gutmütig geworden.
Der ganze Senat wird sein unter seiner Hand.
Gekennzeichnet wird er sein durch Schlauheit und Waghalsigkeit.

Kurzkommentar:
Hier wird wieder Bezug genommen auf den Machthaber Europas, der seinerzeit durch einen Umsturz an die Macht gekommen ist.

Centurie X, Vers 91 – für das Jahr 2091
Römischer Klerus – im Jahr 1000 sechs hundert und neun.
Zum Chef der Esel wird er erwählt sein.
Aus einem grauen und schwarzen der Gesellschaft hervorgegangen, Welcher die elf nicht schlau gemacht hat.

Kurzkommentar:
Nostradamus beschreibt einen Vorgang im islamischen Rom des Jahres 2091 unserer Zeitrechnung und bezieht sich auf ein Ereignis des Jahres 1609 islamischer Zeitrechnung: Es geht um die Bestimmung eines islamischen Oberhaupts.

Centurie X, Vers 92 – für das Jahr 2092
Zuvor die zwei Kriege das Kind töten werden.
Zwei Kriege entstehen nach Eintritt des ionischen Stricks.
Umsichtiges Volk wird sich Mühe geben.
Bewegungslos ist der Herr der Tausend Spiele – wie ein Baumstumpf.

Kurzkommentar:
Ankündigung einer Auseinandersetzung, die heute noch nicht zugeordnet werden kann.

Centurie X, Vers 93 – für das Jahr 2093
Das neue Schiff wird brennend seine Reise aufnehmen.
Dort und in der Nähe wird das Reich umgestaltet werden.
In das Fell Hundert haben gebohrt – Rückgewinnung der Beherbergung.
Nahe zweier Kolonien wird gefunden werden Zerriebenes.

Kurzkommentar:
Start eines Weltraumschiffs ist unschwer herauszulesen. Diese Expedition wird, vermutlich auf dem Mars, eine frühere Zivilisation entdecken.

Centurie X, Vers 94 – für das Jahr 2094
Versagen im Osten durch Unterlassung – nicht Lebensgefahr.
Nicht gehorcht alles dem Diktat Spaniens.
Bei der zehn Vollgestopftes – um die große Bedingung zu erfüllen. Sechs entkommen – in engelhafter Kleidung.

Kurzkommentar:
Zu erkennen ist, dass Nostradamus einen Widerstand gegen die Vorherrschaft Spaniens in Europa sieht. Des Weiteren beschreibt Nostradamus ein Ereignis des bereits angesprochenen Weltraumunternehmens, bei dem Menschen mit Flugapparaten entkommen.

Centurie X, Vers 95 – für das Jahr 2095
In vier Jahren wird in Spanien ein sehr mächtiger König kommen.
Plötzlich über dem Meer und der Erde Großes aus dem Süden.
Das Übel verursacht eine Verringerung des Wachstums.
Erniedrigt die Flügel an demjenigen des Windes.

Kurzkommentar:
Nostradamus warnt vor einem neuen Diktator aus Spanien. Er erwähnt eine neue Krankheit, die das Wachstum verhindert.

Centurie X, Vers 96 – für das Jahr 2096
Religion mit dem Namen der siegreichen Mütter.
Gegen die Sekte der Söhne – er belohnt vorteilhaft.
Sekte ist halsstarrig – sehr zu bedauern – werden sich fürchten.
Schlag auf den Kopf hat sie verletzt – durch Aussatz – Aussatz.

Kurzkommentar:
Eine Frauenbewegung setzt sich durch, scheint aber Führungsprobleme zu haben.

Centurie X, Vers 97 – für das Jahr 2097
Dreifach nachgemessen worden ist alles – das Alter gefangen genommen. Zeit wird gut zu Schlecht – das Sanfte zum Beleidigenden.
Zwei Könige als Angreifer waren zu hastig.
Geldgierig vom Sehen – Beklagenswert im Winde der Feder.

Kurzkommentar:
Eine der ganz großen Zukunftsperspektiven: Die Ursachen des Alterns sind bekannt. Das Altern wird besiegt!

Centurie X, Vers 98 – für das Jahr 2098
Der helle Lichtstrahlenglanz der fröhlichen Jungfrau.
Wird sehr lange Zeit nicht leuchten.
Mit abtrünnigen Händlern kommen gehässige Wölfe.
Alle Messer verriegeln das Welt-Ungetüm.

Kurzkommentar:
Aus dem Weltraum wird eine Krankheit eingeschleppt, die man versucht (chirurgisch) abzuwenden.

Centurie X, Vers 99 – für das Jahr 2099
Das Ende des Wolfes des Löwen Stiers und Esels.
Schüchterner Kopf der Menge in der Luft mit der Masse sich einweiht. Nichts mehr ist teuer – strahlend das Süße.
Mehr Wachsamkeit und ein Altarvorhang für die Masseneinweihung.

Kurzkommentar:
Für diese Zeit sieht Nostradamus das Ende von politischen Weltanschauungen. Der Wolf konnte schon früher als Symboltier für den Kommunismus angesehen werden, der Löwe steht für den Kapitalismus, der Esel für den konservativen (politischen) Islam.

Centurie X, Vers 100 – für das Jahr 2100
Die große Herrschaft wird durch das Engelland errichtet.
Dem zweifach ungeschickten Geist; für mehr als 300 Jahre.
Große Serienfahrzeuge fahren über das Meer und das Land.
Die mit klarem Verstand werden darüber nicht glücklich sein.

Kurzkommentar:
Dies ist der Vers für das ganze dritte Jahrtausend und gleichzeitig für das 21. Jahrhundert. Demnach wird für den Zweifachstaat (England und USA) eine 300-jährige Weltherrschaft angekündigt. Gleichzeitig besteht in diesem Jahrhundert ein Problem, das durch die totale Mobilität der Menschen gekennzeichnet ist.

I. Centurie für die Zeit von 2101–2200

Centurie I, Vers 1 – für das Jahr 2101
Osten verhilft zuvor vier zum Sieg – Geheimnisse erforscht man.
Allein zurückgelassen – dasjenige, was in der Raumfahrt ist, erforscht man.

Die Lampe erlischt, weil sie das Bett der Sonne des Deutschen verlässt.
Die Tatsache entwickelt sich, die nicht Hundert ergibt – der König ist wieder nutzlos.

Eine andere, traditionelle Lesart:
Sitzend in der Nacht bei geheimen Studien,
allein auf einem bronzenen Sattel:
schwache Flamme kommt aus der Einsamkeit hervor,
begünstigt (erklärt), was nicht umsonst zu glauben ist.

Centurie I, Vers 2 – für das Jahr 2102
Hat man die reinigenden Herstellungsverfahren in der Hand,
Wird es in das Wasser der tausend verzweigten Orte geleitet.
Von der Welle wird die Insel zerrieben – das Ufer genauso wie der Sockel, eine Angst und der Glauben spricht von dem was fehlt.
Die Herrlichkeit Gottes. Das Göttliche ist nahe, um sich niederzulassen.

Wieder eine andere, traditionelle Lesart:
Die Rute in die Hand gegeben inmitten der Zweige.
Mit der Welle (Wasser) benetzt er den Saum und den Fuß.
Eine Angst und Stimme zittern durch die Ärmel.
Göttlicher Glanz, das Göttliche setzt sich nahe herbei.

Centurie I, Vers 3 – für das Jahr 2103
Wenn die Dreier-Liga alles beendet, wird die Stadt des Löwen weggeschüttet.
Und sie werden sich Zutritt verschaffen mit ihren Lügen – das Wasser ist zehnfach versteckt.
Die Öffentlichkeit wird durch das Neue geärgert.
Dann Weißes und Rotes richten wird – die Raumfahrt wird haben das Universum.

Centurie I, Vers 4 – für das Jahr 2104
Durch das Universum wird ein Königreich errichtet.
Welches den Frieden bringt und das Leben benötigt für lange nicht mehr die Lüge.
Infolgedessen das Ärgerliche des harten Schiffes sich verlieren wird.
Die Verwaltung davon wird in sehr großen Nachteil geraten.

Centurie I, Vers 5 – für das Jahr 2105
Getrieben werden sie sein, um in der Raumfahrt einen langen Kampf zu führen.
In den Ländern wird es einen sehr bedeutsamen Streik geben.
Um des Geworfenen willens man wird die ganz große Debatte verlassen haben.
Gerippe – das gute Schiff wird sein Herz erprobt haben.

Centurie I, Vers 6 – für das Jahr 2106
Wegen des Öls der Erde das Ärgernis wird sein auseinander gerissen.
Wegen zu vieler Füße der Bequemlichkeit werden sie Bankrott gehen.
Der Osten wird den Druck ausgelöst haben.
Den entgegengesetzten Weg als die Gallier geht er, wo die Raumfahrt ist.

Centurie I, Vers 7 – für das Jahr 2107
Spät kommt es zur Ausführung des göttlichen Willens.
Die Kraft ist gegen die Raumfahrt gerichtet – Verträge werden dem Ofen übergeben.
Die vierzehn Verschwörer der Feuersekte.
Durch die Raumfahrt, wo das Geheimnis ist, heilt das Wasser diejenigen, die sich dazwischen befinden.

Centurie I, Vers 8 – für das Jahr 2108
Wie viele Male wird die Sonnenstadt genommen und wieder besetzt.
Bevor es zum Wechseln zu den barbarischen Gesetzen und Begabungen kommt. Dein Unglück nähert sich vieles wird der Raumfahrt geopfert.
Das Große – die Eile lacht und verdeckt wieder deine Begabungen.

Centurie I, Vers 9 – für das Jahr 2109
Aus dem Orient wird die Regierung der zwei Vereinigten kommen.
Kaufen wird die lachende Hast das gehortete Erbe Roms.
Begleitet von der Gruppe der Libyschen.
Die Zeit des Honigs wieder einsetzt nahe den Inseln der Flucht.

Centurie I, Vers 10 – für das Jahr 2110
Schlangen werden übertragen in den Käfig des Weltraums.
Wo die siebzehn Kinder des Königs gefangen sind.
Die Alten und die Väter werden nicht verlassen haben diejenigen des Weltraums.
Altes wird sterben angesichts der Früchte, Tod und Schreie.

Centurie I, Vers 11 – für das Jahr 2111
Die Steuerung der Sinne des Herzens, der Füße und Hände werden in Einklang gebracht mit den Pfropflöchern, die man dort mit sehr feinen Haaren versieht.
Schwerter des Feuers – Wasser bei der Zehn – keine Macht bei Zehn – verletzt die Römer.
Von oben herab getötet – Tod durch die schwachen Gehirne.

Centurie I, Vers 12 – für das Jahr 2112
In vier Jahren wird man von den Beschnittenen sagen können:
Falsch – roh – unbearbeitet – zerbrechlich.

Aus der Tiefe zur Höhe erhoben zwei mit der Lüge Vertraute.
Dann umgehend Ungesetzliches und die Plünderung.
Fünf Führer des Weltraums nicht werden regieren können.

Centurie I, Vers 13 – für das Jahr 2113
Das Geschlecht der Inseln erscheint mit innerem Hass.
Im Weltraum hat man Strahlendes hergestellt – dort befindet sich der Bestandteil Gottes.
Im Geheimen hat man sich getroffen und spricht über die tausend wissenschaftlichen Erkenntnisse.
Und über die alten Wissenschaften gegen die sie sich erhoben haben.

Centurie I, Vers 14 – für das Jahr 2114
Von den versklavten Menschen werden Lieder gesungen und Bittschriften erstellt.
Gefangen durch die Prinzen sind die Herren der Gefängnisse.
Das was sich ereignen wird durch Idioten ohne Hoden.
Werden sie erhalten durch die göttliche Grabrede.

Centurie I, Vers 15 – für das Jahr 2115
Krieg uns droht durch die schöne Liga.
Siebzigmal wird das Blut vergossen.
Durch das Geworfene wird die Geistlichkeit zerstört.
Und viele der Führer werden es nicht zur Kenntnis nehmen wollen.

Centurie I, Vers 16 – für das Jahr 2116
Beschnittene der östlichen Engel.
Freude über das in die Luft Geworfene.
Am Ton des Hohen – Trog der Schwärmer Zions – Krankheit – Hunger – Tod durch die Hand der tausend Betten des Weltalls. Das Jahrhundert nähert sich dem Umbruch.

Centurie I, Vers 17 – für das Jahr 2117

Für 40 Jahre das Vorgelesene nicht zum Vorschein kommt.
Für 40 Jahre jeden Tag das Feuer sein wird.
Das Land an den sarazenischen Kriegsruf glauben wird.
Und große Sintfluten kommen werden, wenn die große Übersicht kommt.

Centurie I, Vers 18 – für das Jahr 2118

Durch den Missklang und die Fahrlässigkeit der gallischen Leute. Wird der Durchlass für Mohammed geöffnet.
Vom Blut getränkt die Erde und das Meer den Streit anfängt.
Der Hafen der angeschifften Masten, Segel und der bedeckten Schiffe.

Centurie I, Vers 19 – für das Jahr 2119

So dass die Schlangen kommen werden, um in der Luft zu kreisen. Das Blut von vier Königen wird vergossen – daher Verärgerung über die Spanier.
Durch sie wird kommen in großer Zahl Hilfe aus der Luft.
Beim Lebendigen versteckt euch in den Meeren in den Ausgebluteten.

Centurie I, Vers 20 – für das Jahr 2120

Der Weg lohnt sich im Jahr zwei – Gesetz des Engels der Irrtümer für Reims und Nantes.
Städte sind über den plötzlichen Wechsel verärgert.
Man spricht über den priesterlichen Engel des Ostens, der alles regelt und der den Tempel erhalten wird.
Sie haben den Tempel der Kunst der Erde und des Meeres erschüttert.

Centurie I, Vers 21 – für das Jahr 2121

Für diejenigen des Tönernen weiße Nahrung aus dem Felsen.
Was für ein Missbrauch ein Stern ist der Milchgebende.

In nutzlosem Tun man gewagt haben wird es zu berühren.
Überhebliche Östliche werden haben vier tönerne Irrtümer.

Centurie I, Vers 22 – für das Jahr 2122
Dasjenige das Leben wird und nicht haben wird irgendwelche Sinne.
Wird kommen zu lassen dem Tod seine Künstlichkeit.
Um ein Schleppnetz herum die Sache des Engels und seinen zwei Sinnen.
Das Graue ist vereist und wird großes Unheil verursachen.

Centurie I, Vers 23 – für das Jahr 2123
Im vierten Monat wird einer der Könige sich vor der Sonne erheben.
Das Blut bindet das »O«-Teil – Teil des Geländes vom Mars, um zu kämpfen.
Das »Teil« ermüdet am Himmel der Osten ist mit seinem Öl versehen.
Ein Adler, der um die Sonne herumfliegt und wer das sieht wird ausgelassen sein.

Centurie I, Vers 24 – für das Jahr 2124
Neue Situation des Nachdenkens bevor verurteilt wird.
Bittere Gesetze von zwei Königen des Weltraums erlassen werden, die gekommen sind, um das Ende zu belächeln.
Nach dem Sieg wird den Gefangenen Pardon gewährt.
Hundert wieder aufsteigen und 1000 Jahre große Entdeckungen machen.

Centurie I, Vers 25 – für das Jahr 2125
Der Hingerichtete der für lange Jahrhunderte versteckt war wird gefunden.

Es wird ein Hirte des Südens sein, der die Ehre haben wird.
Derartige Auswirkung, dass die Kette des Mondes ihr großes Zeitalter beginnt.
Durch andere Kräfte wird sie entehrt werden.

Centurie I, Vers 26 – für das Jahr 2126
Das Große wird getötet wo die Stunde stattfindet die einen Tag dauert.
Das Böse ist vorhergesagt dem Träger des in den Weltraum Gestellten.
In der nachfolgenden Vorhersage fällt die Stunde der Nacht.
Streit bei Reims dort man stark an der etruskischen Krankheit des Weltraums leidet.

Centurie I, Vers 27 – für das Jahr 2127
Unterhalb der Kette befindliches ruft die Führer des Himmels zurück. Unweit von da ist der Schatz versteckt.
Was für ein langes Jahrhundert wird traubenreich sein.
Erfunden wird des Sterbeöl zerbrochen die Zuständigkeit.

Centurie I, Vers 28 – für das Jahr 2128
Der Turm des Bocks wird glauben an gerechte Barbaren.
Für eine lange Zeit nach dem spanischen Boot.
Kranke Flügel der beweglichen Menschen alle beide im Weltraum haben werden großen Mangel.
Die Zeit als Radius gebrauche und die Eins befreie welch tödlicher Stachel.

Centurie I, Vers 29 – für das Jahr 2129
Wenn das Gift der Erde sich im östlichen Wasser befindet.
Durch die vage Macht der Kies wird bereitgestellt.
Seine fremde Form lieblich und schrecklich.
Über das Meer an die Mauern sehr bald die Feinde kommen.

Centurie I, Vers 30 – für das Jahr 2130
Das in der Fremde Geborene spricht vom Turm des Verstandes der Meereswissenschaften.
Zugang wird möglich Zeit des unbekannten Hafens ist nahe.
Keine Beachtung wird dem Zeichen des schwimmhäutigen Zweiges geschenkt.

Centurie I, Vers 31 – für das Jahr 2131
Innerhalb von vier Jahren die Gallier die harten Krieg haben werden.
Wo sich das Gitterwerk der Regierung der Hundert Sterne befindet dort man eine Monarchie schafft.
Zweifelhafte Siege durch vier große Könige die gekrönt werden.
Adler Hahn Mond Löwe Sonne sind davon betroffen.

Centurie I, Vers 32 – für das Jahr 2132
Das große Reich wird bald wo andershin verschoben.
An einen kleinen Ort welcher wohl bald zum großen Wachstum kommen wird. Der Ort wird wohl der Kleinste sein, zu klein, um gezählt zu werden
Wo in die Mitte sein Zepter gestellt wird.

Centurie I, Vers 33 – für das Jahr 2133
Nahe einer großen Brücke der spartanischen Ebene.
Der große Löwe durch die Kraft dieser Sarazenen entstehen wird.
Zeit der Niederwerfung außerhalb der unerbittlichen Stadt.
Erscheint der König der Häfen wird er bedrängt werden.

Centurie I, Vers 34 – für das Jahr 2134
Die Gesetze des fliegenden geraubten Wassers gehen nach dem Osten.
Bevor der Streit bei den Ranzigen als Tatsache erscheint.

Das eine Gute wird genommen, das andere zweifach weil links.
Ein Teil des Glaubens ist verletzt – wird beherrscht durch den guten Trog des Irrtums.

Centurie I, Vers 35 – für das Jahr 2135
Der junge Löwe den alten überragt.
Auf dem Feld der schönen Liga durch einfache Zweikämpfe.
Innerhalb von vier Jahren im goldenen Käfig werden ihm die Augen zerbrochen.
Zwei Gruppen – eine dann stirbt den unmenschlichen Tod.

Centurie I, Vers 36 – für das Jahr 2136
Zu spät wird sich der Monarch aufmachen, um zu bereuen.
Weil er nicht getötet hat seinen Widersacher in der Luft.
Aber er wird bald wiederkommen durch die Zustimmung der großen Höhe. Damit alle seines Blutes durch den Tod in die Luft versetzt werden.

Centurie I, Vers 37 – für das Jahr 2137
Etwas vorher werden die Sonnenflügel die Wissenschaften untergraben.
Der Streit steht bevor das große Volk ist voller Zweifel.
Für eine Vereinigung zur Liga der Häfen die Meereswissenschaftler keine Antwort geben werden.
Der gute Kopf ist verschwunden an zwei unbekannte Orte.

Centurie I, Vers 38 – für das Jahr 2138
Die Sonnenflügel und der Adler zum Sieger werden durch den König, der erscheinen wird.
Die Antwort ist nutzlos für die Besiegten, die man zu Beisitzern macht. Aus Barmherzigkeit keine Schreie Geharnischter, die man nicht gefangen nimmt.
Die Sieger bestimmen den Frieden durch die totale Beendigung zur selben Stunde.

Centurie I, Vers 39 – für das Jahr 2139
In der Nacht im Bett des Höchsten erwürgt der östliche Engel.
Weil man sich hat zu viel erholt die Hellen erheben sich.
Durch drei Reiche ausgeschlossen vom Schlüssel.
Die Garde wird getötet und das Bündel wird nicht am Ort sein.

Centurie I, Vers 40 – für das Jahr 2140
Die Täuschung erfolgt durch Fälschen des verborgenen Öls.
Zeit von Byzanz in der ein Wechsel zu anderen Gesetzen erfolgt.
Ägyptische Geschichte erstrahlt – man möchte sie verfeinern.
Ein Erlass wird verändert, bevor die Münzen ungesetzlich werden.

Centurie I, Vers 41 – für das Jahr 2141
Der Thron in der Stadt des Ostens wird in der Nacht angegriffen.
Man flieht nicht mehr weit – der Streit des Meeres.
Mitgenommen wird die Freude zurückkehren werden Söhne der Inseln der Zwietracht.
Fische und Verträge versteckt in den zwei Betten.

Centurie I, Vers 42 – für das Jahr 2142
Die Zehn ist für denjenigen, der der Kopf geworden ist im April durch die gotische Tatsache.
Schätze verbraucht die Stadt noch durch die schlauen Menschen.
Das Feuer des Ostens vereinigt sich teuflisch.
In dem es die Knochen der Getöteten sucht – die Dame ist zuvor enthaart.

Centurie I, Vers 43 – für das Jahr 2143
Zuvor – was für ein Zulauf der Wechsel der Herrschaft hat.
Die Insel wird hinzukommen – ein Fall besonderer Großartigkeit. Der Platz entwickelt sich durch den Stützpfeiler des

fein Zerriebenen. Hingestellt – verwandelt unter dem Feld des Nichtöligen, um es zu haben.

Centurie I, Vers 44 – für das Jahr 2144
In Kürze werden zurückkommen Opferbringende.
Gegen das Kommende werden Märtyrer gemacht.
Dann wird es keine Mönche, Äbte, keine Novizen geben.
Der Honig wird so teuer wie ein König werden.

Centurie I, Vers 45 – für das Jahr 2145
Im Bereich der Sekten große Züchtigung durch Denunzianten.
Bestien im Theater dressiert für das bühnenmäßige Spiel.
Infolge der antiken Tatsache unrühmliche Erfindungen.
Durch Sekten ist die Welt verwirrt und gespalten.

Centurie I, Vers 46 – für das Jahr 2146
Alles nach dem großem Thau vom östlichen Gold und Spiegel.
Großes Feuer des Himmels in drei Nächten herabfallen wird.
Deshalb wird hinzukommen bald Dummes und Spiegelndes.
Wohl ein wenig danach die Erde erschüttert wird.

Centurie I, Vers 47 – für das Jahr 2147
Am Genfersee die Gleichgesinnten werden unzufrieden sein.
Die Tage werden kürzer sein, Teil der Wochen, dann die Monate, dann das Jahr, dann alles in Ohnmacht schwächer wird.
Die Ratsherren werden verdammt haben ihre nutzlosen Gesetze.

Centurie I, Vers 48 – für das Jahr 2148
20 Jahre der Regierung des Mondes werden vorübergehen.
7000 Jahre werden seine Herrschaft anders halten.
Wenn die Sonne ihre Tage erschöpft hat.
Dann vollendet ist der Maßstab meiner Prophezeiung.

Centurie I, Vers 49 – für das Jahr 2149
Viele zuvor sehr große Umtriebe gemacht haben werden.
Diejenigen des Orients sprechen über die Tugend des Mondes.
Im Jahre 1000 sieben Hundert wird die große Mitnahme gemacht.
Das gerichtet wird ist nahe zuvor – wird beinahe der Winkel acht zu dem, was im Weltraum ist erreicht.

Centurie I, Vers 50 – für das Jahr 2150
Von denen, die im Wasser leben, die dreifache Stadt wird gegründet. Einen wird es geben, der den Donnerstag zu seinem Festtag macht.
Der Ton dröhnt – das Gesetz regiert – seine Macht wächst.
Über Land und Meer bei der Zehn im Orient ein Unwetter losbricht.

Centurie I, Vers 51 – für das Jahr 2151
Der Herr der Rückständigen im Glück und Unglück.
Ewiger Gott, welche Veränderungen!
Für ein langes Jahrhundert seine ausgekochte Zeit zurückkehrt.
In Gallien und Italien was für Bestürzung.

Centurie I, Vers 52 – für das Jahr 2152
Die zwei Bösen des Skorpions vereinigen sich.
Der große Herr wird in dem Saal ermordet.
Die Krankheit der Kirche durch den neuen König verursacht wird.
Niedergang Europas, Nord- und Südeuropa.

Centurie I, Vers 53 – für das Jahr 2153
Überdrüssig macht man dem großen Volk Sorgen.
Und das heilige Gesetz ist völlig zerstört.
Durch andere Gesetze alles unchristlich wird.
Wenn das Gold, das Silber von neuem zu unterwandern beginnt.

Centurie I, Vers 54 – für das Jahr 2154
Zwei Revolten werden vom Übel des leichten Krieges ausgehen.
Diese Regierung für ein Jahrhundert große Veränderungen verursacht haben.
Das bewegliche Zeichen hat geläutet – das Recht befindet sich sehr im Krieg.
Zu den zwei Gleichen die Verbindungen.

Centurie I, Vers 55 – für das Jahr 2155
Unter dem gegensätzlichen babylonischen Klima.
Großes wird sein ohne Blutvergießen.
Für das Land und das Meer die Luft und der Himmel wird sein äußerst ungerecht.
Sekten – Hunger – Regierungen – Krankheiten – Verwirrung.

Centurie I, Vers 56 – für das Jahr 2156
Ihr werdet machen früher und später große Veränderungen der Luft. Äußerste Entsetzlichkeiten und Sühne.
Wenn der Mond zum Sieg geführt wird durch seine Engel.
Der Himmel nähert sich der Neigung.

Centurie I, Vers 57 – für das Jahr 2157
Durch großen Streit der Sturm ausgelöst wird.
Begleitet vom Brechen des aufgerichteten Kopfes am Himmel.
Die Münder der Engel zuvor in dem Blut baden werden.
Im Öl das Angesicht Gesalbter von Milch und Honig.

Centurie I, Vers 58 – für das Jahr 2158
Eingeschnitten der Bauch, wird etwas mit zwei Köpfen gebären.
Und vier Arme, die einige Jahre ungeteilt leben werden.
Am Tag, an welchem elf des Gesetzes feiern werden ihre Feste.
Knöchrig, tot, es ist das Schüreisen — Luftmangel wird folgen.

Centurie I, Vers 59 – für das Jahr 2159
Die Verbannten werden auf die Inseln verbracht.
Beim Wechsel zu einem sehr entsetzlichen Monarchen.
Werden sie ermordet und versetzt um zu besitzen das Schimmern der Sterne.
Wer davon spricht nicht wird vor Gericht für sie auftreten können.

Centurie I, Vers 60 – für das Jahr 2160
Ein zweifacher Krieg wird entstehen bei Italien.
Welche die Macht des Reiches verteuern und töten wird.
Man spricht mit einigen Menschen der Inseln und demonstriert.
So dass man immer weniger Hell statt Mäuler finden wird.

Centurie I, Vers 61 – für das Jahr 2161
Die öffentliche Liga wird in den Weltraum versetzt, um verletzt zu werden.
Der Fall wird eintreten, dass der Kopf des neuen Rates getötet wird.
Ihre große Anhäufung von Verbannten und übel Verhexten.
Zeit des Angstschweißes entzückt über ihren großen Vertrag werden sie sein.

Centurie I, Vers 62 – für das Jahr 2162
Der große Verlust wird eintreten – überdrüssig wegen des Weltraums macht man Verträge.
Zuvor am Himmel dort die Tatsachen eintreten werden.
Großes Unglück kommen wird – viele lassen ihr Zepter zurück.
So dass man für ein Jahrhundert nichts wird wiederherstellen können.

Centurie I, Vers 63 – für das Jahr 2163
Die Blumen gibt es nicht mehr – die Welt ist kleiner geworden.
Lange Zeit der Frieden die Länder nicht bewohnen wird.

Aufmarsch erfolgt – Zeit des Himmels der Erde des Meeres und der Welt.
Dann das Neue die Kriege hervorruft.

Centurie I, Vers 64 – für das Jahr 2164
Des Nachts hat man die Sonne – ausgedacht hat man das Feuer.
Wenn aus dem Schwein halbe Menschen gemacht wurden.
Dröhnendes singen, Kampf am Himmel, besiegen die Übersicht.
Und einfache Tiere man im Weltraum anbetet.

Centurie I, Vers 65 – für das Jahr 2165
Kinder ohne Hände – niemals wollen sie ein größeres Fass.
Das königliche Kind beim Spiel den Osten verletzt haben wird.
Zur Zerschlagung der Macht des Schwefels. Gemahlenes für den Krieg hergestellt wird. Drei in Ketten in der Mitte aufgeputzt werden.

Centurie I, Vers 66 – für das Jahr 2166
Derjenige welcher sodann die Neuheiten besitzt.
Nach einem der kommen wird, um Atem zu holen.
Der Fischteich ist nicht der Berg des Krieges und zwei erstrahlen.
Graues und Zeit des Ostens sie verursachen unterschwellig Schlimmes.

Centurie I, Vers 67 – für das Jahr 2167
Den großen Freund, welchen ich durch Intuition sich nähern sehe.
Unter dieser Kraft dreht es sich – dann wird entstehen das östliche Universelle.
So groß und so lang, dass man es herausreißen will.
Aus dem Wald der Wurzeln, von dem man zuvor nach dem Honig gefragt hat.

Centurie I, Vers 68 – für das Jahr 2168
O welch schreckliche und üble Wende.
Drei unschuldige Könige, die man zur Macht erheben wird.
Gift ist verpönt – das Übel bewacht vier Leuchtende.
Versetzt in Entsetzen durch die beleidigten Henker.

Centurie I, Vers 69 – für das Jahr 2169
Im großen Gebirge vollenden sich die sieben Stadien.
Nach dem Frieden folgt Krieg, Hunger, Ungehorsam.
Wird weite Teile erfassen – Missbrauch und große Widersprüche.
Selbst Altes und große Gründungen sind davon betroffen.

Centurie I, Vers 70 – für das Jahr 2170
Regen – Hunger – Krieg der von Persien ausgeht hört nicht auf.
Der zu feste Glaube verrät den Monarchen.
Man spricht über die Einweihung, die in Gallien beginnt.
Geheime Weissagung für ein östliches Schiff.

Centurie I, Vers 71 – für das Jahr 2171
Der Turm des Meeres wird dreimal erobert und befreit.
Durch die »spanischen Nüsse« des Bärtigen und durch die Liga der Wildschweine.
Die Insel des Krieges ist der Dachs, verursacht durch diejenigen, die Pisa halten.
Ausgedehntes Feuer aus der Luft – Plünderung der Zwiebel des Wildschweins.

Centurie I, Vers 72 – für das Jahr 2172
Getötet alle Bewohner auf der Insel des Krieges die überlaufen.
Die Regierung ist gefolgt bis in die Nähe des Löwen.
Was nicht besetzt ist, nichts Schmerzhaftes durch den Teil des beleidigten Wassers erfährt.
Getötet die Gefangenen bei einer Million durch einen tausendfachen Löwen.

Centurie I, Vers 73 – für das Jahr 2173
Ranziges wird in fünf Teile durch versäumten Überfall geteilt. Getötet, gejätet wird das meiste durch die rasierten Wissenschaftler. Der Löwe ist in seiner Stadt, sein Schiff man überfallen wird.
Nicht wird emporkommen die Gruppe – man spricht über die kommenden Wissenschaften.

Centurie I, Vers 74 – für das Jahr 2174
Zum Durchsetzen seines Aufenthaltes das Kriegsschiff des Weltraums die Macht besitzen wird.
Die große Hilfe wird kommen gegen den Antiochier. Das schwarze Fell gekräuselt, wird er mit Gewalt das Reich halten.
Das Bärtige in der Luft wird sich schließlich drehen wie ein Spieß.

Centurie I, Vers 75 – für das Jahr 2175
Der sehr feindliche Tyrann wird nicht in die Falle gehen.
Die Macht gewinnt derjenige, der die Meeresabteilung besitzt.
Die beiden Armeen durch die Bezeichnung des Jahres sich ankündigen werden.
Erscheinen wird der strahlende Herr ohne Einschränkung.

Centurie I, Vers 76 – für das Jahr 2176
Von einem menschenscheuen Namen und für den Krieg wird er sein.
Das was die vier Könige verschlossen haben, wird als verhängnisvoller Name erscheinen.
Dann wird das Volk durch die Sprache groß und über Tatsachen sprechen. Mehr als Null werden brüllend erscheinen, um wiederzubenennen.

Centurie I, Vers 77 – für das Jahr 2177
Zwischen zwei Meeren erbaut wird die Förderung.
Bis sie dann sterben wird durch den Tod des Pferdes.
Die Wissenschaften des Neptun werden zusammenfalten das schwarze Segel. Zwei Tore werden gebaut – hundert verlassen die Nähe des rosa Pferdes.

Centurie I, Vers 78 – für das Jahr 2178
Von einem alten Herren die Kunst der abgestumpften Sinne wird erfunden. Verkümmert zuvor werden sein Teile des Wissens und Teile der Waffen.
Der Herr von Frankreich wird sich vor seiner Schwester sehr fürchten. Auf dem Feld Geteiltes gesteht den Menschen Waffen zu.

Centurie I, Vers 79 – für das Jahr 2179
Das Geld des östlichen Basars ist dem Gram preisgegeben.
Gefühlsausbrüche durch die Gesetze Querelen und Vorrechte.
Wenn Lanzen gebrochen werden, das Land wird sich der Zerstörung aussetzen.
Wiedererneuerung des Weltraums der kraftlosen Thau-Stadt.

Centurie I, Vers 80 – für das Jahr 2180
In sechs Jahrhunderten wird die Luft in himmlischer Pracht sein.
Es wird zu einer gewaltigen Wende in der Burg, die man bauen wird, kommen.
Dann werden geboren Ungeheuer von einer sehr bestialischen Scheußlichkeit.
Mars – April – Mai – Juni – großer Karpfen und große Ratten.

Centurie I, Vers 81 – für das Jahr 2181
Die neue Fahne der Unmenschlichkeit wird teilweise aufgepflanzt.

Vom Urteilsvermögen und Ratschlägen sind sie getrennt.
Ihr Ausstieg wird bei der Abreise getrennt erfolgen.
Kopf nicht T – hurra – T ist gleich A – zweifach D. A 1000 Schätze die verbannt sind, ins Quadrat gesetzt.

Centurie I, Vers 82 – für das Jahr 2182
Wenn die Krägen aus Holz erfunden werden, erfolgen große Erschütterungen.
Gleich lange Kriege zum Sieg führen im Untergrund das Rotreiche.
Lange Brände im Weltraum bis der große Zusammenschluss stattfindet. Erschütterungen im Weltall das Leben wird geboren in den Ländern mit den gleich vielen Reichtümern.

Centurie I, Vers 83 – für das Jahr 2183
Die fremden Menschen werden teilen die Kriegsbeute.
Der Umlauf des Mars bewacht wieder sein Furioses.
Schreckliche Fremde – auf dem Rücken von Hundert Jahren die Zeit der Wissenschaften.
Griechisches, welches zu Kuriosem zerrieben wird.

Centurie I, Vers 84 – für das Jahr 2184
Das eine Unbekannte bei der zwei sich in der Finsternis vollendet.
Sein Irrtum geht vorüber in den Farben des Irrtumschaffenden.
Das große Versteck für lange Zeit unter den Dunkelheiten sein wird.
Wird den Weltraum erobern in dem Spiel der Wissenschaftler.

Centurie I, Vers 85 – für das Jahr 2185
Man spricht über die Antwort des Kopfes der Seelen, die den König erschüttern.
Die Botschafter haben ihr Leben verachtet.
Das Große seine Kriege gegen den Weltraum verdoppelt.

Durch die Zwei vollendet sich das Sterben – betrunken vor Hass sind die Feinde.

Centurie I, Vers 86 – für das Jahr 2186
Die große Königin wird erstehen, wenn sich der Sieg einstellt.
Zeit der Exzesse des männlichen Mutes.
Auf dem Pferd reiten ganz nackte Blumen vorüber.
Es folgen im Weltraum aus Stolz verursachte Beleidigungen.

Centurie I, Vers 87 – für das Jahr 2187
Indem sie Streit suchen, haben sie getötet das Zentrum der Erde.
Zeit der Erschütterungen im Umkreis der neuen Stadt.
Zwei große Felsen für lange Zeit Krieg führen.
Bis die Macht des Einsperrens gebraucht wird rötet sich die neue Blume.

Centurie I, Vers 88 – für das Jahr 2188
Das göttliche Leid übernehmen wird der große Prinz.
Ein wenig davor wird erscheinen die verheiratete Frau.
Ihre Ohnmacht und ihr Kredit wird auf einen Schlag gemindert.
Der Rat wird sterben wegen der rasierten Köpfe.

Centurie I, Vers 89 – für das Jahr 2189
Alle diejenigen der Insel der Glaubensabtrünnigen werden sein in vier Jahren zu eingesalzenen Seelen.
Dem Tode preisgegeben alle diejenigen der wahren Gesetze und der Wissenschaften.
Die Regierung des Hofes des Meeres wird kommen – bald große Verschleierung stattfinden wird.
Wenn die Spanier alle Adern öffnen werden.

Centurie I, Vers 90 – für das Jahr 2190
Für die Gewässer dreifache Kraft durch die Sonde die vom Land kommt. Eine große Gruppe wird flach geschlagen von den En-

geln, die man besitzt. Gegen die Gallier wird der strahlende Berg erbaut.
Wenn das scheußliche Ungeheuer geboren wird nahe des Goldes.

Centurie I, Vers 91 – für das Jahr 2191
Die zwei werden sich den äußeren Anschein des Menschlichen geben.
Dieses so, dass sie die Autoren des großen Streits sein werden.
Bevor das Feuer des Himmels erfunden wird, werden sich die zwei duellieren.
Gegen das, was zur linken Hand ist, die größte körperliche Pein sein wird.

Centurie I, Vers 92 – für das Jahr 2192
Unter Einem – der Frieden für alle fordern wird.
Aber wenig später Plünderung und Aufstand erfolgen werden.
Durch den Wiedergebrauch der Insel das Land und Meer verwundet wird. Tote und Gefangene an das Dreifache einer Million es geben wird.

Centurie I, Vers 93 – für das Jahr 2193
Vier Kriege nahe der italienischen Berge es geben wird.
Löwe und Hahn sich nicht zu eng zusammenschließen.
Vom Ort der Angst der eine den anderen verblüfft.
Nur die hundert Sterne und die Geflügelten wirken mäßigend ein.

Centurie I, Vers 94 – für das Jahr 2194
An der Grenze zum Salzigen der Tyrann wird entmachtet.
Die Freiheit sodann nicht wieder bedeckt wird.
Der neue Krieg wird durch den Wein ausgelöst und endet wieder.

Die Frau wird durch die Macht der ehrenwerten Strahlenden eingesetzt.

Centurie I, Vers 95 – für das Jahr 2195
Zuvor wird das dreifache Moos erfunden das Kinder benötigen.
Vom heldenhaften Blut zu Mönchen und Baufälligem.
Der dröhnende Ton wird durch die Sekte der Sprache und die Macht des Tons erzeugt.
Das, von dem man sprechen wird, mächtig erhebt seine linke Spitze.

Centurie I, Vers 96 – für das Jahr 2196
Derjenige welchen die Verantwortung der Zerstörung tragen wird. Sich Zeit lässt und die Sekten übertreten zu dem, was vor Asien gewesen ist.
Mehr zum Felsen des Irrtums als zum Leben übertreten – die Nacht wird über sie hereinbrechen.
Durch die verzierte goldene Sprache die Insel der asiatischen Rasse entsteht.

Centurie I, Vers 97 – für das Jahr 2197
Dasjenige, was im Weltraum ist, die Seele nicht erhalten hat, um sich zu vollenden.
Die süßen Reden im Rat werden das Leben zwischen den Lüften wollen. Durch die Beruhigung des gefrorenen Tons der König in der Luft den Überblick erhält.
Viele Gegner sich daraus ergeben – Blut wird gestellt in das Bett der Luft.

Centurie I, Vers 98 – für das Jahr 2198
Der Herr, der das Volk der Unwissenheit zum Sieg geführt hat, weit vom Ton des Himmels sich befindet und eine fremde Sprache spricht.

Hundert durchdringen tausend – Hundert werden wiederbeköpft und in die salzige These eingeweiht werden.
Der Herr flüchtet wissend in die maritime Scheune.

Centurie I, Vers 99 – für das Jahr 2199
Der große Monarch, welcher einberufen wird die Versammlung.
Mit zwei Königen, die in Freundschaft vereinigt sind.
O welch Seufzer wird machen der große Handwerker.
Von den Jahren im Umkreis nicht eines gut sein wird, welch Mitleid.

Centurie I, Vers 100 – für das Jahr 2200
Für lange Zeit wird im Weltraum das Geheimnis der Zeit des griechischen Feuers zu sehen sein.
Geschickt bereitet aus vier Ölen und vom dosierbaren Rohr dreifach zurückgekehrt.
Gehalten die Morgendämmerung – hundert von einem grünen Unnützen zuvor verzweigt werden.
Sterben wird bald das Große und eingeweiht das, was irrt.

Teil VI
Anhang

1 Literaturverzeichnis – eine Auswahl

Deutschsprachige Literatur

Allgeier, Kurt: »Die Prophezeiungen des Nostradamus«, München 1988

Allgeier, Kurt: »Die geheimen Rezepte des Nostradamus. Gesammelt und für unsere Zeit aufbereitet.«

Allgeier, Kurt: »Prophezeiungen über unser Schicksal vor der Jahrtausendwende.«

Centurio, N. Alexander: »Nostradamus – Prophetische Weltgeschichte, Bietigheim, 9. Aufl. 1977

Dimde, Manfred: »Die Weissagungen des Nostradamus – Neu entschlüsselt«, München, 3. Aufl. 1992

Drude, Karl: »Nostradamus«, Berlin 1968 (Privatdruck)

Drude, Karl: »Das magische Quadrat des Nostradamus.«

Eilenberg-Kraus: »Entschlüsselte Zukunft – Gedeutete Vergangenheit«, Langen 1981 (Privatdruck)

Fontbrune, Max de: »Was Nostradamus wirklich sagte«, Wien 2. Aufl. 1981

Fuchs, Eberhard: »Nostradamus«, Rastatt 1987

Greene, Liz: »Ich, Nostradamus, Magier und Prophet«, München 1983 (vermutlich vergriffen)

Noah, Bruno: »Nostradamus – Prophetische Weltgeschichte von 1547 bis gegen 3000«, Berlin 1928

Patrian, Carlo: »Nostradamus – Die Prophezeiungen«, Fribourg 1982 (vermutlich vergriffen)

Putzien, Rudolf: »Friede unter den Völkern – Die Weissagungen des Michael Nostradamus«, München 1968

Rösch, Eduard: »Das Schicksalsbuch der Weltgeschichte«, Pfullingen 1982

Shulman, Sandra: »Enzyklopädie der Astrologie«, London 1976

Voldben, Amadeus: »Nostradamus und die großen Weissagungen über die Zukunft der Menschheit«, München 2003

Winkler, Bruno: »Nostradamus und seine Prophezeiungen für das zwanzigste Jahrhundert«, Görlitz 1939

Wöllner, Christian: »Das Mysterium des Nostradamus«, Leipzig 1926

Französischsprachige Literatur

»Les Prophéties de M. Michel Nostradamus«, Nizza 1981
Bellecour, Elisabeth: »Nostradamus Trahi«, Paris 1981
Corvaja, Mireille: »Les Prophéties de Nostradamus«, Paris 1977
Fontbrune, Jean Charles de: »Nostradamus – Historien et Prophete«, Monaco 1982
Hutin, Serge: »Les Prophéties des Nostradamus«, Paris, 3. Aufl. 1981
Kert, Christian: »Nostradamus – Le mage de Salon«, Salon o. J.
Laroche-Valmont, Jean-Quentin: »Les Prophéties de Nostradamus«, Paris 1981
Leroy, Edgar: »Nostradamus – Ses origines, sa vie, son œuvre«, Bergerac 1982
Rouvier, Camille: »Nostradamus et Les de Nostredame«, Marseille o. J.

Englische Literatur

Cheetham, Erika: »The Man Who Saw Tomorrow«, New York, 18. Aufl. 1987
Cheetham, Erika: »The Further Prophecies of Nostradamus«, New York, 11. Aufl. 1985
Francis, David Pitt: »Nostradamus -Prophecies of Present Times?«, Wellingborough, 2. Aufl. 1986
Leoni, Edgar: »Nostradamus and His Prophecies«, New York 1982
McCann, Lee: »Nostradamus – The Man Who Saw Through Time«, New York, 8. Aufl. 1986
Robb, Stewart: »Prophecies an World Events by Nostradamus«, New York 1961
Roberts, Henry C.: »The Complete Prophecies of Nostradamus«, Oyster Bay, 46. Aufl. 1981

2 Die Texte der Centurien IX, X und I

Centurie IX

IX/1 Dans la maison du traducteur de Bourc
Seront les lettres trouvées sus [sus] la table,
Borgne, roux, blaue, chenu tiendra de cours,
Quichangera au nouveau Connestable.

IX/2 Du hault du mont Aventin voix ouye,
Vuidez, vuidez de tous le[s] deux costez,
Du sang des rouges sera l'ire assomie,
D'Arimin Prato, Columna debotez.

IX/3 La magna vaqua à Ravenne grand trouble,
Conduicts par quinze enserrez à Fornase:
A Rome naistra deux monstres à teste double,
Sang, feu, deluge, les plus grand à l'espace.

IX/4 L'an ensuyvant descouverts par deluge,
Deux chefs esleuz, le premier ne tiendra
De fuyr ombre à l'na d'eux le refuge,
Saccagée case qui premier maintiendra.

IX/5 Tiers doigt [doibt, doit] du pied au premier semblera,
A un nouveau Monarque de bas haut,
Qui Pyse et Luques Tyran occupera
Du precedent corriger le deffau[l]t.

IX/6 Par la Guyenne infinité d'Anglois
Occuperont par nom d'Anglaquitaine,
Du Languedoc Ispalme Bourdelois,
Qu'ils nommeront apres Barboxitaine.

IX/7 Qui ouvrira le monument trouvé,
Et ne viendra le serrer promptement,
Mal luy viendra, et ne pourra prouvé
Si mieux doit estre Roy Breton ou Normand.

IX/8 Puisnay Roy fait son pere mettra à mort,
Apres conflict de mort tres-inhonnesté:
Escrit trouvé soupcon donra remort,
Quand loup chassé pose sur la couchette.

IX/9 Quand lampe ardente de feu inextinguible
Sera trouvée [trouué] au temple des Vestales,
Enfant trouvé feu, eau passant par crible:
Perir eau, Nismes [Nymes], Tholose cheoir les hal[l]es.

IX/10 Moyne moynesse d'enfant mort exposé,
Mourir par ourse et ravy par verrier.
Par Fois et Pamyes le camp sera posé
Contre Tholos[z]e Carcas dresser forrier [fourier].

IX/11 Le juste à tort à mori l'on viendra mettre
Publiquement, et du milieu estaint:
Si grande peste en ce lieu viendra naistre,
Que les jugeans fuyr seront contraints.

IX/12 Le tant d'argent de Diane et Mercure
Les simulachres au lac seront trouvez:
Le singulier [figulier] cherchant argille neufve
Luy et les siens d'or seront abbreuvez.

IX/13 Les Exilez autour de la So[u]longne,
Conduicts de nuict pour marcher [en] [à] l'Auxois I [Lauxois],
Deux de Moden[n]e truculent de Bologne,
Mis descouverts par feu de Burancois.

IX/14 Mis en planure chauderon d'infecteurs,
Vin, miel et huyle, et bastis sur fourneaux
Seront plongez, sans mal di[c]t mal facteurs
Sept.fum. extaint [extinct] au canon des bo[u]rdeaux
[borneaux].

IX/15 Prés de Parpan les rouges detenus,
Ceux du milieu parfondrez menez loing:
Trois mis en pieces, et cinq mal soustenus,
Pour le Seigneur et Prelat de Bourgoing.

IX/ 16 De castel Franco sortira I'assemblée,
L'ambassadeur non plais[s]ant sera scisme:
Ceux de Ribiere seront en la meslée,
Et au grand goulphre [gouffre] desnieront
[desnier ont] l'entrée.

IX/17 Le tiers premier pis que ne fit Neron,
Vuidez vaillant que sang humain respandre:
R'edifier fera le forneron,
Siecle d'or, mort, nouveau Roy grand esclandre.

IX/18 Le lys Dauffois portera dans Nansi,
Iusques en Flandres Electeur de l'Empire,
Neufve obturée au grand Montmorency,
Hors lieux prouvez delivre à clere peine.

IX/ 19 Dans le milieu de la forest Mayenne,
Sol au Lyon la foudre tombera,
Le grand bastard yssu du grand du Maine,
Ce jour Fougeres pointe en sang entrera.

IX/20 De nuict viendra par la forest de Reines,
Deux pars vaultore Herne la pierre blanche,
Le moine noir en gris dedans Varennes
Esleu cap, cause tempeste, feu sang tranche.

IX/21 Au temple hau[l]t de Bloys sacre Salonne,
Nuict pont de Loyre, Prelat, Roy pernicant:
Curseur [Cuiseur] victoir[e] aux marests de la
Lone [Sone, Ione],
D'où prelature de blancs abormeant.

IX/22 Roy et sa cour au lieu de langue halbe,
Dedans le temple vis à vis du palais
Dans le jardin Duc de Mantor et d'Albe,
Albe et Mantor poignard langue et palais.

IX/23 Puisnay jouant au fresch dessous la tonne,
Le hau[l]t du toict du milieu sur la teste:
Le pere Roy au Temple sain[c]t Salonne [Solonne],
Sacrifant sacrera fum de feste.

IX/24 Sur le palais au rochier de fenestres
Seront rauis les deux petits royaux,
Passer aurelle Luthece Denis cloistres,
Nonnain, Mallods avaller veris noyaux.

IX/25 Passant les Ponts venir prés des rosiers,
Tard arrivé plustost qu'il cuydera,
Viendront les nones [noves, noues] Espanols à Besiers,
Qu'[a] icelle chasse emprinse cassera.

IX/26 Nice sortie sur nom des lettres aspres,
La grande cappe fera present non sien:
Proche de Vultry aux murs des vertes capres
Apres plombim le vent à bon essien.

IX/27 De bois la garde, vent clos rond pont sera,
Hau[I]t le receu frappera le Dauphin,
Le vieux teccon bois unis passera,
Passant plus outre du Duc le droi[c]t confin.

IX/28 Voille Symacle port Massiliolique,
Dans Venise port marcher aux Pannons:
Partir du goulfre et Synus Illyrique,
Vast à Socille, Ligurs Coups de canons.

IX/29 Lors que celuy qu'a nul ne donne lieu,
Abandonner voudra lieu prins non prins:
Feu ne[u]f par saignes, bitument à Charlieu,
Feront Quintin Balez et puis reprins.

IX/30 Au port de PUOLA et de sainct Nicolas,
Peril Normande au goulfre Phanatique,
Cap. de Bisance rues crier helas,
Secours de Gaddes et du grand Philippique.

IX/31 Le tremblement de terre à Mortara,
Cassich sainct George à demy perfondrez,
Paix assoupie, la guerre esveillera,
Dans temple à Pasques abysmes enfondrez.

IX/32 De fin porphire profond collon trouvée,
Dessous la laze escripts capitolin:
Os poil retors Romain forte prouvée,
Classe agiter au port de Methelin.

IX/33 Hercules Roy de Rome et d'Annemarc,
De Gaule trois le Gujon [Guion] surnommé,
Trembler l'Itale et l'onde [l'un] de sainct Marc,
Premier sur tous Monarque renommé.

IX/34 Le part soluz [La part sous] mary sera mitré,
Retour confict passera sur la thuille:
Par cinq cens un trahyr sera tiltré,
Narbon et Saulce par cou[n]taux avons d'huille.

IX/35 Et Ferdinand blonde sera descorte,
Quitter la fleur, suyuve [suiure] le Macedon:
Au grand besoin defaillira sa routte,
Et marchera contre le Myrmidon.

IX/36 Vn grand Roy prins entre les mains d'un jeune [loyne],
Non loin[g] de Pasques, confusion coup cultre,
Perpet, captifs [temps] que foudre en la hu[i]ne,
Lors que trois freres se blesseront et meurtre
[Trois freres lors se blesseront, et murtre].

IX/37 Pont et mo[u]lins en Decembre versez,
En si hau[l]t lieu montera la Garonne:
Murs, edifice, Tholose renversez,
Qu'on ne scaura son lieu autant matronne.

IX/38 L'entrée de Blaye par Rochelle et l'Anglois,
Passera outre le grand Aemathien,
Non loing d'Agen attendra le Gaulois,
Secours Narbonne deceu par entretien.

IX/39 En Arbissel à Veront et Carcari,
De nuict conduicts par Savone attraper,
Le vif Gaston Turby, et la Scerty [Scerry],
Derrier mur vieux et neuf palais griper,

IX/40 Prés de Quintin dans la forest bourlis,
Dans l'Abbaye seront Flamans tranchés [ranchés]:
Les deux puisnais de coups my estourdis,
Suitte oppressée et garde tous achés [achez, hachés].

IX/41 Le grand CHYREN soy saisit[r] d'Avignon,
De Rome lettres en miel plein d'amertume
Lettre ambassade partir de Chanignon,
Carpentras pri[n]s par duc noir rouge plume.

IX/42 De Barcelonne, de Gennes et Venise,
De la Secille peste Monet unis:
Contre Barbare classe prendront la vise,
Barbar poulsé bien loing jusqu'a Thunis.

IX/43 Proche à descendre l'armee Crucigere,
Sera guetté par les Ismaelites,
De tous co[s]tez batus par nef Raviere,
Prompt assaillis de dix galeres eslites.

IX/44 Migrés, migrés de Geneve [Genefue] trestous,
Saturne d'or en fer se changera,
Le contre RAYPOZ exterminera tous,
Avant l'advent le Ciel signes fera.

IX/45 Ne sera soul jamais de demander,
Grand MENDOSUS obtiendra son empire,
Loing de la cour fera contremander,
Piedmont [Pymond], Picard[t], Paris Tyrton [Tyron] le pire.

IX/46 Vuyder, fuyer de Tholo[u]se les rouges
Du sacrifice faire [ex]piation,
Le chef du mal dessous l'ombre des courges
Mort estrangler carne omination.

IX/47 Les soulz [soubz] signez d'indigne delivrance,
Et de la multe auront contraire [contre] advis:
Change monarque mis en perille pence,
Serrez en cage se verront vis à vis.

IX/48 La grand' cite d'Occean maritime
Environnée de marets en c[h]ristal:
Dans le solstice hyemal et la prime,
Sera tentée de vent espouva[e]ntal.

IX/49 Gand et Brucel[l]es marcheront contre Anvers,
Senat de Londres mettront à mort leur Roy,
Le sel et vin luy seront à l'envers,
Pour eux avoir le regne en desarroy.

IX/50 MENDOSUS tost viendra à son haut regne,
Mettant arriere un peu le Nolaris [les Norlaris]:
Le Rouge blesme, le masle à l'interregne,
Le jeune crainte et frayeur Barbaris.

IX/51 Contre les rouges sectes se banderont,
Feu, eau, fer, corde par paix se minera,
Au point mourir ceux qui machineront,
Fors un que monde sur tout ruynera.

IX/52 La paix s'approche d'un costé et la guerre
Oncques ne fut la poursuit[t]e si grande,
Plaindre homme, femme, sang innocent par terre,
Et ce sera de France à toute bande.

IX/53 Ne Neron ieune dans les trois cheminées
Fera de paiges vifs pour ardoir jetter,
Heureux qui loing sera de tels menées,
Trois de son sang le feront mort guetter.

IX/54 Arrivera au port de Corsibonne,
Prés de Ravenne qui pil[l]era la dame,
En mer profonde legat [leger] de la Vlisbonne
Sous roc cachez raviront septante ames.

IX/55 L'horrible guerre qu'en l'Occident s'appreste,
L'an ensuivant viendra la pestilence
Si fort terrible [horrible], que jeune, vieil [vieux] ne beste.
Sang, feu, Mercur.[e], Mars, Iupiter en France.

IX/56 Camp pres de Noudam passera Goussan ville,
Et à Mai[j]otes laissera son enseigne.
Convertira en instant plus de mille,
Cherchant les deux remettre en chaine et legne.

IX/57 Au lieu de DRVX un Roy reposera,
Et cherchera loy changeant d'Anatheme,
Pendant le ciel si tresfort tonnera,
Portée neufve [neufue] Roy tuera soy-mesme.

IX/58 Au costé gauche à l'endroit de Vitry,
Seront guettez les trois rouges de France,
Tous assommez rouge, noir non meurdry,
Par les Bretons remis en asseurance.

IX/59 A la Ferté prendra la Vidame.
Nicol tenu rouge qu'avoit produit la vie.
La grand Loyse [Loyle] naistra que fera clame.
Donnant Bourgo[n]gne à Bretons par en[n]uie.

IX/60 Conflict Barbar en la Cornette noire,
Sang espandu trembler la Dalmatie,
Grand Ismael mettra son promontoire,
Ranes trembler, secours Lusitaine.

IX/61 La pille faite à la coste marine,
In [En] cit[t]a nova [noua] et parens amenez,
Plusieurs de Malte par le fait de Messine,
Estroit serrez seront mal guerdonnez.

IX/62 Au grand de Chera [Cheramon] [aussi] [de] mon[t] agora
Seront croisez par rang [ranc] tous attachez,
Le pertinax [portinav] Oppi, et Mandragora,
Raugon d'Octobre le tiers feront laschez.

IX/63 Plainctes et pleurs, cris et grands hurlemen[t]s
Prés de Narbon à lyonne [Bayonne] et en Foix
O quels horribles calamitez changemens,
Avant que Mars revolu quelques fois.

IX/64 L'Aemathion passer monts Pyrenées,
En Mars Narbon ne fera resistance,
Par mer et terre fera si grand menée,
Cap. n'ayant terre seure pour demeurance.

IX/65 Dedans le coing de Luna viendra rendre,
Où sera prins et mis en terre estrange,
Les fruicts immeurs seront à grand esclandre,
Grand vitupere, à l'un grande louange.

IX/66 Paix, union sera et changement,
Estats, Offices, bas hau[l]t, et hault bien bas.
Dresser voyage, le fruict premier to[u]rment,
Guerre cesser, civil[s] proces[z], debats.

IX/67 Du hault des monts à l'entour de Lizere
Port à la roche, Valent cent assemblez
De chasteau neuf Pierre late en donzere,
Contre le Crest Romans foy assemblez.

IX/68 Du mont Aymar sera noble obscurcie,
Le mal viendra au joinct de Saone et Rosne,
Dans bois cachez soldats jour de Lucie,
Qui ne fut onc un si horrible throsne.

IX/69 Sur le mont de Bailly et la Bresle
Seront cachez de Grenoble les fiers,
Outre Lyon, Vien eulx si grand gresle,
Langoult en terre n'en restera un tiers.

IX/70 Harnois trenchans dans les flambeaux cachez
Dedans Lyon le jour du Sacrement,
Ceux de Vienne seront trestous hachez
Par les cantons Latins, Mascon ne ment.

IX/71 Aux lieux sacrez animaux veu à trixe,
Avec celuy qui n'osera le jour,
A Carcassonne pour disgrace propice
Sera posé pour plus ample sejour.

IX/72 Encor seront les saincts temples pollus,
Et expillez par Senat Tholosain,
Saturne deux trois cicles revol[l]us,
Dans Avril, May, gens de nouveau levain.

IX/73 Dans Fois[x] entrez Roy cerulé [ceiulee] Turban,
Et regnera moins evolu Saturne,
Roy Turban blanc et Bizance coeur ban,
Sol, Mars, Mercure [ensemble] prés la hurne.

IX/74 Dans la cité de Fertsod homicide,
Fait et fait multe beuf [beus] arant ne macter,
Retour encores aux honneurs d'Artemide,
Et à Vulcan corps morts sepulturer.

IX/75 De l'Ambraxie et du pays de Thrace,
Peuple par mer mal et secours Gaulois,
Perpetuelle en Provence la trace,
Avec vestiges de leur coustume et loix.

IX/76 Avee le noir Rapax et sanguinaire,
Yssu du peaultre de l'inhumain Neron,
Emmy deux fleuves mani gauche militaire,
Sera meurtry par Ioyne [jeune] chaulu[v]eron.

IX/77 Le regne prins le Roy conviera,
La dame prinse à mort jurez à fort [sort],
La vie à Royne fils an desniera,
Et la pellix au fort de la confort.

IX/78 La dame Grecque de beauté laydique,
Heureuse faicte de proces innumerable,
Hors translatee au regne Hispanique,
Captive prinse mourir mort miserable.

IX/79 Le chef de classe, par fraude stratageme,
Fera timides sortir de leurs galleres,
Sortis meurtris chef renieux de cresme,
Puis par l'embusche lui rendront les saleres [le salaire].

IX/80 Le Duc voudra les siens exterminer,
Envoyera les plus forts lieux estranges,
Par Tyrannie Bize et Luc ruyner,
Puis les Barbares sans vin feront vendages.

IX/81 Le Roy rusé entendra ses embusches
De trois quartiers ennemis assaillir,
Un nombre estrange larmes de coqueluches
Viendra Lemprin du traducteur faillir.

IX/82 Par le deluge et pestilence forte,
La cité grande de long temps assiegée,
La sentinelle et garde de main morte,
Subite prins, mais de nul ou[I]tragée.

IX/83 Sol vingt de Taurus si fort terre trembler,
Le grand theatre remply ruinera,
L'air, ciel et terre obscurcir et troubler,
Lors l'infidel[l]e Dieu et saincts voq[g]uera.

IX/84 Roy exposé parfaira l'hecatombe,
Apres avoir trouvé son origine,
Torrent ouvrir de marbre et plomb la tombe,
D'un grand Romain d'enseigne Medusine.

IX/85 Passer Guienne, Languedoc et le [la] Rosne,
D'Agen tenans de Marmande et la Roole,
D'ouvrir par foy parroy, Phocen tiendra son trosne,
Conflict aupres sainct Pol de Mauseole [Manseole].

IX/86 Du bourg Lareyne parviendront droit à Chartres
Et feront prés du pont Anthoni pause,
Sept pour la paix cauteleux comme Martres,
Feront entrée d'armée à Paris clause.

IX/87 Par la forest du Touphon essartée,
Par hermitage sera posé le temple,
Le Duc d'Estampes par sa ruse inu[v]entée,
Du mont Lehori prelat donra exemple.

IX/88 Calais, Arras, secours à Theroanne,
Paix et semblant simulera l'escoute,
Soulde d'Alobrox descendra par Roane,
Desto[u]rnay peuple qui defera la routte.

IX/89 Sept ans sera PHILIP. fortune prospere,
Rabaissera des BARBARES [Arabes] l'effort.
Puis son midy [mydi] perplex, rebo[u]rs affaire,
Ieune ogni[y]on abysmera son fort.

IX/90 Vn capitaine de la grand Germanie
Se viendra rendre par simulé secours
Au Roy des Roys ayde de Pannonie,
Que sa revolte fera de sang grand cours.

IX/91 L'horrible peste Perynte et Nicopolle,
Le Chersonne[z] tiendra et Marceloyne,
La Thessalie vastera l'amphi[l]polle,
Mal incogneu, et le refus d'Anthoine.

IX/92 Le Roy voudra dans [en] cité neufve entrer
Par ennemis expugner l'on viendra
Captif libere fau[l]x dire et perpetrer,
Roy dehors estre, loin d'ennemis tiendra.

IX/93 Les ennemis du fort bien esloignez,
Par chariots conduict le bastion,
Par sur les murs de Bourges esgrongnez,
Quand Hercules battra [ba[s]tira] l'Haemathion.

IX/94 Foibles galeres seront unies ensemble,
Ennemis faux le plus fort en rempart:
Foible [Faible] assaillies Vratislave tremble,
Lubecq et Mysne tiendront barbare part.

IX/95 Le nouveau faict conduira l'exercit[c]e,
Proche apamé jusqu'aupres du rivage,
Tendant secours de Mil[l]anoise [Millannoile] eslité,
Duc yeux privé à Milan fer de cage.

IX/96 Dans cité entrer exercit desniée,
Duc entrera par persuasion,
Aux foibles portes clam armée amenée,
Metteront feu, mort, de sang effusion.

IX/97 De mer copies en trois pars divisées,
A la seconde les vivres failleront,
Desesperez cherchant champs Helisées,
Premiers en breche entrez victoire auront.

IX/98 Les affligez par faute d'un seul taint,
Contremenant à partie opposite,
Aux Lygonnois mandera que contraint
Seront de rendre le grand chef de Molite.

IX/99 Vent Aquilon fera partir le siege,
Par murs jetter cendres, chauls[x], et poussiere:
Par pluyes apres qu'il leur fera bien piege,
Dernier secours encontre leur frontiere.

IX/100 Navalle pugne nui[c]t sera superée,
Le feu, aux navez[s] à l'Occident ruine:
Rubriche neufue [neufve, neuve], la grand nef colorée;
Ire à vaincu, et victoire en bruine.

Centurie X

X/1 A l'ennemy, l'ennemy foy promise,
Ne se tiendra, les captifs retenus:
Prins preme mort, et le reste en chemise,
Donnant [Daune, Damné] le reste pour estre secourus [soustenues].

X/2 Voill]e gal[l]ere voil de nef cachera,
La grande classe viendra sortir la moindre,
Dix naves proches le tourneront pousser,
Grande vaincue unies à soy [con]joindre.

X/3 En apres cinq troupeau ne mettra hors
Vn fuytif pour Penelon laschera,
Faux murmurer secours venir par lors,
Le chef, le siege lors abandonnera.

X/4 Sus la minuict conducteur de l'armée
Se sauvera subit esvanouy,
Sept ans apres la fame [femme] non blasmée,
A son retour ne dira onc[q] ouy.

X/5 Albi et Castres feront nouvelle ligue,
Neuf Arriens Libon et Portugues,
Carcas, Tholo[u]se consumeront leur brigue,
Quand chef neuf monstre istra de Lauragués.

X/6 Sardon Nemans si haut desborderont
Qu'on cuidera Deucalion renaistre,
Dans le colosse la pluspart fuyront,
Vesta sepulchre feu estaint apparoistre.

X/7 Le grand confli[c]t qu'on appreste à Nancy,
L'Aemathien dira tout ie soubmets,
L'Isle Britanne par vin, sel en solcy,
Hem. mi. deux Phi. long temps ne tiendra Mets.

X/8 Index et poulse parfondera le front
De Senegalia[r] le Comte à son fils propre
La Myrnamée par plusieurs de prin front
Trois dans sept jours blessez [et] mors [more].

X/9 De Castillon figujeres jour de brune,
De femme infame naistra souverain prince
Surnom de chausses perhume luy posthume,
Onc Roy ne fut si pire en sa province.

X/10 Tasche de meurdre enormes adulteres,
Grand ennemy de tout le genre humain
Que sera pire qu'ayeuls, oncles, ne peres
En fer, feu, eau, sanguin et inhumain.

X/11 Dessous Ionchere du dangereux passage
Fera passer le postume sa bande,
Les monts Pyrens passer hors son bagage
De Parpignan couvrira [courira] Duc à Tende.

X/12 Esleu en Pape, d'esleu sera mocqué,
Subit soudain esmeu prompt et timide,
Par trop bon doux à mourir provoqué,
Crainte esta[e]inte la nuict de sa mort guide.

X/13 Sou[l]z la pasture d'animaux ruminant[s]
Par eux conduicts au ventre herbipolique [helbipolique],
Soldats cachez, les armes bruit menant[s],
Non loing temptez de cité Antipolique.

X/14 Vrnel Vaucile sans conseil de soy mesmes
Hardit timide, par crainte prins vaincu,
Accompagné de plusieurs putains blesmes
A Barcellonnne aux chartreux convaincu.

X/15 Pere duc vieux d'ans [dans] et de soif chargé,
Au jour extreme fils desniant l'esguiere
Dedans le puis vif mort viendra plongé,
Senat au fit la mort longue et legere.

X/16 Heureux au regne de France, heureux de vie
Ignorant sang, mort fureur et rapine,
Par mon [non, nom] flateurs seras mis en envie,
Roy desrobé trop de foy[e] en cuisine.

X/17 La Royne Ergaste voyant sa fille blesme,
Par un regret dans l'estomach enclos,
Cris lamentables seront lors d'Angolesme,
Et au[x] germain[s] mariage forclos.

X/18 Le rang [grand] Lorrain fera place à Vendosme,
Le haut mis bas, et le bas mis [en] hau[l]t,
Le fils d'Hamon [Mamon] sera esleu dans Rome,
Et les deux grands seront mis en defaut.

X/19 Iour que sera par Royne saluée,
Le jour apres le salut, la priere:
Le compte fait raison et valuée [valbuee],
Par avant humble oncques ne fut si fiere.

X/20 Tous les amys qu'auront tenu party,
Pour rude en lettres mis mort et saccagé,
Bien publiez [oubliez] par fixe grand neanty.
Onc Romain peuple ne fut tont outragé.

X/21 Par le despit du Roy soustenant moindre,
Sera meurdry luy presentant les bagues,
Le pere au fils voulant noblesse poindre
Fait comme à Perse jadis feirent les Magues.

X/22 Pour ne vouloir consentir [censentir] au divorce,
Qui puis apres sera cognu indigne,
Le Roy des Isles sera chassé par force,
Mis à son lieu qui de Roy n'aura signe.

X/23 Au peuple ingrat faictes les remonstrances,
Par lors l'armée se saisira d'Antibe,
Dans l'arc Monech feront les doleances,
Et à Frejus l'un l'autre prendra ribe.

X/24 Le Captif prince aux Ital[l]es vaincu,
Passera Gennes par mer jusqu'à Marseille,
Par grand effort des fureurs [fore[i]ns] survaincu,
Sauf coup de feu, barril liqueur d'abeille.

X/25 Par Nebro ouvrir de Brisanne passage,
Bien esloignez el rago [tago] fara muestra,
Dans Pelligouxe [Perigueux] sera commis l'outrage
De la grand dame assise sur l'orchestra.

X/26 Le successeur vengera son beau frere,
Occuper regne souz umbre [ombre] de vengeance,
Occis o[b]stacle son sang mort vitupere,
Long temps Breta[i]gne tiendra avec la France.

X/27 Par le cinquiesme et un grand Herculés
Viendront le temple ouvrir de main bellique,
Vn Clement, Iule et Ascans reculés,
Lespée, clef, aigle, n'eurent onc si grand picque.

X/28 Second et tiers qui font prime musique
Sera par Roy en honneur sublimée,
Par grasse et maigre presque [à] demy eticque
Rap[p]ort de Venus fau[l]x rendra deprimée.

X/29 De Pol MANSOL dans caverne caprine
Caché et prins extrai[c]t hors par la barbe,
Captif mené comme beste mastine
Par Begourdans amenée prés de Tarbe.

X/30 Nepueu et sang du saint nouveau venu,
Par le surnom soustient arcs et couvert
Seront chassez [et] mis à mort chassez nu,
En rouge et noir convertiront leur vert.

X/31 Le sainct empire viendra [vienra] en Germanie,
Ismaelites trouveront heux ouverts,
Anes voudront aussi la Carmanie [Garmanie],
Les soustenans de terre tous couverts.

X/32 Le grand empire chacun an devoit estre,
Vn sur les autres le viendra obtenir,
Mais peu de temps sera son regne et estre,
Deux ans par [aux] naves se pourra soustenir.

X/33 La faction cruelle a robbe longue,
Viendra cacher souz les pointus poignards
Saisir Florence le duc et lieu diphlongue,
Sa descouverte par imm[e]urs et flangnards.

X/34 Gaulois qu'empire par guerre occupera
Par son beau frere mineur sera trahy,
Par cheval rude voltigeant trainera,
Du fait le frere long temps sera hay

X/35 Puisnay royal flagrand d'ardant libide,
Pour se jouyr de cousine germanine
Habit de femme au temple d'Arthemide:
Allant meurdry par incognu du Maine [Marne].

X/36 Apres le Roy du soucq guerres parlant,
L'isle Harmotique le tiendra à mespris:
Quelques ans bons rongeant un et pillant,
Par tyrannie à l'Isle changeant pris.

X/37 Grande assemblée prés du lac du [de] Borget,
Se rallieront prés de Montmelian:
Marchans[t] [Passans] plus outre pensifs feront proj[g]et,
Chambry, Moriant [Moriane] combat Sainct-Iulian.

X/38 Amour alegre non loin[g] pose le siege,
Au sainct barbar seront les garnisons,
Vrsins Hadrie pour Gaulois feront plaige,
Pour peur rendus de l'armee aux Grisons.

X/39 Premier fils veufve mal'heureux mariage,
Sans nuls enfans deux Isles en discord,
Avant dixhuict incompetant aage [eage],
De l'autre prés plus bas sera l'accord.

X/40 Le jeune nay au regne Britannique.
Qu'aura le pere mourant recommandé,
Iceluy mort LONOLE donra topique,
Et à son fils le regne demandé.

X/41 En la frontiere de Caussade [Caussa] et [de] Charlus,
Non gu[i]eres loing du fond de la val[l]ée,
De ville Franche musique à son de luths,
Environnez combouls et grand mittée.

X/42 Le regne humain d'Ang[e]lique geniture,
Fera son regne paix union tenir,
Captive guerre demy de sa closture,
Long temps la paix leur fera maintenir.

X/43 Le trop bon temps, trop de bonté royal[l]e,
Fai[c]t et deffai[ct]s prompt, subit, negligence:
Leg[i]er[s] croira faux d'espouse loyal[l]e,
Luy mis à mort par sa benevolence.

X/44 Par lors qu'un Roy sera contre les siens,
Natif de Bloys [Bloye] subjuguera Ligures:
Mammel, Cordube et les Dalmatiens,
Des sept puis l'ombre à Roy estrennes et lemures.

X/45 L'ombre du regne de Navarre non vray,
Fera la vie de sort illegitime,
La veu promis incertain de Cambray,
Roy Orleans donra mur legitime.

X/46 Vie, sort, mort, de L'OR vilaine indigne,
Sera de Saxe non nouveau electeur:
De Bruinsiuc [Brunsvic] mand[e]ra d'amour signe,
Faux le rendant au peuple seducteur.

X/47 De Bourze vil[l]e à la dame Guyrlande,
L'on mettra sus par la trahison faicte,
Le grand prelat de Leon par Formande,
Faux pellerins et ravisseurs deffaicte.

X/48 Du plus profond de l'Espaigne enseigne,
Sortant du bout et des fins de l'europe,
Troubles passant aupres du pont de Laigne,
Sera deffaicte par bande sa grand troupe.

X/49 Iardin du monde aupres de cité neufve,
Dans le chemin des montagnes cavées,
Sera saisi et plongé dans la cuve,
Be[a]uvant par force eaux soulphre envenimées.

X/50 Le [La] Meuse au jour terre de Luxembourg,
De[s]couvrira Saturne et trois en l'urne [lurne].
Monta[i]gne et ple[a]ine, ville, cité et bourg,
Lorrain deluge, trahison par grand hurne.

X/51 Des lieux plus bas du pays de Lorraine,
Seront des basses Allema[i]gnes unis,
Par ceux du siege Picards, Normans, du Maisne
Et aux cantons se seront reunis.

X/52 Au lieu où LAYE et Scelde se marient,
Seront les nopces de long temps maniées,
Au lieu d'Anvers où la crappe charient,
Ieune vieillesse conforte [consorte] intaminée.

X/53 Les trois pel[l]ices de loing s'entrebatron,
La plus grand moindre demeurera à l'escoute:
Le grand Selin n'en sera plus patron,
Le nommera feu pelt[r]e blanche routte.

X/54 Né en ce monde par concubine furtive [fertive],
A deux hault mise par les tristes nouvelles,
Entre ennemis sera prinse captive,
Et amenée à Malings et Bruxelles.

X/55 Les mal'heureuses nopces celebreront
En grande joye mais la fin mal'heureuse:
Mary et mere nore desdaigneront,
Le Phybe mort, et nore plus piteuse.

X/56 Prelat royal son baissant trop tiré,
Grand flux de sang sortira par sa bauche,
Le regne Anglicque par regne respiré,
Long temps mort vifs en Tunis comme souche.

X/57 Le sublevé ne cognoistra son sceptre,
Les enfans jeunes des plus grands honnira:
Oncques ne fut un plus ord cruel estre,
Pour leurs espouses à mort noir bannira.

X/58 Au temps du dueil que le felin monarque,
Guerroyera le jeune Aemathien:
Gaule bran[s]ler, perecIter la barque,
Tenter Phossens au Ponant entretien.

X/59 Dedans Lyon vingt et cinq d'une halaine,
Cinq citoyens Germains, Bressans, Latins,
Par dessous noble conduiront longue traine,
Et descouver[t]s par abbois de mastins.

X/60 Ie pleure Nisse, Mannego, Pize, Gennes,
Savon[n]e, Sienne, Capue, Modene, Malte:
Le dessus sang et glaive par estrennes,
Feu, trembler terre, eau, mal'heureuse nolte.

X/61 Betta, Vienne, Emorre, Sacarbance,
Voudront livrer aux Barbares Pannone:
Par picque et feu, enorme violance,
Les conjurez descouverts par matrone.

X/62 Pres de Sorbin pour assaillir Ongrie,
L'heraut de Brudes les viendra a[d]vertir,
Chef Biz[s]antin, Sallon de Sclavonie,
A loy d'A[a]rabes les viendra convertir.

X/63 Cydron, Raguse, la cité au sainct Hieron,
Reverdira le medicant secours:
Mort fils de Roy par mort de deux heron,
L'Arabe, Ongrie feront un mesme cours.

X/64 Pleure Milan, pleure Lucques, Flora[e]nce,
Que ton grand Due sur le char montera,
Changer le siege pres de Venise s'advance,
Lors que Colonne à Rome changera.

X/65 O vaste Rome ta ruine s'approche,
Non de tes murs, de ton sang et substance:
L'aspre par lettres fera si horrible coche,
Fer poinctu mis à tous jusques au manche:

X/66 Le chef de Londres par regne l'Americh,
L'Isle d'Escosse tempiera [t'empiera, t'emptera] par gelée:
Roy Rebauront [Reb auront] un si faux Antechrist,
Qui les mettra trestous dans la meslée:

X/67 Le tremblement si fort au mois de May,
Saturne, Caper, Iupiter, Mercure au boeuf:
Venus aussi, Cancer [Venus aussi Cancer], Mars en Nonnay,
Tombera gresle lors plus grosse qu'un oeuf.

X/68 L'armée de mer devant cité tiendra,
Puis partira sans faire longue allée:
Citoyens grande proye en terre [enterre] prendra,
Retourner classe reprendre grande emblée.

X/69 Le fer luisant de neuf vieux eslevé,
Seront si grands par midy, Aquilon,
De sa seur propre grandes alles levé,
Fuyant meurdry au buisson d'ambellon.

X/70 L'oeil par object fera telle excroissance,
Tant et ardente que tombera la neige.
Champ arrousé viendra en decroissance,
Que le primat succombera à Rege.

X/71 La terre et l'air geleront si grand eau,
Lors qu'on viendra pour jeudy venerer:
Ce qui sera jamais ne fut si beau,
Des quatre parts le viendront honorer.

X/72 L'an mil neuf cens nonante neuf sept mois,
Du ciel viendra un grand Roy d'effrayeur,
Resusciter le grand Roy d'Ango[u]lmois,
Avant apres Mars regner par bon heur.

X/73 Le temps present avecques le passé
Sera jugé par grand Iovialiste:
Le monde tard [par] luy sera lassé,
Et desloyal par le clergé juriste.

X/74 Au revolu du grand nombre septiesme,
Apparoistra au temps jeux d'Hecatombe,
Non esloigné du grand aage milliesme,
Que les entrez sortiront de leur tombe.

X/75 Tant attendu ne reviendra jamais
Dedans l'Europe, en Asie apparoistra
Un de la ligue yssu du grand Hermés,
Et sur tous Roys des Orients croistra.

X/76 Le grand Senat decernera [discernera] la pompe,
A [l']un qu'apres sera vaincu, chassé [chassez],
Des [Ses] adherans seront à son de tromps,
Biens publiez, ennemys dechassé [dechassez].

X/77 Trente adherans de l'ordre des quirettes
Bannis, leurs biens donnez ses adversaires,
Tons leurs bienfaits seront pour demerites
Classe espargie delivrez aux corsaires.

X/78 Subite joye en subite tristesse,
Sera à Rome aux graces embrassées,
Dueil, cris, pleurs, larm. [l'arm] sang excellent liesse
Contraires bandes surprinses et troussees [troulfées].

X/79 Les vieux chemins seront tous embellis,
L'on [Lon] passera à Memphis somentrées,
Le [Se] grand Mercure d'Hercules fleur de lys
Faisant trembler terre mer, et contrées.

X/80 Au regne grand du grand regne regnant,
Par force d'armes les grands portes d'airain
Fera ouvrir, le Roy et Duc joignant,
Port demoly, nef à fons, jour [our] serain.

X/81 Mis t[h]resor temple citadins Hesperiques
Dans iceluy retiré en secret lieu
Le temple ouvrir les liens fameliques.
Reprens, ravis, proye horible au milieu.

X/82 Cris, pleurs, larmes viendront avec couteaux
Semblant fuir donront dernier assault
L'entour parqués planter profon[d]s plateaux,
Vifs repoussez et meurdris de plein sault [prinsau[l]t].

X/83 De batailler ne sera donné signe,
Du parc seront contraints de sortir hors,
De Gand l'entour sera cogneu l'ens[e]igne,
Qui fera mettre de tous les siens a morts.

X/84 La [Le] naturelle à si hault[e] non bas,
Le tard retour fera mar[r]is contens:
Le Recloing ne sera sans debats,
En emploiant et perdant tout son temps.

X/85 Le vieil tribun au point de la trehemide
Sera pressé captif ne delivrer,
Le v[u]eil, non v[u]eil le mal parlant timide
Par legitime à ses amis livrer.

X/86 Comme un gryphon viendra le Roy d'Europe
Accompagné de ceux d'Aquilon,
De rouges et blancs conduira grand troup[p]e
Et iront contre le Roy de Babylon.

X/87 Grand roy viendra prendre port pres de Nisse
Le grand empire de la mort si en fera
Aux Antipolles, posera son genisse,
Par mer la Pille tout esvanouyra.

X/88 Pieds / Cheval à la seconde veille
Feront entrée vastant [vastient] tout par la mer,
Dedans le poil entrera de Marseille,
Pleurs, crys, et sang, onc nul temps si amer.

X/89 De brique en marbre seront les murs redui[c]ts,
Sept et cinquante années pacifique[s],
Ioye aux humains, renoue l'aqueduict,
Sauté, grands frui[c]ts, joye et temps mel[l]ifique.

X/90 Cent fois mourra le tyran inhumain,
Mis à son lieu scavant et debonnaire,
Tout le senat sera dessou[b]s sa main,
Fasché sera par malin temeraire.

X/91 Clergé Romain l'an mil six cens et neuf,
Au chef de l'an fera election
D'un gris et noir de la Compagn[i]e yssu,
Qui onc ne fut si maling.

X/92 Devant le pere l'enfant sera tué,
Le pere apres entre cordes de jonc,
Genevois peuple sera esvertué,
Gisant le chef au milieu comme un tronc.

X/93 La barque neufve recevra les voyages,
Là et aupres transfereront l'empire:
Beaucaire, Arles retiendront les hostages,
Prés deux colom[n]nes trouvées de porphire.

X/94 De Nismes, d'Arles, et Vienne contemner,
N'obeyr [toutl] à l'edict d'Hespericque:
Aux labourier [labouriez] pour le grand condamner,
Six eschappez en habit seraphicque.

X/95 Dans les Espa[i]gnes viendra Roy tres-puissant,
Par mer et terre subjuguant le [or] midy:
Ce mal fera, rabaissant le croissant,
Baisser les aesles [aisles] à ceux du vendredy.

X/96 Religion du nom des mers vaincra,
Contre la secte fils Adaluncatif,
Secte obstinée deplorée craindra,
Des deux blessez par Aleph et Aleph.

X/97 Triremes pleines tout aage captifs,
Temps bon à mal, le doux pour amertume:
Proye à Barbares trop trost seront hastifs,
Cupide de voir plaindre au vent la plume.

X/98 La splendeur claire à pucelle joyeuse
Ne luyra plus long temps sera sans sel:
Avec marchans, ruffiens, loups odieuse,
Tous pesle mesle monstre universel.

X/99 La fin le loup, le lyon, boeuf et l'asne,
Timide dama seront avec mastins,
Plus ne cherra à eux la douce manne,
Plus vigilance et custode aux mastins.

X/100 Le grand Empire sera par Angleterre,
Le Pempotan [Pempotam] des ans plus de trois cens:
Grandes copies passer par mer et terre,
Les Lusitains n'en seront pas contens.

Centurie I

I/1 Estant assis de nuict secret estude,
Seul repose sur la seile d'airain:
Flambe exigue sortant de solitude,
Fait prosperer [proferer] qui n'est a croire vain.

I/2 La verge en main mise au milieu de[s] Brauches,
De l'onde il moulle et le limbe et le pied,
Un peur et voix fremissent par les manches,
Splendeur divine, le divin pres s'assied.

I/3 Quand la lictiere du tourbillon versée,
Et s[f]eront faces de leurs manteaux couverts,
La republique par gens nouveaux vexée,
Lors blaues et rouges jugeront à l'envers.

I/4 Par l'univers sera fait un Monarque,
Qu'en paix et vie ne sera longuement:
Lors se perdra la piscature barque,
Sera regie en plus grand detriment.

I/5 Chassez seront sans [pour] faire long combat,
Par le pays seront plus fort greuez:
Bourg et Cité auront plus grand debat
C[G]arcas, Narbonne, auront coeurs esprouvez.

I/6 L'oeil de Ravenne sera destitué,
Quand à ses pieds l[d]es aisles failliront:
Les deux de Bresse auront constitué,
Turin, Verseil, qu[i]e Gaulois foulleront.

I/7 Tard arrivé l'execution faite,
Le vent contraire, lettres au chemin prinses
Les conjurez quatorze [xiiij.] d'une secte,
Par le Rousseau senez les entreprinses.

I/8 Combien de fois prinse Cité solaire,
Sera, changeant les loix barbares et vaines
Ton mal s'approche, plus seras tributaire,
Le grand Hadrie recou[v]rira tes veines.

I/9 De l'Orient viendra le coeur Punique
Facther Hadrie et les hoirs Romulides,
Accompagné de la classe Libique,
Trembler [Temple] Mellites, et proches Isles vuides.

I/10 Serpens transmis dans [en] la cage de fer,
Où les enfants septains du Roy sont pris,
Les vieux et peres sortiront bas d'enfer [de l'enfer],
Ains mourir voir de [de son] fruict mort et cris.

I/11 Le mouvement de sens, coeur, pieds et mains
Seront d'accord Naples, Leon [Lyon], Secile [Sicille],
Glaives, feux, eaux, puis aux nobles Romains
Plongez, tuez, morts par cerveau debile.

I/12 Dans peu dira faulce brute fragile,
De bas enhaut [en hault] esleué promptement,
Puis en istant desloyale et labile,
Qui de Veronne aura gouvernement.

I/13 Les exilez parire, haine intestine,
Feront au Roy grand'conjuration,
Secret mettront ennemys par la mine,
Et ses vieux siens contre eux sedition.

I/14 De gens[t] esclaue chansons, chants et requestes
Captifs par Princes et Seigneur[s] aux prisons.
A l'advenir par idiots sans testes,
Seront receus par divins oraisons.

I/15 Mars nous menasse par sa [la] forte bellique,
Septante fois fera le sang espandre,
Auge et ruyne de l'Ecclesiastique,
Et plus ceux qui d'eux rien voudront entendre.

I/16 Fau[l]x à l'estang, joint vers le Sagittaire,
En son hault auge [AVGE] de l'exaltation
Peste, famine, mort de main militaire,
Le Siecle approche[r] de renovation.

I/17 Par quarante ans l'Iris n'apparoistra,
Par quarante ans tous les jours sera veu
La terre aride en siccité croistra,
Et grands deluges quand sera apperceu.

I/18 Par la discorde negligence Gauloise,
Sera passage à Mahommet ouvert
De sang trempé la terre et mer Senoyse
Le port Phocen de voiles et nefs couvert.

I/19 Lors que Serpens viendront [à] circuir l'are
Le sang Troyen vexé par les Espa[i]gnes,
Par eux graus[d] nombre en sera faicte [fait] rare [tare],
Chef fuit, caché au[x] mares dans les saignes.

I/20 Tours, Orleans, Bloys, Angers, Reims et Nantes
Citez vexes par subit changement
Par langues estranges seront tendues tentes
Fleuves, dard[t]s, renes, terre et mer tremblement.

I/21 Profonde argille blanche nourrir[t] rocher,
Qui d'un abysme ystra lacticineuse,
En vain troubles[z] ne l'oseront toucher,
Ignorans[t] estre au fond terre arg[u]illeuse.

I/22 Ce qui vivra et n'ayant aucun sens,
Viendra leser à mort son artifice.
Aut[h]un, Cha[a]lon, Langres et les deux Sens,
La gresle et glace fera grand malefice.

I/23 Au mois troisiesme se levant du [le] Soleil,
Sanglier, Liopard [leopard], au champ Mars pour combatre
Liopard laissé [lassé], au ciel extend [estend] son oeil,
Un Aigle autour du soleil voir[t] s'esbatre.

I/24 A Cité neufue [neuue] pensif pour condamner,
L'oysel de proye au ciel, se vient offrir
Apres victoire à captifs pardonner,
Cremone et Mantoue grand[s] maux aura [à] souffrir [souffert].

I/25 Perdu, trouvé, caché de si long siecle,
Sera pasteur demy Dieu honoré
Ains que la Lune acheue son Grand cycle [siecle],
Par autres vieux [vents] sera deshonoré.

I/26 Le Grand du foudre tombe d'heure diurne,
Mal et predi[c]t par porteur postulaire,
Suyvant presage tombe d'heure nocturne
Conflit, Reims, Londres, Etrusque pestifere.

I/27 Dessous de chaine Guien du Ciel frappé,
Non loing de là est caché le thresor,
Qui par long siecles avoit esté grappé,
Trouve [Trouué] mourra, l'oeil creué de ressor[t].

I/28 La tour de Bou[c]q craindra fuste Barbare
Un temps, long temps apres barque hesperique,
Bestail, gens, meubles tous deux feront grand'tare,
Taurus et Libra quelle mortelle picque.

I/29 Quand le poisson terrestre, et aquatique
Par forte [force] vague au grauier sera mis,
Sa forme estrange, suaue [suave] et horriflque,
Par mer aux murs bien tost les ennemys.

I/30 La nef estrange par le tourment marin
Abordera pres de port incogneu,
Nonobstant signes du [de] rameau palmerin,
Apres mort, pille, bon auis [aduis] tard venu.

I/31 Tant d'ans les guerres, en Gaule dureront,
Outre la course du Castulon Monarque:
Victoire incerte trois grands courouneront,
Aigle, Coq, Lune, Lyon, Soleil en marque.

I/32 Le Grand Empire sera tost translaté
En lieu petit, qui bien tost viendra croistre
Lieu bien infime, d'exigue comté,
Ou au milieu viendra poser son Sceptre.

I/33 Pres d'un grand pont de plaine spac[t]ieuse,
Le Grand l[L]yon par forces Cesarées
Fera abbatre hors cité rigoureuse
Par effroy portes luy seront reserrées.

I/34 L'oyseau de proye volant à la fenestre,
Avant confli[c]t fai[c]t aux Francois parure.
L'un bon prendra, l'autre [l'vn] ambigue sinistre,
La partie foible tiendra par bon [bonne] augure.

I/35 Le Lyon jeune, le vieux surmontera,
En champ bellique par singuliere duelle,
Dans cage d'or les yeux luy creuera,
Deux classes une, puis [pour] mourir de mort cruelle.

I/36 Tard le Monarque se viendra repentir,
De n'avoir mis à mort son adversaire,
Mais viendra bien à plus hau[l]t consentir,
Que tout son sang par mort fera deffaire.

I/37 Un peu deuant que le Soleil s'sesconse ['absconse]
Confli[c]t donné, grand peuple dubieux [dubiteux],
Prof[l]igez, port marin ne faict response
Pont et sepulchre en deux estranges lieux.

I/38 Le Sol et l'Aigle au victeur par[r]oistront,
Respons[c]e vaine au vaincu I'on asseure,
Par cor, ne [ny] cris harnois n'arresteront
Vindicte paix, par morts l'acheue [si acheue] à l'heure.

I/39 De nuict dans li[c]t le supresme estrangle
Pour trop avoir subjourné [seiourné] blond esleu
Par trois l'Empire subroge exan[u]cle,
A mort mettra carte [Garte], [et] paquet ne Ieu.

I/40 La trombe fausse dissimul[l]ant folie,
Fera Bisance un changement de lois[x].
Hystra d'Egypte qui veut que l'on deslie
Edict changeant monnoye[s] et alloix [aloys].

I/41 Siege en Cité et [est] de nuict assaillie
Peu eschappez non loin[g] de mer confi[c]t,
Femme de joye, retours fils defaillie,
Poison et lettres cachée[s] dans je plic.

I/42 Le dix Kalendes [Calende] d'Auril de fai[c]t Got[h]lique
Ressuscité encor par gens malins,
Le feu estain[c]t, assemblée diabolique
C[h]erchant les os du d'Amant et Ps[l]elin.

I/43 Avant qu'advienne je changement d'Empire,
Il adviendra un cas bien merveilleux,
Le champ mué, je pill[i]ler de Porphire
Mis translaté [transmué] sur le rocher noilleux.

I/44 En bref seront de retour sacrifices,
Contrevenans seront mis à martyre,
Plus ne seront Moines, Abbez, Novices [ne novices],
Le miel sera beaucoup plus eher que cire.

I/45 Secteur de sectes grand peine au delateur,
Beste en Theatre, dressé le jeu scenique,
Du fact inique [antique] e[a]nnobly l'inventeur,
Par sectes, monde confus et scismatique.

I/46 Tout apres d'Aux, de Lectore [Lestore] et Mirande,
Grand feu du Ciel en trois nuicts tombera,
Cause adviendra bien stupende et Mirande,
Bien peu apres la terre tremblera.

I/47 Du Lac Leman, les sermons fascheront.
Des jours seront redui[c]ts par des se[p]maines,
Puis mois, puis an, puis tous defailliront
Les Magistrats damneront les [leurs] loix vaines.

I/48 Vingt ans du regne de la Lune passez,
Sept mil[le] ans autre tiendra sa Monarchie:
Quand je Soleil prendra ses jours lassez,
Lors accomplit[r] et mine ma prophetie.

I/49 Beaucoup, beaucoup avant telles menées,
Ceux d'Orient, par la vertu Lunaire,
L'an mil sept cens feront grands emmenée
Subjugant presque je coing Aquilonaire.

I/50 De l'aquatique triplicité naistra,
D'un qui fera le Jeudy pour sa feste.
Son bruit, los [loz], regne, sa puissance croistra,
Par terre et mer, aux Oriens tempeste.

I/51 Chef d'Aries, Iupiter et Saturne,
Dieu eternel quelles mutations!
Puis par long siecle son malin[g] temps retourne,
Gaule et Italie, quelles esmotions.

I/52 Les deux malins de Sco[r]pion conjoints,
Le grand Seigneur meurtry [meudry] dedans sa [la] salle:
Peste à l'Eglise par le nouveau Roy joints [ioinct],
L'Europe basse et Septentrionale.

I/53 Las qu'on verra grand peuple tourmenté,
Et la Loy saincte en totale ruyne,
Par autres loix toute la Chrestienté,
Quand d'or, d'argent trouve nouvelle mine.

I/54 Deux revolts faits du malin[g] fa[l]cigere,
De regne et siecles fait permutation,
Le mobil signe a son endroit s'ingere [si ingere],
Aux deux esgaux et d'inclination.

I/55 Soubz [Sous] l'opposite climat Babylonique,
Grande sera de sang effusion,
Que terre et mer, air, Ciel sera inique,
Sectes, faim, regnes, pestes, confusion.

I/56 Vous verrez tost, et tard faire grand change
Horreurs extre[s]mes et vindications,
Que si la Lune condui[c]te par son ange,
Le ciel s'approche des inclinations.

I/57 Par grand discord la trombe tremblera,
Accord rompu, dressant la teste au ciel,
Bouche sanglante dans je sang nagera,
Au sol la face oingte [oincte] de laict et miel.

I/58 Trenché [Tranche] le ventre, naistra avec deux testes,
Et quatrebras, quelques ans entiers vivra,
Iour qui Alquil[l]oye celebrera ses festes,
Foussan [Fossen], T[h]urin, chef Ferrare suyvra [suyura].

I/59 Les exilez deportez dans les Isles,
Au changement d'un plus cruel Monarque,
Seront meurtris, et mis deux les scintil[l]es,
Qui de parler ne seront esté parque[s].

I/60 Un Empereur naistra pres d'Italie,
Qui à l'Empire sera vendu bien cher,
Diront avec quels gens il se ralie
Qu'on trouvera moins Prince que boucher.

I/61 La republique miserable infelice
Sera vastée [gastee] du nouveau Magistrat,
Leur grand amas de l'exil malefice,
Fera Sueue ravir [rauir] leur grand contract.

I/62 La grande perte las! que seront [feront] les lettres
Avant le cicle [Ciel] de laton a [Latona] parfaict,
Feu, grand deluge, plus par ignares sceptres
Que de long [l'on] siecle ne se verra refaict.

I/63 Les fleaux [fleurs] passez diminue le monde,
Long-temps la paix, terres inhabitez [inhabitees],
Seur marchera [Surmarchera] par le ciel, terre, mer et onde,
Puis de nouveau les guerres suscitez.

I/64 De nuict Soleil penseront [ont penser] avoir veu [auoit veu],
Quand le pourceau demy homme an verra,
Bruit, chant, bataille au Ciel battre apperceu,
Et bestes brutes à parler an [l'on] orra.

I/65 Enfant sans mains, jamais veu si grand foudre
L'enfant Royal au jeu d'esteuf [d'estoeuf] blessé:
Au puy brisez, fulgures allant mou[l]dre,
Trois sur [souz] les chaines par le milieu trouffe [troussez].

I/66 Celuy, qui lors portera les nouvelles,
Apres un [un peu] il viendra respirer,
Viviers, Tournon, Montferrant et Pradelles,
Gresle et tempeste, le fera souspirer.

I/67 La grand famine que je sens approcher,
Souvent tourner puis estre universelle,
Si Grande et longue qu'on viendra arracher,
Du bois racine, et l'enfant de mam[m]elle.

I/68 O quel horrible et malheureux tourment!
Trois innocens qu'on viendra à livrer,
Poison suspecte, mal garde tradiment,
Mis en horreur par bourreaux enyvrez.

I/69 La grand montagne ronde de sept [e]stades,
Apres paix, guerre, faim, inondation,
Roulera loin[g], abysmant grand[s] contrades,
Mesmes antiques, et grand fondation.

I/70 Pluye, faim, guerre, en Perse non cessée,
La foy trop grande, trahira le Monarque
Par la finie en Gaule commencée,
Secret augure pour à un estre parque.

I/71 La Tour Marine trois fois pri[n]se et repri[n]se,
Par Espagnols, Barbares, Ligurins,
Marseille et Aix, Apres par ceux de Pise
Vast, feu, fer, pille, Avignon des Thurins.

I/72 Du tout Marseille des habitan[t]s changée,
Course et poursuitte jusques [au]pres de Lyon.
Narbon, T[h]oloze par Bordeaux outragée,
Tuez, captifs, presque d'un million.

I/73 France à cinq parts par negle[c]t assaillie
Tunis, Argiels [Argal] esmeuz par Persiens,
Leon, Seville, Barcelonne faillie
N'aura la classe par les Venitiens.

I/74 Apres sejourné vogueront en Epire
Le grand secours viendra vers Antioche,
Le noir poil crespe tendra fort à l'Empire
Barbe d'airain [d'aerain] le [se] rostira en broche.

I/75 Le tyran Siene occupera Savone [Savonne],
Le fort gaigné tiendra classe marine,
Les deux armees par la marque d'Ancon[n]e.
Par effrayeur le chef s 'en examine.

I/76 D'un nom farouche tel proferé sera,
Que les trois soeurs [seurs] auront fato le nom:
Puis grand peuple par langue et fai[c]t duira [dira],
Plus que nul autre aura bruit et renom.

I/77 Entre deux mers dressera promontoire
Que puis mourra par le mords [mort] du cheval,
Le sien Neptune pliera voille noire,
Par Calpte [Calpre] et classe aupres de Rocheval.

I/78 D'un chef vieillard naistra sens hebeté,
Degenerant par scavoir et par armes:
Le chef de France par sa soeur redouté,
Champs, divisez [Champ diuisés], concedez aux gens-d'garmes?

I/79 Bazax[r], Lectore [Lestore], Condon, Ausch, Agine,
Esmeus par loix, querelles et monopole,
Car Bourd, Thoulouse [Tholoze], Bay, mettra en ruyne,
Renouveller voulant leur tauropole.

I/80 De la sixiesme claire splendeur celeste,
Viendra tourner[tourner] si fort en la Bourgongne:
Puis naistra monstre de tres-hydeuse neste [beste],
Mars, Auril, May, Iuin, grand charpin et rongne.

I/81 D'humain troupeau neuf seront mis à part:
De jugement et conseil separez,
Leur fort [sort] sera divise en depart,
Cap [Kappa], Thita, Lambda mor[t]s bannis esgarez.

I/82 Quand les colomnes de bois grande tremblée,
D'auster conduicte couverte de rubriche,
Tant vuidera dehors une assemblée [grande assemblee],
Trembler Vienne et le pays d'Austriche.

I/83 La gent estrange divisera butins
Saturne et [en] Mars son regard furieux,
Horrible [e]strange aux Toscans et Latins,
Grecs qui seront à frapper curieux.

I/84 Lune obscurcie aux profondes tenebres,
Son frere passe de Couleur ferrugine:
Le Grand caché long temp soubs[sous]les tenebres,
Teindra fer dans la playe sanguine [sanguinaire].

I/85 Par la response de Dame, Roy troublé,
Ambassadeurs mespriseront leur vie,
La grand ses freres contrefera doublé,
Par deux mourront ire, haine et envie.

I/86 La grande Royne quand se verra vaincue
Fera excez de masculin courage:
Sur cheval fleuve passera toute nue,
Sui[t]te par fer, à soy fera outrage.

I/87 Ennosigée [En nosigee] feu du centre de terre,
Fera trembler autour de Cité neufue [neuuel:
Deux grands rochers longtemps feront la guerre,
Puis Arethusa[Arethuse] rougira nouveau Fleuve.

I/88 Le divin mal surprendra le grand Prince,
Un peu devant aura femme espousée:
Son puy [Son appuy] et credit à un coup viendra mince,
Conseil mourra pour la teste rasée.

I/89 Tous ceux de Il[l]erde seront dedans [dans] la Moselle
Mettant à mort tous ceux de Loyre et Saine,
Secours[Le cour] marin viendra pres d'haute velle,
Quand l'Espagnol[Espagnolz] ouvrira toute veine.

I/90 Bourdeaux, Poi[c]tiers, au son de la campagne,
A grande classe ira jusques à l'Angon,
Contre Gaulois sera leur tramontane,
Quand monstre hydeux naistra pres de Orgon,

I/91 Les Dieux feront aux humains apparence,
Ce qu'ils seront autheurs de grand conffi[c]t,
Avant ciel veu serain, espee et lance
Que vers main gauche sera plus grand afflict.

I/92 Sous un la paix par tout sera calmée [clamee],
Mais non long temps, pille et rebellion
Par refus, ville, terre et mer entammée,
Mort et captifs, le tiers d'un million.

I/93 Terre Italique pres des monts tremblera,
Lyon et Coq; non trop confederez,
En lieu de peur, l'un l'autre s'aidera,
Seul Castulon et Celtes moderez.

I/94 Au port Selin le tyran mis à mort,
La liberté non pourtant recouvrée
Le nouveau Mars par vindicte et remort,
Dame par forte [focre] de frayeur honorée.

I/95 Devant monstier [moustier] trouvé enfant besson
D'heroic[q] sang de moyne et ve[s]tustique,
Son bruit par secte, langue et puissance son,
Qu'on dira soit [fort] eslevé le Vopisque.

I/96 Celuy qu'aura la charge de destruire
Temples et sectes, changées [changez] par fantaisie,
Plus aux rochers qu'aux vivans viendra nuyre [nuit],
Par langue ornée d'oreilles rassaisie.

I/97 Ce que fer, flamme n'a sc[e]u parachever,
La douce langue au conseil viendra faire
Par repos, songe, le Roy fera resuer,
Plus l'ennemy en feu, sang militaire.

I/98 Le chef' qu'aura conduict peuple infiny
Loing de son ciel, de moeurs [meurs] et langue estrange
Cinq mil[le] en Crete, et Thessal[i]e finy,
Le chef fuyant sauvé en la marine grange,

I/99 Le grand Monarque que fera compagnie,
Avec deux Roys unis par amitié,
O quel sou[s]pir fera la Band [grande] mesgnie,
Enfans Narbon a l'entour quel pitié.

I/100 Long temps au ciel sera [fera] veu gris oyseau,
Aupres de Dole et de Tosquane [Tosacane] terre,
Tenant au bec un verdoyant rameau
Mourra tost grand, et finira la guerre.